深圳大学高水平大学二期建设项目资助成果

女性教育与社会问题研究

陆春萍 主编

中国社会科学出版社

图书在版编目（CIP）数据

女性教育与社会问题研究／陆春萍主编．—北京：中国社会科学出版社，2019.12

ISBN 978-7-5203-5823-1

Ⅰ.①女…　Ⅱ.①陆…　Ⅲ.①妇女教育—研究—中国②妇女问题—研究—中国　Ⅳ.①G776②D669.68

中国版本图书馆CIP数据核字（2019）第290484号

出版人　赵剑英
责任编辑　周晓慧
责任校对　无　介
责任印制　戴　宽

出　　版　中国社会科学出版社
社　　址　北京鼓楼西大街甲158号
邮　　编　100720
网　　址　http://www.csspw.cn
发 行 部　010-84083685
门 市 部　010-84029450
经　　销　新华书店及其他书店

印　　刷　北京明恒达印务有限公司
装　　订　廊坊市广阳区广增装订厂
版　　次　2019年12月第1版
印　　次　2019年12月第1次印刷

开　　本　710×1000　1/16
印　　张　22.5
插　　页　2
字　　数　313千字
定　　价　108.00元

目　　录

导　论

陆春萍

女性不但是每个家庭的支柱，而且是推动国家发展、社会变革、人类文明进步的重要力量。妇女儿童事业是一件关系国家和民族前途的大事，中华人民共和国成立 70 年来，妇女和儿童事业获得了前所未有的发展，党和政府始终将确保女性平等的受教育权利，提升女性文化素质作为提高妇女社会地位，实现妇女真正解放的重要措施，反对各种形式的教育歧视行为。《中华人民共和国宪法》《中华人民共和国教育法》《中华人民共和国义务教育法》《中华人民共和国职业教育法》《中华人民共和国妇女儿童权益保护法》《中国妇女发展纲要（2011—2020 年）》《关于贯彻落实〈国家中长期人才发展纲要（2010—2020 年）促进女性人才成长的意见〉》等国家层面的法律法规和制度明确规定了男女享有平等的受教育权利。这些规定为消除由于历史、文化、经济、教育发展的差距和家庭经济状况的差别而导致的男女受教育机会不平等现象，为女性获取和男性平等发展的机会提供了法律和制度保障。而且我国积极履行《消除对妇女一切形式歧视公约》，改善妇女特别是贫困地区妇女包括教育在内的生存、保护和发展环境。因此，妇女在中国社会享有与男性一样的权利，无疑，生活在中国的女性是幸福的。女性的社会地位决定了社会进步的程度，教育是改变女性命运的强大力量。“教育一个妇女，就是教育了一个家庭、一个民族，一个国家。”截至 2017 年，全国本科生中女生已经占52.54%，研究生已经占48.42%。[①] 中国女性教育水平持续提高，人均受教育年限增速高于男性达50%以上，北京等许多地区女性人均受教育年限多于男性。[②] 根据《第三期中国妇女社会地位调查主要数据报告》，女性的社会地位越来越高。相比男性，女性平均受教育年限提高的幅度更大，差距已由10年前的1.5年缩短为0.8年。分年龄数据显示，30岁以下女青年的平均受教育年限为10.8年，拥有大专及以上学历的比例为30.4%，比男青年高出4.5个百分点。女性教育结构得到明显改善，男女两性受教育差距显著缩小。[③] 因此，女性就是半边天，参与家庭和国家各项建设，在发展经济、改善民生、推动文明进步方面发挥着重要作用。

但是，仍然有一部分弱势女性群体需要社会的关注，特别是少数民族妇女的受教育问题。同时，伴随着中国社会的转型，时代的变迁，妇女也遇到了一些社会问题，比如女性农民工维权问题、女性抑郁症问题、流动妇女婚姻暴力问题等。本书正是对上述问题关切的回应，希望更多的人士能关注女性中弱势群体的教育和社会问题，努力消除贫困、缓解苦难，提高弱势人群的生命质量。

（一）研究概述

本书在教育社会学视域中呈现女性教育和妇女社会问题，运用调查和行动研究方法对女性教育和社会问题进行剖析和行动介入，具有较强的社会实践导向，尤其是对各类妇女弱势群体进行了密切关注和行动研究，在秉持解释教育现象的同时对妇女现实问题进行积极的行

① 中华人民共和国教育部发展规划司：《中国教育统计年鉴2017》，中国统计出版社2018年版，第7页。

② 高书国、杨晓明：《中国人口文化素质报告——从战略追赶到局部跨越》，东北师范大学出版社2012年版，http：//www. ncedr. edu. cn/gzdt/201712/t20171208_ 29498. html。

③ 第三期中国妇女社会地位调查课题组：《第三期中国妇女社会地位调查主要数据报告》，《妇女研究论丛》2011年第6期。

动介入，进而履行改造世界和价值观的使命。本书研究内容包括藏族女童教育问题、妇女教育与地方社区发展问题、青少年性教育问题、女性农民工维权策略问题、关于女性抑郁症问题的行动、关于流动妇女婚姻暴力的行动、关于残障人士婚恋困境问题的行动以及基层妇联参与社会治理问题，力图把握我国女性教育和社会发展之间的交互关联，一方面分析女性基础教育和成人教育的现状与问题，另一方面揭示各类弱势女性群体所遇到的现实问题。通过行动介入提高社会各界对女性教育和社会问题的关注，运用教育学和社会学理论与方法对女性教育和社会问题的交互作用进行积极探讨，为推进女性教育研究提供较为丰富和有价值的实证研究成果。

（二）研究方法

本书采用社会调查和行动研究方法，对于藏族女童教育、东乡族妇女发展问题、女农民工维权问题等采用社会调查方法；对于女性抑郁症问题、流动妇女婚姻暴力问题、青少年性教育问题、残障人士婚恋困境问题等采用行动研究方法。

1. 社会调查研究

对于藏族女童教育问题、东乡族妇女发展问题、女性农民工维权问题和妇联参与基层治理问题，我们采用的调查研究方法，包括问卷法、访谈法。这里我们要重点谈一谈对于藏族女童和东乡族妇女的研究问题，因其所处的特殊地理位置和文化传统，所以对此应该在当地的文化背景中进行理解和阐释。对她们的研究类似于人类学家所做的人种志研究，或者说应采用文化人类学①的方法。本书所持的文化人

---

① 文化人类学是人类学的主要部分，是研究人类文化的。文化人类学是从文化的角度研究人类所有行为的学科，它研究人类文化的起源、发展变迁的过程、世界上各民族各地区文化的差异，试图探索人类文化的性质及演变规律。广义的文化人类学包括考古学、语言学和民族学。狭义的文化人类学即指民族学。民族学是在民族志基础上进行文化比较研

类学的研究方法主要来自赫斯科维茨（Melville J. Herskovits）的文化相对主义[①]和格尔兹（Clifford Geertz）的解释人类学。[②] 格尔兹这样理解文化："我（格尔兹。——作者注）主张的文化概念实质上是一个符号学（semiotic）的概念。马克斯·韦伯提出，人是由他自己所编制的意义之网中的动物，我本人也持相同的观点。于是，我以为所谓文化就是这样一些由人自己编织的意义之网，因此对于文化的分析不是寻求规律的实验科学，而是一种探求意义的解释科学。"[③] 格尔兹的文化概念是意义性的。他将文化视为一个有系统的意义网络，而文化的各个层面，例如宗教、艺术、常识、法律、意识形态等都可以说是一种文化系统。格尔兹认为，这种文化系统的意义是建立在人与人互动过程中的象征性行动之上的。人的行为之所以是象征性的，是因为人本质上是象征性的动物，是使用象征性符号累积生存经验、代代相传、进行沟通的。人的行为负载着意义，就像人的行动会说话一样，人所建构出来的意义是一种"社会性话语"（social discourse）。每个行动都在互动过程中建构形成意义，行动与行动之间的连接、交换、互动形成一段段对话，因此我们对某一行动或某一种文化现象的了解就必须将之放在原来的"脉络"（context）中解读，同时我们要注意这种意义的解读是以行动者为中心的。他所解读的文化或人的行为是"时间—空间—意义"（temporal-spatial-significance）三维的。格

究的学科。文化人类学家所做的最具成就的工作是对人类的婚姻家庭、亲属关系、宗教巫术、原始艺术等方面的研究。英国学术界倾向于将这部分内容称为社会人类学，有时又统称为社会文化人类学。英国人类学家泰勒（E. B. Tylor）对文化的定义为："文化或文明，从其最广泛的民族学意义上来说，是作为社会成员的个体所习得的包括知识、信仰、艺术、法律、道德、习俗以及其他一切能力和习惯的复合整体。"

① 文化相对主义声称，所有的文化价值系统都具有平等的有效性，反对民族中心主义、优生学和达尔文主义。但是，相对主义无法对道德进行评判和建构科学进步的纲领。

② 解释人类学产生于20世纪六七十年代，受当时帕森斯社会学、经典的韦伯社会学、现象学、结构主义、符号学、法兰克福学派批评理论，以及阐释学的影响。其主要代表人物是格尔兹。

③ ［美］克立福德·格尔兹：《文化的解释》，韩莉译，译林出版社1999年版，第5页。

尔兹指出民族志的四个特征：第一，它是解释的；第二，它所解释的是社会性话流（the flow of social discourse）；第三，解释包含抢救濒于灭亡的东西；第四，这种描述是细微的（microscopic）。①

2. 行动研究

本书对于女性社会问题的研究，主要采取行动研究方法。作为一名受过教育学和社会学双重学科训练的教师，我在教学和研究中始终秉持对世界充满人文关怀的价值追求，并力图用行动改造世界，因此才会有本书的诞生。我希望通过本书把聚光灯打在妇女这一弱势群体身上，消除地区、民族、身体的差异。同时，本书中的妇女问题行动研究也与我教了10年的一门课程《社会服务方案设计与评估》有着密切的关系，是我在教学中不断将理论与实际相联系，和学生们共同思考和行动所产生的结果。生产知识的目的是促进社会的改变，通过“行动”和“研究”相结合产生实践知识，希望更多的人用行动去改变世界。行动研究的基础是行动，“行动”概念来自社会学，韦伯的社会行动理论和帕森斯的社会行动理论都是十分有名的。舒茨说，行动是可以理解的，行动是宽泛的社会现象，它包含了人的意义在里面，将人的意义投入其中相互观看、理解和解决问题。行动本身有关系性和能动性的含义。行动研究追求改变。杜威所提倡的教育应该与实践相结合，并亲自参与到教育改革实践中去的风范，奠定了行动研究的基本思想。而首先提出“行动研究”一词和完整框架及方法的是勒温，他提出：“了解世界的一个最好方法，就是尝试改变它。”②

行动研究是把行动和研究结合起来，试图缩短理论与实务的差距。实践者在自然情境下对自身的实践进行研究，以合作、参与、互动、反思为主要特征，以实践情境为主要研究场所，旨在解决现实问

① ［美］克立福德·格尔兹：《文化的解释》，韩莉译，第27页。

② 杨静、夏林清主编：《行动研究与社会工作》，社会科学文献出版社2013年版，第20—37页。

题，并通过实践来检验自己对现实问题的看法是否正确，解决问题的设想和措施是否有效。实践者通过反思自己解决问题行为的成败，以达到研究者理性的自觉，进而切实改变现实。《国际教育百科全书》对“行动研究”的定义为“由社会情境的参与者为提高所从事的社会或教育实践的理性认识，为加深对实践活动及其依赖的背景的理解所进行的反思研究”。行动研究以实务问题为主要导向，研究过程重视协同合作，强调问题解决的立即性，研究计划属于发展性的反省性弹性计划。[①] 例如，本书对于青少年性教育问题的研究就采用行动研究方法。以J小学五年级的30名学生为主要研究对象，通过问卷调查对小组组员进行前后测量，通过对J小学相关工作人员和小组组员监护人进行半结构式访谈，分析出研究对象对性教育介入的需求和介入效果。针对组员的实际需求，设计相关课程，运用小组工作形式进行介入，在此过程中不断进行观察、反思、总结和改进，因地制宜、因时制宜地探索行动研究介入青少年性教育的问题。

行动研究的步骤是：（1）问题的确定，指出所确认的问题；（2）问题的分析，亦即分析问题与决定某些具有持久性的影响因素；（3）形成研究问题，搜集并解释资料，发展行动研究的方案；（4）展开行动；（5）评鉴，即评鉴行动的结果。

因此，本书对青少年性教育问题、女性抑郁症问题、流动妇女婚姻暴力问题、残障人士婚恋困境问题都采用了行动研究方法，大体的行动研究程序如下图所示。

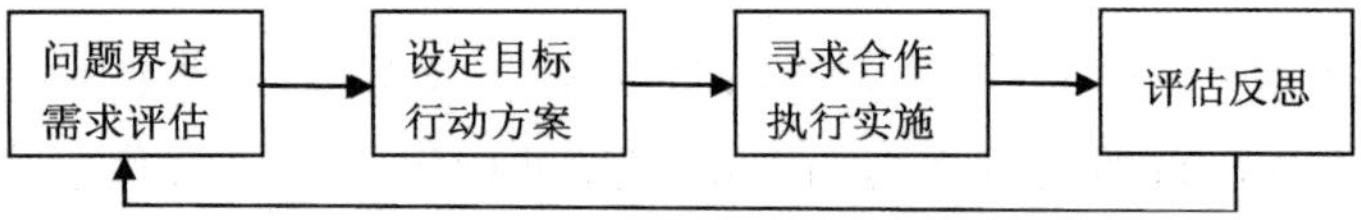

图　行动研究程序

① 蔡清田：《教育行动研究》，五南图书出版公司2000年版，第8—17页。

（三）多维理论视角

本书针对不同的研究对象和研究问题采用不同的理论视角解释现象和进行行动介入。

1. 多元文化理论

对于藏族女童教育和东乡族妇女发展问题采用多元文化理论加以解释。世界上的文化是多种多样的，民族文化存在多元性和差异性。多元文化主义（multiculturalism）的宗旨是促进文化的多样性和社会平等。多元文化的理论最早起源于美国，是美国少数民族源于对美国的盎格鲁—撒克逊种族中心理论和熔炉理论的批判而兴起的。多元文化主义认为，在多元文化社会里，当主流民族文化与少数民族亚文化接触时，各种文化都有权保留自己的文化特质。作为各种不同文化的成员，社会应允许他们有权保留对自我文化、自我价值观、信仰和生活方式的认同。人们应该意识到民族文化的多样性是人类几千年历史创造的文化遗产，是人类的财富。世界正是因为有如此丰富多样的文化才具有了活力。

费孝通于 1988 年提出了“中华民族多元一体格局”的思想，其中的“多元”是指 56 个民族在文化上的多样性和多元发展，即“多元文化”；“一体”是指 56 个民族构成“中华民族大家庭”的整体，其核心是国家统一。例如，我们认为，从多元文化的视角研究少数民族女童教育问题，通过对甘加乡寄宿制小学进行两年多的观察和研究，发现这所学校所具有的浓郁的藏族游牧文化色彩渗透在学校的管理制度、师生的日常生活和言谈行为举止中。学校的月假①都是按照

① 本校为寄宿制小学，学生回家路途遥远。为了方便学生，学校每月连续上课 20 天左右，没有双休日，再集中放假七八天，让学生、教师回家休息、带口粮、换衣服、与家人团聚。

当地的风俗制定的，比如遇到10月25日的宗喀巴寂日、9月20日的佛陀自神界反归日等宗教节日时，学校肯定要放假。学校的校长说，“遇到我们藏族的传统节日，学校是要放假的，就是学校不放假，过节的前几天，娃娃也找不到了，都回家了”。而且，在2000年以前，学生的课间操就是跳藏族舞蹈——锅庄舞。学校是一个社会系统，学校文化、隐性课程、学校中部分成员对于女童教育的态度、价值和行为都与其所处的文化背景有着千丝万缕的联系，因此，本书坚持从文化相对主义的视角进行研究。

文化相对论的基本观点是：每一种文化都有其独创性和充分的价值，都是为其群体服务的。对不同文化的价值及其所产生的文化背景的估价应该是相对的。文化没有进步或落后、原始与文明之分。文化相对论的原则是“基于经验下判断，而经验是由每个人按照自己的文化传承来说明的”①。文化相对论的核心是：不同文化之间相互尊重，强调多种而不是一种生活方式的价值是对每种文化价值的肯定，具有不同价值的文化成员应学会相互理解。藏族和东乡族的生活习俗、宗教信仰、婚姻方式都不同于汉族，处在这样的一个异文化中，要对其现象做出解释，就必须理解当地人的文化观念。秉持文化主位的研究理念，从被研究者的立场研究问题，可以避免研究者的文化局限，能够站在被研究者的文化立场上搜集资料，分析问题，有助于了解文化的真实性。所以，不能用我们意识领域中的价值标准去判断异文化，用猎奇轻蔑的眼光去评论其他民族的生活和习俗是错误的。

2. 社会化理论

社会化就是指个体在与社会的互动中逐渐养成独特的个性和人格，从生物人转变成社会人，并通过社会文化的内化和角色知识的学习，逐渐适应社会生活的过程。社会化是一个贯穿人生始终的长期过程。

例如，对于藏族女童教育的研究采用了性别角色理论。社会把两性

---

① M. J. Herskovits, *Cultural Anthropology*, Alfred A. Knop, New York, 1964, p. 351.

的生物性差异扩大化和制度化，并通过女性生命周期中的性别社会化，把这种制度不断地传递给女性。① 性别角色在一个社会中随着不同文化和时代而变化，性别角色的获得是一个伴随着生命成长的过程，发生在广泛的社会机构比如学校、大众媒体、家庭等中。性别社会化是个人关于性别角色及其规范的学习过程，是贯穿人一生的性别认同过程；性别社会化也是一个复杂的过程，生物、认知、社会和文化等因素交织在一起发生作用。性别研究强调性别角色的社会建构过程。许多理论从心理学的角度解释性别角色行为的获得，如社会学习理论、精神分析理论、认知发展理论和信息加工理论等。具有代表性的如科尔伯格（L. Kohlberg）于1966年提出的性别行为学习理论，贝母（Sandra Lipsitz Bem）于20世纪80年代提出的性别图式理论等。但是，这些不同的心理学理论都强调儿童性别社会化在家庭、学校、集体等社会环境中的重要作用。同样，人类学家米德（Margaret Mead）在《三个原始部落的性别与气质》一书中通过跨文化研究所得出的结论也强调了社会文化的作用，认为女性气质和性格是因社会条件形成的，性别差异取决于社会文化。本书研究的对象是藏族文化浸润下的女童，因此，研究她们的行为要考虑藏族的历史文化和心理因素。

再如，对于青少年性教育问题，采用人格发展理论进行解释。埃里克森认为，人除了有性的冲动外，在成长过程中还有一种注意外界并与外界相互作用的需要，而个人的健全人格是在与环境的相互作用下形成的。他将人格发展的历程划分为八个阶段，其中第五个阶段是青春期，是建立个人同一性的阶段，解决统一性与角色混乱的矛盾，使学生的性别与性别角色相一致。这个阶段的重要任务就是要使处于青春期的个体的言语和行为方式与其性别相一致。青少年正处于这个阶段，在发展中产生的矛盾都包含着积极和消极的方面，妥善解决这个矛盾，促使其沿着积极的方向发展，是该阶段人格发展的任务。②

① 魏国英：《女性学概论》，北京大学出版社2000年版，第11页。
② 朱明：《青春期教育》，教育科学出版社1999年版。

除了上述人格发展理论之外，对于女童教育、青少年性教育问题还可以用认知行为理论进行解释。良好的性教育能够指引和促成美满爱情和婚姻的实现，青少年的不良性态度、偏差性行为不利于其建立良好的爱情观和婚姻观。要促使其吸收更多正确的性观念或者爱情观、婚姻观，建立起正确的认知，进而矫正其行为。因此，只有通过社会倡导爱情观、婚姻观，才能更好地引导青少年形成良好的性观念。与青少年处在平等的位置，要在接纳、尊重青少年对性的开放性的认知基础上，对青少年进行科学的性知识、性态度、性行为方面的影响，促使其在研究者及相关教育者的影响下，改变其非理性的性行为认知，协助青少年重新对性行为进行归因，从而形成良好的性认知。

3. **社会支持理论**

社会支持理论的运用起源于20世纪60年代，其重要原则在于如何将各种社会支持、各个层面的社会支持转化为社会支持网络。[①] 社会支持理论的运用策略主要分为个人网络策略、志愿网络策略和互助网络策略。[②] 社会支持理论主要包括社会整合论、系统理论和社会支持网理论。根据社会支持理论，个人的社会支持网络越大，得到的支持也就越多，在面临各种危机时，就能更好地应对。资源可以分为社会资源和个人资源。个人资源指自我的社会适应功能。社会资源指个人社会网络中的广度和网络中的人所能提供的社会支持功能的程度。社会资源的应用强调通过改善社会网络来改变个人得到资源的方式。对于那些利用社会网络能力不足、社会网络资源不足的个体应该为他们提供必要的帮助，帮助他们扩大社会资源，提高其利用社会网络的能力。

例如，关于青少年性教育，要帮助青少年构建一个以媒体机构、

① 文军主编：《西方社会工作理论》，高等教育出版社2013年版，第215页。

② 文军主编：《西方社会工作理论》，第221页。

政府、社区为核心的社会支持系统，研究者在协助青少年与社会支持系统互动过程中获取和整合性教育资源，增加和提升青少年的性知识、性态度等与性教育相关的自我效能。

例如，女性抑郁症患者因为抑郁情绪的困扰通常不能和自己的社会支持网络建立有效的沟通，社会适应能力更是严重受损，她们通常沉浸在自己构建的错误思维模式中无法自拔，不愿也不能和他人进行正常交流。但她们通常又极度渴望被人理解和支持，特别是亲人和同辈群体的支持对于女性抑郁症患者的精神康复有着重大的意义。所以如果能够帮助患者恢复和建立良好的社会支持网络，就能够更快速而有效地控制女性患者的抑郁情绪，并且有助于预防抑郁情绪的再次复发，取得更加长远的治疗效果。

再如，对于残障人士所面临的婚恋困境，在研究中主要使用社会支持网络的互助策略，即将有相同需求或具有相同经历的人聚合在一起，建立起他们之间的相互联系，增进他们之间相互支持的功能，进而将其推广至日常生活和工作中，巩固或扩大他们的支持网络。毛小平（2010）在比较了内地和香港的残疾人社会支持后认为：内地残疾人的社会支持来源主要是家庭、社区和政府，残疾人社会支持的社会化程度较低，而香港残疾人社会的支持机制是由民间组织在政府提供资源支持及法律法规的指导和管理下，尽其所能地为残障人士提供各种服务，残疾人社会支持的社会化程度较高。① 如何帮助内地城镇残疾人在婚恋方面获得社会化程度较高的社会支持，如何通过残疾人沟通参与能力的提高而较好地巩固和扩展社会支持，本书在相关研究中对此尝试进行了回答。本书研究的社会支持主体主要是指残疾人在婚恋及生活过程中所获得的社会支持，此处的社会支持主要来源于小组成员之间及研究机构、社会其他组织等，也包括他们生活环境中原生家庭和朋辈群体、工作单位、街道社区的社会支持。

---

① 毛小平：《内地与香港残疾人社会支持比较》，《中南大学学报》（社会科学版）2010年第2期。

4. **社会排斥理论**

对于弱势群体所面临的困境采用社会排斥理论进行解释，例如，本书对于女性农民工维权所碰到的一些问题的研究。“社会排斥”这个概念起源于20世纪60年代的法国。1974年，法国学者勒内·勒努瓦首创了“社会排斥”这个概念，当时，勒内使用这个概念是指在法国有1/10的人被国家的经济和社会发展排斥在外。这些人不仅包括穷人，也包括残疾人、老人、受虐待的儿童、物质滥用者等，这些人不能受到国家福利的保护，而被认为是社会适应不良的人。因而，勒内所使用的社会排斥基本上是指那些没有享有国家的社会保障，同时又被贴上“社会问题”标签的人。在“社会排斥”这个概念传入中国后，中国学者用它来解释弱势群体边缘化的机制和过程。“社会排斥”在中国根据不同的视角有不同的解释内涵。例如“公民劣势地位说”。这种观点认为，社会排斥是由于公民的劣势地位所造成的，这种劣势地位的形成原因除了自身之外还有政策的因素。在这两种因素作用下这部分人被剥夺了参与社会的机会，从而被排除出社会。杨团认为，社会排斥是由劣势地位导致的，这些排斥又导致更多的劣势和更大的社会排斥，并最终形成持久的多重劣势的一个动态过程，它导致社会纽带的断裂。① 石彤认为，社会排斥指某些个人、家庭或者社会群体因为缺乏机会参与被社会普遍认同的活动，而被边缘化或隔离的系统性过程。②

因此，社会排斥理论有助于解释女性农民工在城市工作中所遭受到的权益侵害或权益无保障现象。在一些研究女性农民工的城市融入、边缘化问题以及社会保障缺失的论文中经常会见到社会排斥理论的使用，用于解释女性农民工遭受社会排斥、难以融入主流女

---

① 杨团：《社会政策研究范式的演化及其启示》，《中国社会科学》2002年第4期。

② 石彤：《社会排斥：一个研究女性劣势群体的新理论视角和分析框架》，《中国社会工作研究》，社会科学文献出版社2002年版。

性群体的现象。对于本书来讲，社会排斥理论对解释女性农民工权益保障过程中所遇到的阻碍有着非常重要的作用。如上文的解释，劣势地位和社会排斥是一种恶性循环，因此我们可以将女性农民工所遭遇的权益侵害，而后又申诉无门的这种状况的一个重要成因归纳为社会排斥。正是因为这样的情况的存在，女性农民工处于社会劣势地位，那么她们的权益要得到保护是不是应该从改善社会排斥现象入手呢？而且可以肯定的是，女性农民工的劣势地位和社会排斥现象脱不了干系。

5. 优势视角理论

在本书的几个行动研究中，都不同程度地用到了优势视角理论。“优势视角”（strength perspective）是一种关注研究对象潜能、优势、成绩的视角。最早由美国堪萨斯大学社会福利学院教授 Dennis Saleebey 于 20 世纪 80 年代提出，是一种关注人的内在力量和优势资源的视角。Saleebey（2004）认为，几乎所有的东西在某种特定条件下皆可视为一种优势。在优势理论发展过程中，美国学者 Rapp（1998）进行了补充，强调了“生态观点”“参与”“希望”的重要性。“生态观点”契合前述的社会支持理论，“参与”强调平等机会和平等选择。“希望”即抱着强烈希望的人往往能取得较高的成就，优势视角注重通过专业服务激发案主的希望，促使案主达成目标。[①] 它认为，不应将注意力集中在案主的问题与劣势上，而是应当关注案主自身以及环境中的优势与资源。优势视角的实践要求工作者聚焦案主积极发展的可能性，引导他们在绝望中看到希望。但这一视角并不是让案主有意回避或屏蔽掉自身的痛苦与缺陷，而是期望从另一个角度分析问题，使问题对于案主自我构建的危险性降低，从而逐步提高其自我解决问题的能力。抗逆力是优势视角中的核心理念，是指案主在能力和体制的引导下，可以超越和克服其面对的挫折与磨难，是一

① 文军主编：《西方社会工作理论》，高等教育出版社 2013 年版，第 268 页。

种反弹的力量。[①]

对于女性抑郁症患者，如果要想增强其社交能力、沟通能力、自我效能感和自我价值感，就要相信患者本身具有内在的学习、成长和改变的能力，要利用积极期望的驱动力量，激发患者的抗逆力及潜力。本书研究对象是一些特殊的群体，一些曾经经历或正在经历的特殊体验，使他们的身上有可发掘的优势，只是由于各种原因，这些优势未被当作优势。本书试图通过行动介入，放大或凸显对象的自身优势，从而形成抗逆力：外部支持因素（I have）、内在优势因素（I am）和效能因素（I can）。外部支持因素包括拥有正向的连接关系、坚定清晰的规范、关怀支持的环境、积极合理的期望及有意义的参与机会。内在优势因素包括完美的个人形象感、积极乐观感。效能因素（I can）包括人际技巧、解决问题能力、情绪管理及目标制定等。[②]

6. 小组动力学理论

本书中关于行动研究的几个案例，都是在小组群体中完成的，因此小组动力理论对行动研究十分适用，小组动力学理论是在勒温的场域理论和生命空间理论的基础上发展起来的。在小组动力学理论中，勒温将小组看成是一个整体，这个整体并不仅仅是个体的简单累加，它具有自身的特性，会产生新的效应。特质和目标的相同不是小组的先决条件，小组的本质在于它所属组员间的相互依赖，而不在于他们的相似或相异。也就是说，小组的结构特性是由组员之间的相互关系决定的，而不是由单个组员本身的性质所决定的，小组组员的活动和状态依赖于其他组员的活动和状态。[③] 因此，加强组员之间的互动性，增进组员与组员的交流，包括情感态度和价值观等方面，要使组员能够与团队产生共鸣，需要组员之间相互联系、相互包容、相互吸引以

① Dennis Saleebey：《优势视角：社会工作实践新模式》，杜立婕、袁园译，华东理工大学出版社 2015 年版，第 21—26 页。

② 文军主编：《西方社会工作理论》，高等教育出版社 2013 年版，第 267 页。

③ 赵芳：《小组社会工作：理论与技术》，华东理工大学出版社 2015 年版，第 4 页。

及相互帮扶，只有这样，组员们的心理需求才能得到满足。这个过程需要众多的专业理论知识、方法、措施来具体实施。

以上呈现了本书研究所采用的主要理论，当然还有制度理论、精神分析理论、理性情绪治疗理论等，这里对此就不再赘述了。本书研究按照目的可以分为两类：一类是解释性研究，另一类是行动研究，下表对此进行了理论归类。

表　**多维视角理论**

	研究内容	理论视角
解释性研究	藏族女童教育问题	多元文化理论
	妇女教育与地方社区发展研究	社会化理论
	女性农民工维权策略研究	社会排斥理论
	基层妇联参与社会治理	制度理论
行动研究	青少年性教育问题研究	社会化理论
	女性抑郁症问题研究	优势视角理论
	流动妇女婚姻暴力问题研究	社会支持理论
	残疾人婚恋困境问题研究	小组动力学理论

一　藏族女童教育问题研究

——以夏河县寄宿制藏族小学为例*

陆春萍

一首藏族民歌拉伊①唱到："西藏佛多，我拜者释加；甘加马多，我骑者青马；庄里人多，我爱者此妇。"我还要补充的一句是"学校娃多，我怜者女童"。女童教育是制约民族教育发展的一个重要因素，是平等问题、人权问题、人口问题、民族问题、宗教问题在教育上的综合反映，是妇女解放进程中的重要组成部分。尽管部分少数民族，如朝鲜族、裕固族等，女童教育问题并不突出，但是女童教育问题在藏族牧区学校教育中却显得十分突出。正如中国教育家陶行知所说："中国的普及教育问题，大半是女童教育问题。如果不能解决女子教育问题，无论什么方法，都是枉费心血。女子教育是普及教育运动中最大的难关。"② 如何提高藏族牧区学校教育中女童的入学率，降低辍学率，提高基础教育质量在当前民族基础教育中是一个紧迫的问题。而且，女童受教育水平和今后的发展对当地人才的培养和经济的发展具有重大作用，提高民族基础教育的质量是提升少数民族人口素质的关键，也是影响西部大开发中人力资源开发质量的重要因素。同

---

* 本章作者陆春萍，深圳大学师范学院（教育学部）湾区教育研究院教授。

① 拉伊之"拉"意为山，"伊"意为"歌"，所以，拉伊就是山歌的意思，是人们在草原放牧、打猎、田间劳作时唱的爱情歌曲。

② 陶行知：《女子教育问题总解决》，《陶行知全集》第 3 集，四川教育出版社 2005 年版，第 297 页。

时，在世界范围内，女童教育也显得十分重要。女童教育可以提高女性劳动的参与水平和女性的劳动价值，对于国家的经济增长具有重要意义。美国学者艾伦·贝纳沃特（Aaron Benavot）指出，女童教育可以提高女性潜在的劳动生产率，提高她们的敬业精神，改变她们对家务劳动和职业劳动的态度，向她们提供就业的必要文凭。① 女童教育是发展中国家普及义务教育的关键因素。各国政府在普及义务教育时，明确表明男女儿童具有同样的受教育权利，在教育中要切实做到性别平等。同时，对于人口增长过快的发展中国家，女童教育有利于控制人口增长和提高人口质量，为经济发展做出贡献。女童教育逐渐使社会上出现了新的家庭和社会依赖关系。女童受教育迫使原来家庭中的权威关系被重新建构，过去父亲作为家庭的唯一供养者所拥有的绝对权威地位被削弱了，家庭经济来源也变得更加多样。女童教育使女性参与社会劳动，使过去内隐的家务劳动的价值转换为外显的经济价值，有助于女性家务劳动价值被社会广泛承认和加快妇女解放进程。少数民族女童教育是世界女童教育的热点，不仅是性别平等问题，而且是种族、宗教、贫困等问题的综合产物，尤其对于发展中国家来说，解决好少数民族女童教育问题是社会进步的奠基工程。

有关寄宿制学校中藏族女童的研究鲜少。20 世纪 90 年代由宁夏教科所牵头的有关西部女童的研究，针对西部女童的教育问题做了全面的调查，并提出了相应的解决对策②，但并没有对藏族女童教育做具体的考察。本书研究对象——甘加乡寄宿制小学始建于 1958 年，民族寄宿制小学是国家为少数民族举办的一种特殊的办学方式，始于 20 世纪五六十年代。对于寄宿制学校的特点，甘加乡寄宿制小学的校长谈到：

---

① Aaron Benavot, "Education, Gender and Economic Development," *Education and Gender Equity*, Julia Wrigley edited, 1992, The Falmer Press, p. 25.

② 该研究对宁夏、甘肃、青海和贵州四省的 16 个县 9 个民族的 28 所学校进行了为期三年的“农村女童教育现状、问题及对策研究”，并完成两部著作：《中国西部女童教育行动研究》和《创造平等——西部女童教育口述史》。

寄宿制学校的优点是师资集中，学生也便于集中。寄宿制学校的困难是孩子从7—8岁就要自理，自己吃，自己住，受不到家庭教育；向父母要的零花钱自己支配，看上什么，买什么，好吃的，几天就吃完了；卫生条件，生活条件，医疗条件都不好，学校没有校医，孩子病了，老师没办法，如阑尾炎、食物及药物中毒都发生过；伙食方面也有困难，没有食堂；晚上上厕所有困难，特别是低年级小孩，管护员责任重，要陪着去；家庭教育比较差，如果在家里有父母管教，在学校里，老师毕竟代替不了父母，时间长了，孩子的思想就有问题；再一个是安全问题，孩子上学放学回家的路上有狼、狗，很危险。

寄宿制学校是国家专为少数民族开办的一种特殊的办学形式，解决了那些居住分散的学生尤其是牧民子女的就学问题。本书研究的小学就是寄宿制小学，因为小学在牧区，牧民居住分散，放牧流动性大，同时扩大了学校的服务半径，学生们大多寄宿在学校里，学校采用特殊的休假制度，即每个月上20多天课后，集中放假一周左右。国家将寄宿制学校作为发展民族教育地区，尤其是少数民族牧区和经济困难、居住分散的少数民族山区教育的有效办学模式。

（一）我国女童教育的实践

女童教育的成败关系着我国基础教育的质量，而基础教育是实现现代化，提高全民族素质的奠基工程，它关系到国家的兴旺和民族的振兴。因此我国在“八五”哲学社会科学规划中把“中国西部四省区女童教育研究”列为重点课题①；1996年，由甘肃省教科所牵头，带领青海、宁夏、贵州、云南、内蒙古、新疆等西部七省区承担了

① 周卫主编：《中国西部女童教育行动研究》，宁夏人民教育出版社1995年版；周卫、陆境主编：《贫困中的期盼——中国西部贫困地区女童和妇女教育》，广西教育出版社1997年版。

“九五”规划中“提高西部贫困地区少数民族女童教育质量和效益的研究”这一国家重点教育科研课题。该课题的主要目标是解决民族贫困地区女童就学难的问题，大规模地进行行动研究。主要措施有“建立机构，行政干预，多方协作，优化环境，改善学校管理，加强教师培训，改善课程内容，加强劳技教育，开展非正规教育，灵活办学形式，创办师范学校，全程评估鉴定”等，有效地解决了现实中的问题。① 同时，我国的其他地区也广泛开展了有关女童的研究。如对撒拉族女童的研究②；对梁山彝族女童教育的研究③；对大巴山、半仓山地区女童教育的研究④；对川北女童入学及辍学问题的研究⑤；对云南省女童问题的研究⑥；对大竹县女童问题的研究⑦，等等。从这一系列女童教育研究中可以看出女童问题出现在经济比较落后的地区，尤其是少数民族地区的女童教育问题十分突出。这一系列研究大体是从各自地区的不同情况出发，陈述女童教育中如入学率低、辍学率高、在校人数少等问题，分析其原因，最后提出相应的对策和建议。归纳上述研究，我们可以看出，造成女童教育问题的主要原因有以下几个方面：自然地理条件恶劣，交通不便；经济基础薄弱；传统封建思想、宗教观念和民族习俗的束缚；家庭环境的影响；基础教育经费缺乏，办学条件差；教学内容脱离大多数儿童的生活实际；教师

---

① 周卫主编：《中国西部女童教育行动研究》，宁夏人民教育出版社 1995 年版；周卫、陆境主编：《贫困中的期盼——中国西部贫困地区女童和妇女教育》，广西教育出版社 1997 年版。

② 陈琥：《采取特殊政策 发展女童教育——在困境中发展的撒拉族女童教育》，《青海教育》2000 年第 12 期。

③ 潘正云、吴明光：《梁山彝族女童教育存在的问题及对策建议》，《四川民族学院学报》1999 年第 9 期。

④ 冉元辉、杨泽生、杜学元：《发展女童教育提高民族素质——大巴山、半仓山地带女童教育研究》，《四川师范学院学报》1997 年第 6 期。

⑤ 川北女童教育研究课题组：《加强教育综合改革 促进女童教育发展——川北地区农村女童入学及辍学问题研究》，《四川师范学院学报》1997 年第 9 期。

⑥ 阳谦、张祖武：《云南省女童教育的现状及对策》，《云南师范大学哲学社会科学学报》1996 年第 1 期。

⑦ 李赐平、冉元辉：《女童教育是决定“普九”成败的关键——大竹县女童教育现状调查及思考》，《四川师范学院学报》1997 年第 6 期。

素质低，教学质量差等。解决女童教育问题的建议和对策如下：执行教育法规，实行责任制；转变观念；改善办学条件，优化女童教育环境；增加社会投入，如“春蕾计划”“希望工程”“贫三项目”；提高教师素质；立足当地实际情况，改革教学内容和方法；设立女童奖励基金和减免学费，单设女生班；进行职业技术教育的早期渗透；举办母亲家长学校，开展家长培训，优化女童教育的家庭环境，等等。以上研究模式多数遵从“问题—原因—对策”三段式过程。2000 年全国范围内实现了基本普及九年义务教育，基本扫除青壮年文盲的两基目标。2004 年国家实施了《西部地区“两基”攻坚计划》，要求西部地区在 2007 年整体上实现“两基”目标。女童教育问题是影响教育均衡化发展，实现教育公平和社会公平的重要因素。在城乡分割的二元断裂社会里，农村女童除了传承她们母辈的社会地位外，要想实现社会流动，文化资本是一项必要条件，但是，女童向上流动的空间是狭小的，机会是有限的，反过来又制约了女童教育的长足发展。① 例如，有研究表明，藏族母亲文化素质普遍不高，心理素质滞后。而她们正是用这种滞后的心理教化贫困地区女童的，这些教化内容往往是母亲与女儿心灵的默契，是一种无形的文化力量，形成了某种价值观念、道德习惯和行为准则，对女童的心理和行为起到了很大的约束作用，从而影响了女童受教育的程度。② 本文从女童在学校生活质量的角度，探讨藏族女童教育问题。

（二）女童的家庭教育

1. 藏族女童的家庭环境

家庭环境的影响起着经常性、广泛性、潜移默化的作用。子女的

① 马忠才：《分层与流动：回族女童教育的动力机制》，《北京大学学报》2006 年专刊。

② 肖跃：《西藏贫困地区藏族母亲的素质与女童教育》，《民族教育研究》2007 年第 6 期。

思想意识、道德品质、行为习惯、智力才能，都不同程度地打上了家庭的烙印。家庭教育对个人成长所起的作用是难以估量的。[①] 在甘加乡寄宿制小学近两年的调查与研究工作中，我们[②]已与这所学校的老师和学生结下了深厚的感情。春夏秋冬，物换星移，伴着甘加乡四季迷人的草原风光，学生们一天天地成长。我在研究中结识了一位藏族小姑娘——达娃，她的生活与学习将作为本文研究的引子。

达娃的父亲是村里的会计，母亲是一位普通牧区妇女，她还有哥哥、嫂子，68 岁的爷爷和 63 岁的奶奶。家里共有 280 只羊，16 头牛，她的家庭在这个地区算是比较富裕的。其校长和老师说："到学校里来上学的女娃娃，家里的条件大多数还可以，在这个地区，穷的家庭送女孩子上学的很少。"

达娃的家离学校约 10 公里，放月假时，达娃要步行一个多小时才能到家。达娃家的房子具有典型的游牧民族风格，用一句话来形容就是："外面不见木，里面不见土。"藏族民居从外面看起来全是土的，但里面的四壁和房顶都是木头的。达娃家是"马康"[③] 款式的房子，共有六间房子，一大间供家人吃饭、睡觉和会客，屋里有"连锅炕"，锅炕与暖灶通连，做饭煮茶，烟火穿炕而过，做饭暖炕一举两得；室内四壁，天棚、地面皆用木板镶嵌，既有暗柜粮仓，又有装杂物的橱柜，还有碗架。隔壁是一间经房，里面有香台、佛像和 14 个蜡碗，还有用来念经的经轮。一间粮仓里面放着一袋袋糌粑和酥油，地上摊着达娃嫂子刚刚炒好的青稞。一间是偏房，达娃的奶奶住着。还有一间放牛粪和羊粪。另一间是库房，里面放着一辆摩托车和其他杂物。后院还有羊圈和牛圈。

达娃 11 岁才开始上一年级。现在 16 岁，已经上六年级了，初结

---

① 桑国元：《民族地区家庭教育及其对女童发展的影响》，《内蒙古师范大学学报》（教育科学版）2004 年第 6 期。

② 每次到这所学校，都会与课题组的其他成员结伴而行，开展工作。

③ "马康"系藏语音译名，是一种半地穴形如碉堡式的土木结构平顶建筑，较牧民放牧时冬居的"冬窝子"结构复杂。

识达娃时，她刚上四年级。

问：你为什么11岁才上学?

达娃：屋里没人，我要放羊。

问：那你哥哥不是在放羊吗?

达娃：我是在哥哥结婚后上的学。

问：为什么?

达娃：哥哥结婚前，定了嫂子。知道嫂子要来，我就来上学了，现在的家务由嫂子做。

对于达娃11岁才上小学一年级的原因，达娃的爷爷说：

以前学校对学生的入学不重视，宣传力度不大，现在学校和乡里来人总是说，娃娃上学好，学些知识好，对前途有各方面的好，然后我们就让达娃上学了。以前，达娃吵着闹着要上学，家里的人对达娃的前途各方面没管，就没让上学，现在学校老师都说达娃各方面好，现在想的话，不让达娃上学是害了达娃的前途。

老师和校长说："有的家长觉得女娃娃年纪小，学校离家远，不放心，所以让大些才到学校上学。"该校的女生到了五六年级，大多都在十五六岁。达娃所在的班上有19个男生，4个女生。据老师说，达娃学习成绩很好，字也写得工整。对于达娃毕业后的去向，达娃这样说："我毕业后想继续上学，哥哥已经放羊了，很苦，我们兄妹两个都吃苦，我要好好念书，少受一点苦。"

2. 女童的母亲

本文所关心的焦点是女童教育，但是在这所具有浓厚游牧文化特色的寄宿制学校里，我们无法忽略女童的母亲，因为这些勤劳的母亲对女童的成长会产生重大的影响。社会学习理论表明，在儿童成长过程中，她们会注意同性榜样，并越来越多地接受同性榜样的影响。家长的文化程度（尤其是母亲的文化程度）在很大程度上影响和制约着女童的受教育程度及其发展水平。对于女孩子的成长来说，母亲时时刻刻都对女童起着示范作用，同时，研究表明，母亲对于女童上学的支持态度会影响女童的入学比例。比如，达娃的母亲就是一位典型的牧区农妇，但是，她对于达娃的学习却给予了很大的支持。她说："就是再苦再累，我也要我的女儿上学，将来生活好，不要放牛。"同时，达娃也说："我要继续上中学，学好汉字，不再放羊。"

孩子们稚嫩的文字流露着对于母亲无限的热爱，反映了母亲辛苦的家庭生活，让我们来看一看女童是如何描写她们的母亲的。

勒毛草写道：我的妈妈是个热心肠的人，她每天干活，洗衣服，擦桌子，扫地、买盐、洗床单和衣服，我妈妈干得很苦，但是我很小，我帮妈妈擦桌子扫地，现在我长大了，可以帮妈妈多做些事了，我帮妈妈做饭，妈妈说我是个好孩子。我听了以后很高兴。

尕芷草写道：我的妈妈经常在家里干活，而且不管是夏天还是冬天，跟着牛羊到山上去放牧。妈妈是个好人。

达娃写道：我的妈妈身材不高，头发很长，眼睛很小，家里的农活很繁忙。妈妈不仅做饭，打扫卫生，而且放牛放羊。她特别疼爱小孩，所以我非常喜欢和妈妈在一起。

扎西扬宗写道：我的母亲很好，她很爱我，可是她生活在草原上。她的个子很高，身体胖胖的，头发黑黑的。她对我很好，我小的时候，她天天背着我。我长大了，帮她干活，有时候擦桌子，有时候扫地，有时候洗很多衣服还做饭。可是，现在我母亲天天要放牛，我感到非常不高兴，我说我也要去，她不让我去，我不高兴。

达娃的母亲在16岁的时候就出嫁了，生了一男一女，身体很健康，我几次去达娃家，她恰巧都不在，去达尔加山放牧了。一次，我请达娃告诉她的母亲我想访问她，而那天她在家里也忙个不停，我抽空对她进行了访问：

问：阿姨，您一般都很忙？

答：是啊，现在是放牧的旺季，达尔加山上的草好，牛羊吃了会肥一点，所以都去山上放牧了。

问：您能给我讲一下您在家里一般都忙些什么？

答：早晨六点起床，然后生起火，到河里背些水，锅里放上水，然后去挤牛奶。吃完早饭，太阳出来了，就把牛粪晒晒。冬天因为牛吃的是干草，粪是硬的，把牛粪砸碎，好晒。夏天，现在，牛吃的是青草，就要在晒的时候，掺上些干草，用手和匀，放在太阳下晒干，然后去放牛。牛吃饱了，把牛牵回来，挤奶，夏天的话，一天要挤三遍。

在文献中，也有相应的有关藏族妇女在生产劳动和家庭生活中重要作用的描述。如陈庆英在《西藏部落制度研究》中描述道：

妇女在牧业生产中是主要的劳动者，在安多牧区，藏族男女都掌握着熟练的放牧技术，按照家庭生产的分工，放牧虽然是男人的事，但并没有把妇女完全排斥在外，在妇女中有许多优秀的放牧员。妇女还负责割冬草，储备牲畜的越冬饲料；负担挤牛奶、打酥油这种经常性的劳动量很大的技术活；妇女们还从事家庭手工业，如搓毛线、织氆氇、缝帐篷。这些活在牧区都是主要工作，妇女起着十分重要的作用。同时在家庭生活中，丈夫购买回家的粮食，要由主妇炒熟了磨成糌粑；每日还承担背水、做饭、烧茶、煮肉、捡牛粪、备燃料等没完没了的活。此外，还要哺育婴儿，教育子女成长。在牧区勤劳的妇女既要从事畜牧业生产，又要负担全部家务劳动，她们所做的事，实在比男人多得多，繁重得多。①

① 陈庆英主编：《西藏部落制度研究》，中国藏学出版社 1995 年版，第 439—441 页。

我对甘加乡寄宿制小学的一位贫困生的母亲进行了访谈。这位母亲一共有三个孩子，两个女孩，一个男孩。一个女孩和一个男孩就在本校分别上一年级和三年级，另一个女孩在家里放羊。家里一共有100只羊，在这里算是比较穷的家庭了。我到她家访问的时候，这位母亲正和一群农妇打麦场。她今年30岁，16岁结婚。以下是关于她生活的访问片段：

问：你能讲一下你的生活吗？

答：我娘家在卡家，现在家里的活多，自己的娘家也去不了，我的娘家出事了，一个弟弟刚刚死了，可是家里忙，我回不去。

问：你现在快乐吗？你对现在的生活满意吗？

答：生活很辛苦，家里生活困难，小叔子还总是偷家里的东西。

问：三个孩子，你最喜欢哪个孩子？

答：一样。

问：有个女孩为什么没有上学？

答：家里的羊没有人放。

问：那你为什么让其他的两个孩子上学？

答：乡上要罚款，每个孩子600元，两个就要1200元，家里没有这么多钱。

问：你爱你丈夫吗？

答：爱。

问：你打算让你的孩子上学上到什么时候？

答：让他们一直上，不上的话，和牛一样要辛苦。

问：你在家庭生活中遇到过什么困难？

答：主要是经济上的。

问：你对你的将来有什么打算？

答：两个娃娃能上学。

从这位母亲的话语中，我了解到她因为生活很苦，所以希望儿女们上学，不再像她那样受苦。同时又因为家庭经济十分困难，害怕受罚，怕缴不起钱，所以让孩子们去上学。

在传统的游牧文化中藏族妇女在生活和生产中都承担着重要的角色。对于甘加乡妇女的生活，访谈中才旦卓玛老师告诉我：“这地方的女的多不出门”。

问：为什么？

答：家里买东西都是男的出门，女的不出门，女的在家里干活，不能出门。

问：那家里的钱谁管呢？

答：家里的钱是男的管，女的不管。

问：才旦卓玛老师，您是卡加人（本地人），那么在安多地区，主要是牧区中妇女的地位怎样？

答：现在就不错了。

问：不错在哪些地方？

答：现在男的在家里也干一些活。他们也去放牧，以前不是这样的。

问：以前是怎样的？

答：以前男的就不管家里的活，只是放牧。女的既要放牧还要做家里的活。

问：你说的以前是多久？是几十年前，还是多久？

答：这是慢慢变的。

问：牧区的女的是不是要做很多事？

答：是，放牧，挤奶，尤其是夏天，半夜里挤奶，只能睡一两个小时，一般家里有400 多头牛，挤不完，很苦的。

问：那么家庭的一些决策权，比如大事情是由谁来做主？

答：男的管。

问：但是女的做活做得多呀！为什么是这样的？

答：（笑）一直是这样的。

同样，当我问学校的另一位藏族女教师“女童的母亲在家里的地位怎么样”时，她说：“不高，妇女一天所有的活要自己做，活，妇女要自己做，吃的，金钱方面男的管，牧区的妇女连夏河（县城）都没有去过的很多，她们平时要做家务活。没有文化，大事不能做主，要与男的商量，不商量不行的，有时候在男的兴头上是可以的，在男的不高兴时则不可以。”

对于前面所述，藏族男教师说：“藏族妇女地位低得很！”

问：您说妇女地位低的意思是在家里还是在工作上？

答：在家里也好，在工作上也好，在整个社会当中就是这样的。

问：在家里是怎么一个低法呢？

答：家里一般男人说了算，你女人……一般有些头脑清醒一些的，进步一些的人，媳妇的话也听，不然的话，我（丈夫）说了算，你最好不要说话，真的！要么就打你一顿，牧区的男人打女人是正常现象，打了也白打，好像在女的意识当中就存在着，受苦是应该的。认为这一切都是自己造成的，错也行，不错也行。整个社会妇女的地位低得很，咱们也认了。学校里也不愿意谈这些事，谈什么呢？大人都这样，小孩也就是这样了。你看，她的母亲在家里地位低，她的丫头地位也低，思想上接受，她的父亲打她的母亲，她母亲也不生气，城市里不可能！对吧！

问：女孩子在家里怎样？

答：小的时候，在家里头，对丫头不心疼，男孩重要些，女孩子在家里头是无所谓的，反正长大了，人家（女孩子）要嫁出去呢！对娃娃（女孩子）们的关心特别难，所以这些娃娃（女孩子）来学校时，自卑感也强得很。

另外，甘肃藏族传统婚姻习俗中如未婚同居、未婚生子的事实婚姻与早婚现象一样突出。离婚、再婚特别不利于妇女的生活 ，抚育子女给单身妇女带来很大的生活压力，因此一般对儿女教育并不重视。同时，由于笃信佛教的缘故，如一家中生有二子以上，其中一人会被送入寺院为僧。由于藏族婚姻和家庭观念相对淡薄，离异容易，再加上“着桑”等婚姻习俗，导致单亲家庭增加，因其子女完全由女方抚养，男方除少量经济资助外，通常不负任何责任，这就势必会增加妇女的生活负担。因此，许多子女很早就必须帮母亲干活放牧，从事生产劳动，并因而失去上学受教育的机会。此外，男童入寺为僧及女童早婚的习俗使藏族儿童失学的情形更为严重。

但是，即便生活辛苦，藏族妇女也早已习惯了这种生活方式。王锡龄编的《中华风情大观》（第三集）所谈到的藏族禁忌包括妇女忌打骂父母、长辈及丈夫；男子忌从事背水、挤奶与做饭等家务劳动等，这些禁忌显示出藏族妇女地位低下但被合理化的事实。同样，在《夏河县志》中有“忌妇女参与插箭煨桑等男子公共活动，忌妇女进入护法殿”等禁忌性的规定。在甘加乡内，无论你走到哪里，都能看见穿着鲜艳服装的藏族妇女在背水，放羊，赶马车。中午，她们就在山坡的草地上席地躺下，边休息边放羊；在宗教节日上，随处可见身着彩装的藏族妇女，有的腰间挂着围裙（邦典）和珊瑚等宝物，梳着各种发式的辫子，有三条的，九条的，很多条辫子的。她们是勤劳、能干和乐观的，正如马鹤天在汗果亲王的七笔句中对藏族妇女咏道：“赤足丫头，步履便捷莫与俦。家事一身负，善舞侍长袖，恋爱本自由，吉士免诱。健康为美，似染欧风久。因此把纤弱娇羞一笔勾。”①

（三）女童的学校教育

1. 学生们的课堂表现

根据课堂观察，在教学过程中老师普遍会有意无意地忽略女生的存在，女生似乎也习惯于做“无声的人”，她们一直都静静地坐在座

① 转引自于式玉《于式玉藏区考察文集》，中国藏学出版社1990年版，第75页。

位上，除非被指名提问，否则不会主动举手。研究者在听课过程中做了如下的课堂记录（见表1－1）。

表1－1　　　　　　　　**教师对男女生课堂提问记录表**

年级	课程	教师（性别）	全班人数（人）	女生人数（人）	教师提问次数（次）	女生回答次数（次）
三年级	汉语文	女	32	10	12	4
四年级	藏语文	男	25	5	11	2
	汉语文	男	25	5	11	3
五年级	藏语文	女	18	6	8	3
六年级	藏数学	男	12	4	15	6

说明：表内教师课堂提问的次数包括学生主动举手回答和无人举手时由教师点名提问两种情况。

藏族男教师F在上课的时候，目光一直注视着坐在中间和左边的男生，他对坐在右边角落里的六个女生始终不曾关注。课后我不解地问他为什么，他回答："男娃娃比女娃娃多。"在对本校教师的课堂观察中，多数男教师的课堂教学活动是单向的，是以教师为中心的，学生和教师的互动很少，男学生之间的互动频繁，女学生多是同桌之间的互动，男女学生之间几乎没有互动。

当听完藏族女老师M的汉语文课后，我问道："您在课堂提问的时候是否考虑过性别问题?"她说："问题回答是男娃娃们好，他们回答问题胆子大，（黑板上）写是女娃娃们好。"另一位藏族女教师在访谈中说道："有的班女生们写完作业，男生们不让交，如果你交了就是'假积极'。等到男生们写完的时候女生再一起去交。有时，男生不让（女生）交，还欺负女生呢!"

然而，我了解到部分女生的成绩很突出，比如教六年级藏数学的校长，他拿着一个女生的作业告诉我："你看，这道应用题只有这一个女生做对了，而且还画了图呢!"同时，藏族女教师B也向我称赞道：“去年我带的六年级的一个女娃娃，考了全州第一名，上了藏中，藏中老师说：‘没想到乡下还有这么好的学生！’”

接下来让我们看一看一位藏族男教师L在课堂教学中为难的情形。

问：您在课堂教学中是否考虑过性别问题？

答：我认为整体上，男的也好，女的也好，都应该一视同仁，大家都活泼，丫头们就是不说话，上课死气沉沉的，一点精神也没有，自己的情绪也提不起来。

问：想过办法没有？

答：办法真正没想过，你看，我刚才让她们读……她们就读，我和她们之间有距离，不能融合。

问：为什么你们之间有距离呢？

答：我也说不上，我作为一个老师给她们上课……那（她）也害羞，别的人（其他同学）也害羞。

问：为什么？

答：我也没想过。

问：您在提问的时候考虑过性别吗？

答：没想过，今天提问的女生比男生多，她们学习还比较好，整体上她们还可以，有时候，男生鄙视女生。

问：他们为什么鄙视女生？

答：丫头们念书好一些，他们（男孩子）看不上，看不过去。

问：为什么？那他们看上的是什么？

答：反正，男生的学习好些，就承认，女生学习好些就不承认，他们的意识是怎样形成的，我也不知道。我有时，就是性别上的这种问题，我真的没想过。课堂上的问题有时让丫头们答，有时候能答上，她们知道呢！我就问娃娃们（男生）“你们为什么欺负她们，你们不如她们，你们还欺负她们”。

问：男生有什么反应？

答：没有，（他们）从来不想。

达娃所在的班上一共有19名学生，4个女生和15个男生，近一年来，通过对这个班课堂教学的观察发现，这4名女生很少主动举手回答问题，除非老师点名，她们才会回答问题，但是，她们的作业都写得很整齐，算是好学生。尤其是她们的藏文男老师X，在我听课的一年里，总是保持着与前排男生的教学互动，坐在后排的这四名女生像是被他忘却了，但是在课下与他的访谈中，他却说她们（女生）的学习都很好，请看表1－2和表1－3。

表1－2　**甘加乡寄宿制小学学生期末成绩统计检验**

	性别	学生数（人）	平均数	标准差
藏数学	男	111	34.8324	16.0949
	女	42	40.7381	16.3245
藏语文	男	111	26.4396	21.4195
	女	42	29.8286	21.5945
汉语文	男	111	30.0856	16.1422
	女	42	35.4286	15.7509
平均分	男	111	30.4526	13.9943
	女	42	34.3317	11.7914

表1－3　**甘加乡寄宿制小学学生期末成绩**

（以性别为分组变量的独立样本T检验）

	T值	自由度	显著性水平（双侧）
藏数学	－2.018	151	.045*
藏语文	－.871	151	.385
汉语文	－1.839	151	.068
平均分	－2.005	151	.047*

从表1－2可以看出，女生的藏数学、藏语文和汉语文的平均成绩都高于男生，并且男生与男生之间以及女生与女生之间的成绩没有显著性差异。从表1－3可以看出，男女生在藏数学成绩上存在0.05水平上的显著性差异，在藏语文和汉语文上并不存在显著性差异，男女生在总分（三门成绩的总和）上存在显著性差异。

表1－2和表1－3说明，虽然女生在校中是少数，但是女生的学习成绩却高于男生；在三门课程的学习中，男女在藏数学上存在显著差异，这也说明教师在藏数学的教学中更注重男女的性别差异。同时，对于学校所采用的教材，老师在访谈中都表示学生在学习藏数学时有许多问题，比如对应用题中题意的理解非常困难。通过进一步对教师和学生的访谈得知原因如下：在三门课程中，教材是西北五省区协编教材，但老师们普遍反映，教材偏难，尤其是藏数学，纯粹是由人教版统编教材翻译过来的，教材中采用的例子，本地学生没有见过，影响对题意的理解；而且汉语在翻译成藏语时语序出现转换，学生更加难以理解。通过我对藏族学童与台湾台东原住民学童对于科学学习的比较研究①发现，少数民族在其历史文化中形成的世界观与学生学习理科的困难有很大的关系。

2. 女教师对教育的理解

这些从未想过当领导的女性教师对学生给予了真切的关爱，对工作投入了很高的热忱。就像这样一句简单而淳朴的话语所描述的，“我没有想过当领导，我只是想当一名好的班主任和好的任课老师”，在实践中脚踏实地地工作着。请看下面与才旦卓玛老师的访谈。

问：我看你每天要带孩子，要上课，又要做家务，你觉得累吗？

---

① 陆春萍、熊同鑫：《甘南藏族学童与台东原住民学童科学素质之比较研究》，《原住民教育（季刊）》（台湾）2001年第24期；傅丽玉：《从世界观探讨台湾原住民中小学科学教育》，《科学教育季刊》（台湾）1999年第3期。

答：不累，

问：为什么？

答：孩子是自己的，我爱她，我觉得不累。给学生上课，我喜欢这个职业，不觉得累，我从小就梦想能拿着一本书，站在学生的面前，给他们讲课，我感到非常高兴。从小到现在，我很爱老师这个职业。

问：那学生肯定也很爱你了？

答：一般吧！（谦虚的语气）家庭很远的学生，夏天，下雨后，我让他们不要请假回家，让他们到我这儿来取吃的，酥油呀，炒面呀。家远的几个学生，我给他们吃的。家庭条件差一点的学生，我给他们买了本子、铅笔等。

问：你对教学是怎样看的？

答：挺不错的，比如我教20个学生，有10个学生挺不错的，以后他们为人民服务，为国家做些好事，所以我教给他们的知识还是很有用的，对吧？

问：那你是怎么看师生之间关系的？

答：不错的，学生都不怕我，很好的。我有时给他们讲《说不完的故事》里的藏语故事，学生很爱听。

问：你能谈一谈，你是怎样看待同事之间关系的？

答：同事之间，要互相帮忙，他们有事，我会帮他们，我有事，也会让他们来帮我。（才旦卓玛老师上课的时候，总是有老师主动照料她的孩子，直到才旦卓玛老师下课为止。）

问：那你是怎样看待夫妻关系的呢？

答：我爱他，他也爱我，我为他服务，他也一样为我服务。

问：遇到一些事情你们怎么办？

答；我们谈一谈，互相商量。

问：你对你现在的生活满意吗？

答：满意。

问：你快乐吗？

答：快乐。

同样，南吉草老师在其言谈举止中也时时流露出她对学生、工作和家庭的热爱。南吉草老师有一个五岁的女儿，她说："让她（她的女儿）明年上个学前班，这样她在我跟前，我可以教她识字，她做的作业我也知道一些。我们两口子都是工作人员，我能养，让她上个大学，凭她的能力让她上。"对于学生她常常给予生活和学习上的关心，经常去学生宿舍，她这样说道："去宿舍看一下，娃娃们有的病了，他们的父母不在身边，老师就是他们的父母亲，做饭的人有，但是一个人管不了十几个娃娃，只能靠老师呢。去年，一年级的两个娃娃病了，病得很严重，我每天晚上给他们吃药，后来他们的父亲来了，高兴得很，说：'老师们有呢，我们放心得很。'"

（1）女教师的求知历程

才旦卓玛老师有兄弟姊妹九人，五个姐妹和四个兄弟，除了一位哥哥在夏河县当老师和一个弟弟出家（在寺院里做僧人）外，其他的姊妹都过着放牧、种地的牧民生活。她讲述了自己的求知历程，对于我们看待这里的女童教育有一定的参考价值。

由于家里的经济比较紧张，除了哥哥上过学以外，姐姐们都在家里干活，没有上学。妹妹只上到小学毕业就不上了，才旦卓玛老师说是因为妹妹自己不想上学了。才旦卓玛老师对于学习知识有一种渴望和热爱。而且才旦卓玛老师说，那时家里穷，她排行第八，因为前面有哥哥姐姐在劳动，所以有机会上学。

她说道："那时候，甘加乡女孩上学的比例比起现在就少多了，那时候，班上就只有我这么一个女生，放学回家的时候，许多男生就欺负我，不让我上学。"

"为什么他们欺负你，不让你上学？"

才旦卓玛老师说："我也不知道，反正他们就是打我，不让我上学。"

"在这种情况下，你还坚持上学吗？"

才旦卓玛老师："上，我爱学习，我想上学。"

言外之意，就是什么也阻止不了她对知识的渴求。才旦卓玛老师说，因为学校离家远，而且有男生打她，所以父母不赞成她上学。然而，她却偷偷去上学，拿一些干粮，中午不回家，饿了就吃些干粮，下午放学后才回家。

问：你为什么喜欢上学？

答：长大以后可以不再当牧民，少受一点苦。

问：在你的求学历程中，你记忆最深的一件事是什么？

答：我小学时的藏文老师，我最忘不了的是我的小学老师。

问：他是女的还是男的？

答：他是男的。

问：你为什么忘不了他？

答：我上学的时候，那时候我年纪小，我不知道他对我很关心。现在才知道他对我很关心。

问：他的关心表现在哪些方面？

答：小时候我这个人不爱玩，我一直坐在凳子上看书，我不看书的时候，就看别人玩，看他们怎么玩，就一直看着。有一次我的几个同学（女同学）硬让我玩，我不玩，她们不肯，非让我玩。我去了，玩了以后，上课铃响了，我没有听见。我的藏语老师追来，我们几个同学都在，他一直瞪我，别的同学他不管。我们到了教室里面，他让别的同学都坐在凳子上面，而让我一个人站在门口。那时候我想，这个老师怎么这么恨我，我们几个同学都在玩，他没有必要让我一个人站着，那时候我恨他。我们班上有四个女学生，她们都坐下了。我上了藏中，初一、初二的时候我开始想念他，很想念他，比想我的父母还要想念他。那时候我的藏语老师的水平不高，我有时候睡在床上哭，很想念他。……

才旦卓玛老师说因为自己长大了，才体会到老师对学生特殊的严厉和要求，其实是对学生的一种关爱，现在自己做了老师，更加体会到老师对学生的关心有时可以影响他们的一生。才旦卓玛老师说道，她的这位老师给予她很多的关爱，“他对我的要求比对别的学生都要高，当我早早把作业写完了以后，他就给我别的书让我看，所以我的藏语很好，而且我非常想当一名老师，像我的这个藏文老师一样。”

（2）对于本地女童教育的感受

南吉草和才旦卓玛两位老师都是当地人，而且她们通过不断追求与奋斗成为甘加乡女性中的佼佼者，她们对于甘加乡的女童教育比我们有更深切的亲身体验，她们的话语中透露着对当地教育环境的无奈和对女童教育殷切的希望。

问：这所学校的女生都很少，比如六年级有 4 个女生，12 个男生，五年级有 6 个女生，21 个男生，这是怎么回事？

才旦卓玛老师说：牧区就是这个样子，牧民们这样想，“女孩读书，读书也做不了什么”，她们早早就嫁给别人了。

问：这儿的牧民对女童上学是怎样看的？

南吉草老师说：和入学的一模一样（女生的入学率很低），牧民常说：“女娃娃上什么学，识什么字，牛看去[①]，出嫁”，就是这个观点，六年级一到，丫头们多半都在家里，父母说：“女娃娃大了，家里头需要得很，跟妈妈干个活呗”，女孩子继续上学的很少，城市的女娃娃和牧民的就是不一样，在这儿女娃娃就是上了初一、初二也回来呢，多得很。

南吉草老师还这样谈到当地女童的命运：“在这里尤其是女娃娃命苦，回到家里挤奶，放羊，做家务。出个嫁，必须要看婆婆的脸色，上学要凭自己的能力挣点钱，养活自己呗，包括父母，如果在家里蹲着，在父母的支配下，出嫁呢，我觉得女孩最好是上学，尤其是

① 藏族人在说汉语时常常语序倒装，正常的语序应该是“看牛去”。

上大学。”

学校里的另一位女老师Y也这样说道：

在牧区，男娃娃、女娃娃小的时候都放羊；大一点，女娃娃还要做家务，男娃娃只放羊，女娃娃一年四季吃苦，牧区的女娃娃很苦的，男娃娃放了羊后，再没有别的活。在夏天的时候活更多一点，女娃娃深夜两点左右就要起床，挤奶，拾牛粪，做酥油，一天一天地重复做着这些事。夏天，一天要挤三次奶，凌晨2点挤完后，中午12点要挤奶，晚上6、7点还要挤奶，要挤三遍奶。

校长这样谈到牧区家长对于女童上学的观念：

牧民认为有牛羊就行，孩子不上学一方面省钱省事，另一方面还可以帮家里干活。尤其是对于女孩子，认为女儿长大了出嫁，念了书也不一定有工作，当不了官，考学靠后门，没后门啥也干不成，所以这儿的女孩子十五六岁就出嫁。

我在去达娃家做客时，有好几个女童来找达娃玩，我问她们：“你们为什么不上学?”她们说：“要放羊。”我问：“喜欢上学吗?”她们都不回答。我问：“喜欢放羊吗?”她们回答：“喜欢。”同样，在访问一个村庄（八角城）时，那里的一个村子里有70多户人家，每家至少有一个孩子是学龄儿童，但整个村子上学的女孩子不过只有10名。

（四）文化相对主义视野中对本地女童教育的理解与解释

1. 文化解释

女童入学率低、辍学率高和巩固率低在藏族地区是一个普遍的现象，然而，不管是男童还是女童，普及九年义务教育在藏区教育中到目前为止还是一个难点。现代学校教育在藏族教育中承担着怎样的角色是一个值得认真考虑的问题。是否应该以汉族的价值尺度去衡量藏族的现代学校教育，是一个值得深思的问题；是否如某些研究所表明的，藏族学生在知识、智力等方面与汉族学生相比有所不及，也是一个值得怀疑的问题。本文从文化相对主义的观点看待藏族的现代学校教育，并从历史的角度对藏族现代学校教育和藏族的传统教育（寺院教育）在藏族的文明进程中的相互作用和冲突做一考察。

藏族教育是随着藏族文化的产生而产生的。根据历史资料，四五百万年前藏族就有自在教育，如卡若文化，藏族自觉自为的较高层次的教育现象出现于松赞干布（569—650）时期。随着佛教的不断传入，藏传佛教的兴起，寺院教育成为教育事业的主流。寺院教育吸收了藏文化中科学、半科学和潜科学的内容，达到了“化民成僧”的目的，又起到了文化传承的作用。新中国成立前，藏族地区寺院教育就是藏族传统教育的主要形式，藏族的私学和极少数由藏区地方政府和国民党在藏机构所办的学校教育只是整个教育体系的辅助形式。

中央政府在藏区办学始于清朝末年。清朝政府在藏区所办学校，所设课程均与内地一样，按《奏定初等小学堂章程》规定开设读经、修身、国文、历史、地理、算术、格致、体操等课程。为此，极不受藏族欢迎，藏民子弟读书“多半途而废”“能识字读书通达者绝少”。官府采取“派学差”的办法，藏民中稍有富余者则以“雇人读书”相应对。所谓派学差是指，按户，按人头要求每村、每寨根据人口比例规定入学读书的学生数量。采取该办法的原因是藏族人不愿意被“化民成俗”，不愿意“被文所化”。藏族人视入学入官读书为当差，学习读书虽不如下苦力那样辛苦，但与其生存、心理需求、兴趣都是相悖的，所以，藏族富家子弟为逃避学校而采取出钱请人顶替自己的办法去学校敷衍读书。

同样在国民政府时期，对黄正清[①]当年在夏河创办教育的情况，中国近代著名历史学家顾颉刚（1893—1980）在其1938年的《西北考察日记》中曾有记述："子才（黄正清）曾游历平、津、京、户、杭，汉诸地，又曾在兰州教藏文。其思想开通，急欲畀藏民以现代教育，创立藏文文化促进会，又立藏民小学读汉、藏文学，不收学费，惟藏民濡染喇嘛教文化太深。以为嗪经即求学，令子弟入校则嫌改趋异端。恒生疑虑；及督促之急，且按个征召之，则尽送入寺中，披剃以相拒，随无如何矣。"[②] 又据王树民在《夏河日记》中记载："闻政府强行推行小学教育时，藏民常出钱雇汉民子弟前往支应关差者。大改春季开学时就学者尚多，其后则逐渐减少，故俗谚有'春满堂，夏一半，秋零落，冬不见'之语，可知地方教育欲图发展，犹须作极大之努力也！"[③] 20世纪40年代在夏河为藏民子弟所专设的三所小学和一所职业学校，藏族学生的数额只占四所学生总数的17.7%，其余为回民和汉民学生。考其原因，据当时学校负责人说："藏族同胞之传统观念，视读书为畏途，且觉教育无补于生活，对于子女教育尤为漠视……而藏民大多贫苦，衣食尚无法解决，儿童时代，即须出外捡兽粪充作燃料及其他工作，以帮助家中经济生活，因此要招收藏族学生是很困难的一件事。"[④] 藏族女童教育，在1939年的拉卜楞女子小学校[⑤]中只占12.5%，全校共有80人，藏族女童只有10人。[⑥]

同样，甘加乡的一位干部谈到：

---

① 藏名洛桑泽旺，1927年创办拉卜楞藏民小学，曾任拉卜楞保安司令，新中国成立后曾任甘肃省政府委员等职。

② 参见中国人民政治协商会议甘南藏族自治州委员会编《甘肃文史资料选编》第28辑，甘南报社，1994年，第80页。

③ 参见中国人民政治协商会议甘南藏族自治州委员会编《甘肃文史资料选编》第28辑，甘南报社，1994年，第241页。

④ 俞湘文：《拉卜楞城区机关调查报告》，《新西北月刊》1941年第5卷（1、2期合刊），第42页。

⑤ 校长为李安宅的夫人于式玉女士。

⑥ 朱解琳：《甘南藏族教育史略》，《甘南文史资料》（第8辑），甘南报社，1994年，第76页。

学校的好些工作都是乡上办的，行政上的配合是很重要的，孩子们到了入学的年龄，如果有几户牧民有几个适龄儿童，必须其中有一户的孩子上学（按一定比例算出来的），这几户牧民就抓阄，谁抓上，谁的孩子就必须去，要不然每年600元罚款，但有些家长还是按罚款缴纳，不让孩子去上学。一方面，学校的教学差，教师不负责，他们宁愿孩子放羊，还有的因家里劳力不够，怕影响自家的牧业，而不让孩子上学。

甘加乡小学的校长也谈到：

小孩没有来上学，我们老师也做动员工作，以前是强制性的，孩子不来就罚款，采取行政措施，但义务教育法颁布后，不能再如此，不来上学主要是由于父母认为教育没有什么必要，如果学考不上，从学校里出来既不能吃苦，又不能放牛、放羊，游手好闲，好吃懒做，不务正业，大法不犯，小错不断。在大集体的时候，娃娃们都被集中起来送到学校里，我们这个学校学生最多的时候有近三百人。现在牧场承包后，家里的劳动力不够，这里属于纯牧区，生活靠牛羊，念书是好事，但如果无人放羊，那穷一些的家连吃的都没有。所以这里的父母让孩子们在家里放个羊呀，放个牛呀。

可见，在藏族地区办学校教育很难，女童教育则是难上加难。如前所述，女童在家庭中是主要的劳力，加上地区经济的不发达，牧民只看到放羊、放牛可以有经济效益，视读书为政府强迫之事，教师职业也得不到尊重。如南吉草老师说道：

牧区这个地方，教师的职业被看得“小”一点，牧民常说“一个老师吗，有啥了不起！”

> 因为牧民不识字，所以会觉得老师的职业小。在城市里就认为老师的职业是崇高的呗！在牧区这个地方，主要是牧民不识字，他们是文盲，就是不懂这个道理，觉得老师这个职业有啥了不起，就这样看待。

女童一旦到了能干活的年龄，就是家中的主要劳力。可以理解，当以生计温饱为生活的主要考虑因素时，对于生活无补而且对于与现实生活相距很遥远的学校教育的回报价值，当然不被牧民所重视。牧民认为，要上学就要考上学，将来成为“国家的人”，才会对现实生活有所改善。但牧民担心的是，孩子上学上了一半，中途不上了，不但不能成为家里的劳力，孩子也不愿意再吃苦了。另外，藏区小学教育的课程比汉族小学多一门，这也给藏族学校和儿童带来很大的负担，严重影响了义务教育阶段其他课程的开设。同时，藏区现行的课程内容并不能密切联系牧区的实际情况，以及当地女童的早婚现象，这些因素都影响着藏族地区的基础教育和女童教育。所以现代学校在藏区，尤其是在牧区怎样才能适应当地人民的生活需要是一个迫切要解决的问题；同时寺院教育如何在藏族现代化进程中改革以适应时代发展之需也是一个值得深思的问题；寺院教育和现代学校教育的合作是值得探究的一条途径。而探索牧区女童教育的方案则显得更为突出和紧迫。

2. 对促进藏族女童教育发展的几点建议

自1995年世界妇女大会在北京成功召开以来，我国妇女解放的步伐越来越快。新世纪的女性不论在生活还是工作方面都拥有了更多的发言权，她们从制度文化的边缘走出来，拥有现代人的多重身份，迈向主流和中心与男性一起建造幸福、民主、文明的乐园。女童教育作为女性发展的奠基工程，社会界、教育界都给予了极大的关注，而且，当前国内外的教育形势为大力发展女童教育提供了良好的政策和环境支持。对于促进藏族女童教育发展，本文从国家课程改革、学校潜在课程开发、教师开展女童教育行动研究等方面提供一些建议。

促进藏族女童教育发展，首先要认真解读国家在基础教育课程改革中的新举措并在实际中加以切实贯彻。《基础教育课程改革纲要（试行）》明确指出："改变课程过于注重知识传授的倾向，强调形成积极主动的学习态度，使获得基础知识与基本技能的过程同时成为学会学习和形成正确价值观的过程。"强调新一轮基础教育课程目标将围绕人的培养目标来进行，新一轮的课程要体现学生学会学习，学会生存，学会做人的培养目标。该纲要还要求"促进学生在教师的指导下主动地、富有个性地学习。教师应尊重学生的人格，关注个体差异，满足不同学生的学习需要，创设能引导学生主动参与的教育环境"[①]。这些新的课程改革目标为创办良好的寄宿制民族学校提供了指导方向。对于甘加乡寄宿制小学，要注重性别平等教育，因材施教，关爱每个学生，让他们树立健康文明的性别观念，使每个儿童都能获得健康、活泼和富有自信的和谐发展是新课程的要求，也是教育工作者要力争达到的目标。同时，在地方课程和校本课程的开发中要注重课程内容与当地的生活生产实际相联系，与儿童的生活经验相联系，提高学校对于女童的吸引力。

在寄宿制学校教育中，除了显性（正规）课程、核心课程的教育之外，还应该加强潜在课程（隐性课程或非正规课程）的教育。因为寄宿制学校的特点就是学生不仅在学校中学习，而且整天在学校里生活，儿童不仅可以从正规的课程中习得预期的知识和经验，还能通过非正规的学习获得未预期的知识和经验，这些都对学生的情感、态度和价值观产生了重要的影响，潜在地作用于儿童的社会化。对于寄宿制小学要注重塑造健康文明的校园文化。

教师应该成为开展女童教育行动研究的主力军，切实成为在学校教育中改善女童受教育的内部环境。教师在课堂教学中要给予男

---

① 钟启泉、崔允漷、张华主编：《为了中华民族的复兴，为了每位学生的发展——〈基础教育课程改革纲要（试行）〉解读》，华东师范大学出版社2001年版，第4、7页。

女学生均等的机会。如前文所述，在课堂教学中，教师的教学行为存在习焉不察的性别偏见，缺乏性别公允的师生互动，这种正式课程或潜在课程不但剥夺了男女学生合作学习的机会，也会因性别的因素而影响学生参与学习活动的意愿。所以教师要进行性别偏见的自我检核：减少性别刻板思维；纠正选择性注意；为学生提供积极的回馈，避免消极的信息；注重学生的个别差异，通过反思以往教学中对于性别的忽视，在今后的课堂教学中尽量做到性别公平。

开展生命健康教育对于甘加乡寄宿制小学来说非常重要。因为学生的家离学校较远，所以女生的入学年龄都较晚。女生到了五六年级已经进入青春期，但仍然和男生混住在一起，给她们的生活起居造成了不便。而且，女生由于离开母亲，得不到卫生健康方面的指导。女教师应该义不容辞地关心女生的生活问题，定期开展生命健康课程教育。

专设女生宿舍、女生班、女子学校。在寄宿制学校里，女生应该有自己的生活空间，宿舍作为学习后休息和放松的地方，女生可以放松精神和为下一步的学习做准备。同时，虽然男女生同校是社会进步的结果，但是许多研究表明，男女同校并不利于女生的发展，女子学校的建立不失为改善女生受教育环境的良策。在边远藏区大力提倡晚婚晚育，避免女生过早地从学校流失，造成辍学和失学问题，政府要在政策上为女生上学提供必要的支持；对于单亲家庭中的学生要给予特殊的关爱，避免他们由于家庭经济问题和心理问题而辍学和失学。

二　妇女教育与地方社区发展研究

——以东乡族妇女为例*

陆春萍

东乡族是甘肃省特有的少数民族，主要分布在临夏州东乡族少数民族自治县。第六次全国人口普查结果显示，甘肃省有东乡族人口515000人，其中临夏州东乡族人口最多，占甘肃省东乡族人口的97%，占全国东乡族人口的88%。临夏州东乡族自治县东乡族人口占全县总人口的83%，占甘肃东乡族人口的47%，占全国东乡族人口的42%。2017年末东乡族总人口达30.94万人，其中农业人口29.28万人，男女性别比为104∶100。① 区域方位的优劣往往决定了这个社区在社会、经济、政治、文化、教育等资源上的获得状况，东乡族社区地处中国西部边陲的黄土高原腹地，在改革开放的发展链条中西部处于后发展的地位，西北的少数民族农村社区处在社会发展的最底层。就社区发展程度来说，东乡族社区是一个在现代化背景下民族传统文化保存相对完整的地区，而少数民族妇女的生存状况、文化贡献、社会地位在民族社区发展中有着重要的地位和作用。所以，在推进民族地区可持续发展的进程中，应着力推进民族地区妇女的发展，因为妇女占据着民族地区人口近一半的比例，妇女的发展是民族地区发展的重要条件，她们的发展状况如何对民族地区的可持续发展

---

* 本章作者陆春萍，深圳大学师范学院（教育学部）湾区教育研究院教授。

① 东乡县地方史志办公室：《东乡族自治县年鉴》，甘肃民族出版社2018年版，第1页。

产生着重大影响，而妇女的教育问题是影响民族地区未来劳动大军素质的重要因素。

（一）社会结构制约中的东乡族妇女发展状况

很多研究表明，东乡族妇女文化水平偏低，限制了妇女自身的发展。东乡族妇女是东乡社区的主体，在生产劳动中占据着重要地位，但东乡族妇女的文化程度普遍较低，文盲和半文盲较多，许多妇女本该处于无忧无虑的读书年龄，却早早地担负起家庭的责任，无法上学或辍学，有的只有小学二、三年级的文化程度。东乡族妇女也像大多数中国妇女一样，具有吃苦耐劳、忍辱负重、默默奉献等传统美德，但由于恶劣的生活环境，严峻的自然条件，自卑自弱等观念在她们的意识深处根深蒂固。比如，在调查中经常碰到的情况是，你随手敲一家人的大门，问“有人吗?”许多东乡族妇女会回答“没人”，原因是她们的丈夫不在家或外出打工了，所以她们就会认为没人，俨然没有把自己当作人。除此之外，在贫困、辛苦劳作中度过一生，构成东乡族妇女传统的个性文化特征，她们长期被封闭在一个狭小的生活空间里，最远的生活半径就是家庭，最广的交往范围就在村寨。循规蹈矩地遵守着传统文化或习俗，如妇女不得与男性同桌吃饭，不得主理村里事务，等等，因此，在东乡族妇女受教育程度低的背后是妇女自身无法控制的诸多社会结构性因素。

1. 东乡族妇女发展受贫困文化的制约

东乡族地处山大沟深、干旱少雨的地带，自然生态环境恶劣，制约着当地社会经济及生产力的发展。例如，作为我们调查点的东乡族自治县汪集乡，特困人口还占有一定的比例。汪集乡沙黑池村是一个典型的贫困村，该村的地理位置和自然环境十分恶劣，需要沿着一条崎岖的山路羊肠小道艰难地步行约 30 分钟才能到达，村民们半聚半散地居住在光秃秃的山掌上和山沟与山掌之间的山坡地带，村中已经通电，但尚未通邮，少数农户有电视和电话。全村有 11 个社，共有 239 户，总人口 1150 人，其中 98% 的人口都是东乡族。全村耕地总面积为 2347.5 亩，其中，山地多数为山坡地，人均约 2 亩，全村有 36 户特困户。村中有 20% 的男劳力外出从事季节性打工，但妇女几乎不外出打工。东乡族妇女就生活在这样无法超越贫困的地理环境中，她们面对贫瘠的土地、极低的生活水平和太多的制约，往往缺乏能动性，许多妇女安于贫困，听天由命、消极无为地面对人生，不求更好、只求温饱的等、靠、要度日思想非常普遍。女性自我意识发展受到抑制，难于树立起自信、自立、自重、自强的现代女性人格，远离现代女性的诸多理想追求，因此，贫困文化是制约少数民族女性自我意识发展的主要障碍。

2. 固有的地方传统习俗规定着东乡族妇女的性别观念

早婚早育的习俗、重男轻女的观念等使妇女囿于家庭，调查发现，有 89% 的东乡族妇女对“男主外，女主内”的观念持普遍认同的态度；有 66.3% 的东乡族妇女的婚姻是父母包办；男强女弱的意识仍存在着，当问到“如果只能生一个孩子，您希望生男孩还是女孩”时，有 90.8% 的妇女回答说希望生男孩；对自我定位普遍是贤妻良母，牺牲自我发展的观念十分普遍，而这些传统的观念与其他地区妇女的现代观念形成尖锐的对比，这些传统习俗观念在当地已深入人心。在调查中，当地的一位东乡族领导这样说道，女童教育在当地面临着困难，“因为女童达到一定年龄要结婚，不结的话，父母觉得义务没尽到。而对男孩来说，为了生存、发展，他必须学习，也愿意让男孩学习。所以说，一切都是从现实的角度出发的”。同样，当地老庄村的一位东乡族村民也这样谈到女孩上学的问题：

娃娃上学要看条件，比方两个孩子，一个闺女，一个男娃，两个都上，供不起，只能先男的上，闺女迟一些上。我家有五个孙子，三个丫头，两个男娃，很多都是小的时候上，大了就自动不上了。董盐岭乡（音）的女娃上学的少，主要是学校少，路远，不方便。再从伊斯兰教来说，对闺女管得要严一些，不出去，也不上学。……闺女大了以后，十七八、十八九达到结婚条件了，丫头念书，结果书还是给人家（婆家）念下的，所以管得松。

在各级领导干部中妇女较少，即便有的话，也多是担任副职。对这一现象，访谈中的一位东乡族领导是这样解释的："女的干副职，这很正常。如果完全让女的做主，那男的干啥去呢？仕途也好、政界也好，它都有它的游戏规则，女性本身就有不方便之处。比如搞接待，女性你划不划拳、抽不抽烟？这是一个游戏规则，违背它就相当于破坏了生态平衡。"因此，传统观念对东乡族妇女发展的影响是深刻的，传统的听命、守旧、性别及封闭意识极大地束缚着她们自我意识的发展。

3. 宗教型社区中人们对妇女角色的认同

伊斯兰教在东乡族形成与发展过程中起着很重要的作用，伊斯兰教法是一部以《古兰经》和圣训为基础的神圣律法，此法涉及婚姻、家庭、民法和刑法等内容。《古兰经》从人类起源上明告世人，男人和女人是完全平等的，人类既出于父也出于母，是父与母的结果。同时，伊斯兰教法承认男女价值的平等，如"她们应享有合理的权利，也应尽合理的义务"[①]"信道的男女互为保护人"[②]等。"伊斯兰教法夫权至上和妻子处于受支配地位，是天经地义的，这不仅是由不平等的社会制度所决定，法律制度也明文宣布，夫妻间的权利和义务是充分考虑到各自的能力和需要而规定的。"[③]对于妇女，伊斯兰教法强

① 《古兰经》第2章第228节，http：//www. xaislam. com/quran/。
② 《古兰经》第9章第71节，http：//www. xaislam. com/quran/。
③ 吴云贵：《伊斯兰教法概略》，中国社会科学出版社1993年版。

调顺从，承认丈夫是负责家庭一切事务的人，承认丈夫是一家之主。所以，《古兰经》承认男女平等，男女都有合理的权利和义务，但在实际生活中仍然实行男尊女卑，由这两不相容的因素而来的二律背反是伊斯兰教法之妇女观的基本特征。① 所以在现实生活中东乡族妇女的地位比较低，而且没有财产继承权。同时由于社会发展程度低，妇女参与社会决策的程度也偏低，比如调查发现有 90.5% 的东乡族妇女没有向上级或别人反映过村里的问题，有 79% 的东乡族妇女不知道有《中华人民共和国妇女儿童权益保护法》等。

（二）现实调查中东乡族妇女的受教育状况

教育是民族和社会发展的基础，而少数民族地区教育受经济滞后、地理环境制约以及民族特殊性等因素的综合影响，一直与东部地区有着较大的差距。随着西部大开发战略的全面实施，西部地区教育发展落后对经济发展的牵制问题更加突出，特别是少数民族妇女在各类教育中的地位堪忧。许多研究表明，少数民族妇女是民族地区发展的重要条件，但她们受教育水平明显低于男性，并因此对社会经济发展产生制约作用。我们在福特基金会资助下进行的课题研究表明，东乡族妇女的教育状况更令人担忧。项目组于 2004 年对东乡族自治县的锁南镇、达坂镇、龙泉乡老庄村、汪集乡沙黑池村、咀头村进行了抽样调查。从经济状况较好、一般和不好的三个经济发展等级中抽样，共调查东乡族妇女 200 人，其中已婚妇女占 88.9%，有 69% 的东乡族妇女在 16—18 岁就出嫁了，务农的妇女占到了 86.5%，没有外出打工的妇女占 93%。家庭年收入在 6000 元以下的占 87.2%。其中，东乡族妇女未上过学（不识字）的占 83%，与男性的 41.5% 相比高出 40 多个百分点。有 70.4% 的妇女认为“自己在算账方面有困难”和“不能算账”，不能写信和读报的妇女分别占 92.5% 和

① 马东平：《论伊斯兰教法之妇女观》，《甘肃社会科学》2001 年第 5 期。

87.5%。因此我们的调查数据显示东乡族妇女受教育水平偏低。

虽然东乡族妇女受教育的状况非常令人担忧，但是东乡族妇女个体有强烈的受教育愿望，调查中有90.5%的妇女认为接受教育非常必要，而她们认为接受教育的目的最主要的是改变自己的生存环境，让自己生活得更好。她们对子女有较高的教育期望：有87.5%的妇女认为应该让自己的孩子念书念到大学或更高。子女没有上学的原因中有64.1%是因为家庭经济困难负担不起。有83.7%的妇女认为受教育程度对收入有影响，而且有90.2%的妇女认为，接受大学和更高的教育对妇女更合适。有76.3%的妇女认为，“上学越高，挣钱越多”；有85.8%的妇女认为，“受教育程度越高，越能找到一个好工作”；有75.8%的妇女认为，“受教育程度越高越能找个好对象”；有78.4%的妇女认为，“上学越多家庭地位越高”。这些都反映出东乡族妇女对教育的正确认识，也表现出她们对教育有着强烈的渴望。

与东乡族妇女强烈的受教育愿望相悖的是她们缺乏培训机会：有89.8%的妇女没有参加过村里或乡里办的职业（实用技术）培训。同时，父母的受教育程度影响妇女的受教育程度。调查中妇女们的母亲未上过学的占94.9%，高出被调查妇女近11个百分点，看来上辈的受教育程度对下代的影响是巨大的，“教育了母亲就等于教育了一代人”警醒着我们每一个人。

东乡族妇女有着自我矛盾的性别观。调查中有86.9%的妇女认为，“女孩子应该享有和男孩子一样多的教育机会”；有82.3%的妇女认为，“只要条件一样，女人和男人一样可以干大事”；有76.3%的妇女认为，“妇女上学越多，挣钱也越多”。但同时有63.6%的东乡族妇女认为，“男性能力天生比女性强”；有76.4%的妇女认为，“自己能干不如找个好丈夫”；有57.1%的妇女认为，“女性应避免在社会地位上超过她的丈夫”；还有79.2%的妇女认为，“男性以事业为主，女性以家庭为主”，一方面她们认可女性的价值，另一方面又把女性的价值依托在男性身上，突出地反映了她们在性别观方面自我矛盾的心理状态。

“教育一个妇女，就是教育了一个家庭、一个民族、一个国家。”这不是一句口号，而是活生生的现实。同样，19世纪德国教育家福禄贝尔说过类似的话：“国家的命运与其说是操纵在掌权者的手中，倒不如说是掌握在母亲手中。”这些都体现了妇女教育对国家、民族的重要性。然而，调查发现，东乡族妇女教育存在很多的问题：没有太多资金投入妇女教育发展中，缺少其他渠道的教育投资；人均教育经费的增长远远满足不了较快的人口增长。虽然近些年来党和国家以及当地政府连年增加东乡县的教育经费，但是由于东乡族人口基数的不断增加使得人均享受的教育资源相对偏少；而且民族教育本身所具有的特殊性使其教育成本也高于一般的汉族地区。

在对东乡族妇女的调查中，我们深刻地感受到今天的女童就是明天的妇女，所以重视女童教育是切实做好东乡族妇女教育发展的奠基工程。女童受教育水平和今后发展对当地人才培养和经济发展具有重大作用，提高民族基础教育的质量是提升少数民族妇女素质的关键，也是影响全面建设小康社会中人力资源开发质量的重要因素。女童教育提高了妇女劳动的参与水平和女性的劳动价值，对于少数民族地区的经济增长具有重要意义。女童教育提高了女性潜在的劳动生产率，提高了她们的敬业精神，改变了她们对家务劳动和职业劳动的态度，并向她们提供了就业的必要文凭。女童教育逐渐使社会上出现了新的家庭和社会依赖关系，女童受教育迫使原来家庭中的权威关系被重新建构，过去父亲作为家庭的唯一供养者所拥有的绝对权威地位被削弱了，家庭经济来源也变得更加多样；女童教育可以使女性参与社会劳动，使过去内隐的家务劳动的价值转换为外显的经济价值，有助于女性家务劳动价值被社会广泛承认和加快妇女解放进程。少数民族女童教育问题不仅是性别平等问题，而且是种族、宗教、贫困等问题的综合产物，对于西北少数民族贫困地区来说，解决好少数民族女童教育问题是提高妇女教育素质的奠基工程。对于全民信仰伊斯兰教的民族地区，可以办女童班提高女童入学率。开展家长培训，转变其思想观念，采取减免学费和设立女童奖励基金等措施，优化女童教育环境。立足当地实际情况改革教学内容和方法，进行职业技术教育的早期渗透，把贫困地区的基础教育与贫困人口脱贫、改善生活质量结合起来，提高女童学习的积极性。[①] 同时，需要国家的重视和地方政府的支持，加大资金投入、实行政策倾斜、改善女童教学环境和条件；提高师资水平；动员社会力量多渠道筹措资金，通过希望工程、中国儿童少年基金会等机构的资助，重点扶持发展少数民族地区的妇女教育。此外，还要鼓励在偏远山区开办少数民族女童班，切实实施春蕾计划，将教育制度与女性个体发展结合起来。同时，加强成年妇女的继续教育，开展多种形式的培训，如知识培训、技能培训、卫生健康培训等。根据民族地区的文化传统，开设一些与民族文化传统、生产生活有关的课程，使民族地区的儿童和妇女不但了解本民族的历史文化，而且把当地的文化转化成生产力。总之，要通过多种形式加快少数民族妇女的教育发展，培养出一大批少数民族妇女优秀科技人才，以此推动少数民族妇女与中国妇女整体的共同发展。

（三）赋予东乡族妇女行动权利的制度创新

以上从历史、传统和现实方面指出了东乡族妇女教育问题背后所存在的妇女自身无法控制的诸多社会结构性因素。难道面对强大的社会制约，妇女就无法发挥自身的主观能动性吗？答案显然是否定的。虽然东乡族妇女不能在她们选定的历史条件下进行主动性的创造，但是她们可以在既定的历史条件下改造自己的命运，正如吉登斯所说：“我们在受制约中创造了制约我们的世界。”或许东乡族妇女面临着太多的制约因素，但是在调查中却能深刻地感受到她们对教育、对生活强烈的追求和满怀希望的期待，试图在个体能动和社会结构之间探

---

① 刘曼元、陆春萍：《西北少数民族妇女的教育与人力资源开发》，《兰州大学学报》2004 年第 2 期。

索出一片新的天地，因为“结构具有二重性，结构同时具有能动性和限制性”①。如何主动掌握资源，有效地把资源转化为自身行动的权利是赋予妇女发展的新途径。在最近30年里，女权主义发展话语与实践大体而言经历了从20世纪70年代初崛起的“妇女参与发展”（Women in Development，WID），到80年代中后期并起的“妇女与发展”（Women and Development，WAD）和“社会性别与发展”（Gender and Development，GAD）的范式嬗变。② 不管妇女发展的模式如何变化，妇女的差异性越来越被重视，同样本土女性研究更彰显了其价值。把妇女问题与当地社区发展联系起来，将使女性的发展获得源源不断的动力。而且东乡族妇女的教育是妇女获得行动权利的一把最有效的钥匙，妇女的教育与当地社区发展紧密联系在一起，所以，妇女的教育问题是关系着社区发展的指标，妇女的受教育状况决定了妇女的家庭地位、经济地位、社会地位，教育问题是妇女发展的奠基工程，可以说是牵一发而动全身，教育、经济、社会等因素之间是一种因果积累的关系。缪尔达尔很早就提出了制度因素对发展中国家的影响，他把发展定义为“相互依赖的条件下整个体制的向上运动”，在他看来，落后国家的政治、经济、文化传统等多种因素相互联系、相互影响、互为因果，呈现出循环积累的态势。发展中国家政治、文化的落后导致经济的落后，而经济的落后又导致文化和民主政治的落后，落后国家要摆脱这种贫困积累，就必须进行政治、经济、教育等全方位的制度变革。③ 在东乡族社区的发展中妇女发挥着重要的作用，大量男性劳动力外出打工，使得妇女成为当地的主要劳动力，承担了更大的家庭和社会功能，妇女教育可以从根本上解决妇女发展与社区

---

① 陆春萍、邓伟志：《社会实践：能动与结构的中介——吉登斯结构化理论阐释》，《学习与实践》2006年第2期。

② 胡玉坤：《社会性别、族群与差异：妇女研究的新取向》，http：//www. usc. cuhk. edu. hk/wk. asp。

③［瑞典］冈纳·缪尔达尔：《世界贫困的挑战——世界反贫困大纲》，顾朝阳译，北京经济学院出版社1991年版，第340—350页。

建设的问题，而妇女的发展不能只简单地进行输血，而是要从体制上进行造血功能建设。俗话说：“经济要腾飞，教育要先行。”“治贫先治愚，治愚办教育。”这些都警示我们当地社区的发展不能单靠一味地追求经济的增长，而应注意经济发展的软环境，如教育、文化、习俗等，因为经济体系是沉浸在文化环境的汪洋大海中的，所以要注重地方社区的生活原则，本身族际文化的制约关系。经济学家诺思认为，对经济增长起决定作用的是制度因素而非技术因素。而制度包括正式制度和非正式制度，内在制度和外在制度等，所以东乡族妇女的发展重要的是与当地软环境（非正式约束）相适应，促进妇女发展的途径要与以伊斯兰教为特色的传统文化相适应。利用根植于传统的规范和习俗，创造出一种能够适应妇女发展和地方社区发展的新制度。在制度建设中妇女人力资源的开发将是头等大事，众所周知，教育对经济发展有很大的贡献，所以要从制度上保证妇女受教育的权利。

首先要让妇女识字，解决基本的扫盲教育问题，使妇女能看懂种植中测量植物的温度计，能听懂农业技能培训中讲解员说的汉语。还要适应当地的文化，改善女童的受教育环境问题，派一些女教师去执教，以降低女童的辍学率。面对正式学校教育在东乡县的尴尬境地，应反思正式的学校教育制度如何不适应当地人民的需求，适时进行学校教育的改革，比如在学校里可以开设阿语课，请当地的宗教人士上课；进行双语教学；加进一些有关当地文化的特色本土课程内容，开设一些实用的技能和知识课程等。

其次要加大对成年妇女的培训，提高她们的自我发展能力。比如由全国妇联发起的“母亲水窖”项目，不仅解决了贫困妇女的饮水困难，还从根本上解决了她们的基本生存和发展环境问题，促进了她们生活方式的改变，从而间接提高了妇女在家庭中的地位。在项目培训中采用多种培训方法，重点是参与式的培训方法。在参与式培训中，让妇女把自己的需求、声音和利益表达出来，通过亲身参与培训过程，增强少数民族妇女对自身权利的认识和能力的提高。因东乡族妇女单独与外界交流的机会很少，面对陌生人大多不敢表露自己的想法，如果通过参与式的教学方法，按照她们共同的兴趣和爱好把她们组织起来，她们就会畅所欲言。参与式的培训，可以充分动员每个妇女的参与积极性。大力发展妇女技能培训，开展农业职业技术教育，进行各种劳动生产技能的培训，例如病虫防御、农药配制、果树修剪等，使妇女懂得种植业和养殖业的科学化。在培训过程中采用培训流动车的形式更为有效，因为东乡族妇女地处交通不便的山区，要让她们走出家门到县城或省城参加培训，在人力和物力方面都会造成很大的耗费。采用培训流动车，只需要配备电脑、幻灯片等教具，根据妇女的发展需要每次派不同的专家进行培训，即可收到较大的效益。比如，在东乡族妇女中不乏好的民间刺绣工艺，但是因为没有好的图案设计，刺绣的花样没有创新，因此不能形成特色和产业。如果扩大少数民族妇女与外界的交流，寻找智力支持，通过和大学艺术学院、工艺美术设计院等单位进行广泛的合作，由工艺、美术专家随同教学流动车下乡，把有这方面兴趣的妇女组织起来，在参与式的培训下，提高刺绣图案的设计能力，突出当地特色，就能增加收入，致富当地。

（四）妇女参与当地扶贫攻坚活动

2012 年东乡县贫困人口为 14224 人，截止到调查时的 2017 年，全县精准脱贫 1752 户、8919 人，贫困发生率下降至 22.56%。政府实施基础设施、农田水利、道路硬化、安装太阳能路灯等项目，实施人饮入户工程，有效解决了 8000 多人的饮水困难问题。实施易地扶贫搬迁、农村 D 级危房改造，开展“百企帮百村”活动，落实工商企业家帮扶项目，带动贫困劳动力实现就业，妇女也广泛地参与了脱贫扶贫攻坚活动。

1. 扶贫车间务工脱贫行动

东乡县当地农村家庭经济收入主要来源于卖羊（东乡人把羊当作

银行)、外出务工、国家补贴和举债。东乡县曾出台“大力发展羊产业，建设羊产业大县”的政策，现如今“东乡手抓”成为品牌，在兰州、临夏等地经营“东乡手抓”的民营企业达到550家。据不完全统计，经营“东乡手抓”羊肉的餐饮企业年产值超过2亿元，就业人员近两万人，按照“公司+基地+农户”的模式，发展了一批规模养殖场和规模养殖户，促进了民营经济的发展和带动了贫困人口就业。甘肃省脱贫攻坚领导小组颁布《甘肃省2018年脱贫攻坚工作要点》，确立了“一户一策”帮扶计划。例如，通过建立联户养殖小区发展养殖、电商扶贫车间促进就业、经济园区企业打工、县内工程队带动、拖拉机手公益性岗位等多种方式，切实做到“一户一产业”。产业扶贫是当前东乡县政府的主攻方向，包括粮改饲、扶贫车间建设和劳务输转。通过相关单位牵线搭桥，引进来料加工和订单项目，建成各类扶贫车间，让当地的贫困群众尤其是妇女在当地打工，实现顾家、务农、挣钱三不误。2018年临夏州开始办扶贫车间，扶贫车间有个雷打不动的规则，就是吸纳20%的贫困户。截至2018年临夏州已经建成了123家扶贫车间，占甘肃省的1/5，带动就业6641人，月均收入在2500元左右①。“临夏贫困发生率最高的东乡县，之前贫困发生率超过60%，依靠产业扶贫已经降到百分之十几，2019年，临夏计划建成200个以上扶贫车间。”② 东乡县兴建的“扶贫车间”，带动发展了雨具加工、八宝茶包装、油炸食品制作、服装布鞋加工、手工编织等劳动密集型产业，实现了贫困家庭妇女家门口就业，是产业扶贫与就业扶贫联合的模式。

2. 妇联带动妇女参与精准扶贫

贫困治理需要多元主体的参与。妇联作为群团组织在精准扶贫任

---

① 2019年全国两会特别报道：《对话全国人大代表、甘肃省临夏回族自治州州委书记杨元忠：“今年要解决两个难题，一个产业，一个水”》，《南方周末》2019年3月7日第3版。

② 2019年全国两会特别报道：《深度贫困地区最难啃的“硬骨头”》，《南方周末》2019年3月7日第3版。

务中具有独特的作用和地位，2015年全国妇联发布《全国妇联关于在脱贫攻坚战中开展“巾帼脱贫行动”的意见》，在我国现有的建档立卡贫困人口中，妇女占45.8%，妇女是脱贫攻坚的工作对象，也是重要力量。妇联改革带动了妇女创业和就业，推动了妇女发展与解放，促进了东乡妇女走出家庭，走向社会的转变。东乡妇女由于受传统思想与宗教的影响，在家庭中遵守着“男主外，女主内”的家庭分工与角色扮演。东乡县在精准扶贫、脱贫攻坚战中动员妇女参与扶贫。截至2017年，已建立东乡县油馃馃、康乐胭脂梦、临夏县布鞋等女能人、产业带头人、基地负责人领办创办巾帼扶贫车间22个，成立巾帼特色产业联盟两个，直接带动贫困妇女1681人，辐射带动贫困妇女3000多人，月人均纯收入2000元左右，逐步实现了贫困妇女在家门口就业增收。

东乡妇女文化程度很低，加之受传统观念的影响，一般很少外出打工，其原因除文化程度较低之外，普通话水平较差，难以进行有效交流，也是限制东乡妇女走出去的障碍之一。东乡县妇联响应中央群团改革的号召，改革后妇代会改为妇联，农村有了妇联主席并开始带动妇女向创业就业转型。妇女们也通过思想解放开始从以家庭为主向创业转型。而随着政府鼓励妇女创业培训及项目的实施，贫困群众实现了脱贫致富的目标。在基层，动员群众主要还是依靠群众，基层妇女模范代表具有带动作用，群众中有威望的人说一句话能顶政府一个宣传队。调查中，妇联主席L说：

> M是一个非常有威望的基层妇女，今天她比较富裕的生活离不开她不屈不挠、坚强拼搏的精神，作为一个一天学都没上过的她，在事业上取得较大的成就非常不容易。2017年，她在妇联基层改革中之所以能当上村妇联主席，离不开群众对她的认可。她这次当选娄子村的妇联主席就是要带动妇女们一起创业，实现脱贫致富。现在的M不仅是村上的妇联主席，而且是县妇联聘请的优秀刺绣培训讲师，是她带领着东乡妇女参加培训学习，提高

了妇女参与的积极性。

正是由于有像M这样的妇女模范代表，村子里的其他妇女才逐渐加入了县妇联组织的培训学习，实现了“要我脱贫”到“我要脱贫”的转变，完成了从思想解放到实践行动的转变。据课题组调查，大部分没上过学的东乡妇女比较保守，不愿到较远的地方务工，尤其是去南方的一些大型的劳动密集型企业工作。2016年东乡县政府为了有效实现农民增收，确保在精准识别前提下的精准扶贫，由县妇联带队并组成30多人的农村妇女考察队到南京、浙江、苏州等地交流学习。这次考察对东乡族妇女的触动很大，她们第一次参观了几千平方米的工艺品生产车间，漂亮精致的手工艺品让大家惊叹不已。同时还有很多手工艺品都是妇女在家完成的，而不是直接在厂子里做的，这让大家觉得自己也可以完成。妇女们把做好的手工艺品由企业集中收购，然后统一销售，自然就有可观的收入。思想的转变激起了大家的积极性与自信心，在妇联的组织下，甘肃东乡县开始进行“陇原巧手”刺绣手工培训，动员农村妇女加入培训，通过自己做的手工品增加收入。从参观到实践，通过“陇原巧手”技能培训助力妇女脱贫增收。充分利用省、州、县三级“陇原巧手”示范基地，进一步推动形成“基地+带头人+妇女”的生产经营模式，采取“请进来、走出去”、订单式方式，开展布鞋麻鞋、民族刺绣、掐丝珐琅、食品加工、电子商务等培训，积极开辟产品销售渠道，引导妇女从个体单打、柜台零售向多方联动发展，不断拓宽产品销售市场，间接带动近2万名妇女从事手工制作，实现了居家灵活就业。2018年争取到省妇联“陇原巧手”技能培训资金100.5万元，截至2018年9月底，完成培训“陇原巧手”1915名（其中建档立卡妇女814名），巧手骨干38名，家政劳务品牌888名。

妇联扶贫模式可概括为“妇联+妇女+技能培训+脱贫致富”，就是以妇联组织为平台，以妇女参与为支撑，以技能培训为方式，以脱贫致富为目标的发展模式。临夏州妇联参与式扶贫就是让妇联发挥组织与链接资源的作用，让广大妇女积极参与进来，通过“陇原巧手”“扶贫车间”“健康行动”“女企业家产业联盟”等方式，采取“请进来、走出去”的订单方式，实现精准扶贫脱贫的目标。需要说明的是，妇联组织进行“陇原巧手”的培训，不仅仅是培训完了就没事了，而是接企业的订单生产民族刺绣、纺织拖鞋、掐丝珐琅等产品，这样就实现了妇女生产的手工品有销路，经济就有保障了。此外，农村电子商务也助力精准扶贫脱贫，东乡县许多妇女注册开通了自己的网店，然后把编织的手工艺品放到自己的网店上进行销售，拓宽了手工艺品在线销售交易的途径，增加了自己的销售渠道，依靠电子商务平台实现就业创业，摆脱贫困。只有让群众从“要我脱贫”的观念转变为“我要脱贫”，才能真正激发群众的创造性和积极性，激活脱贫的内生动力，最终实现脱贫致富，奔向小康社会。

（五）深度贫困地区多元扶贫模式的探索和创新①

改革开放40年来，中国的减贫事业取得了举世瞩目的历史性成就，已有7亿多农村贫困人口脱贫。我国扶贫之路从救济式扶贫到开发式扶贫，再到具有瞄准性和靶向治疗功能的精准扶贫，都是以马克思主义关于贫困问题的理论观点为指导的。近年来，习近平总书记反复强调脱贫攻坚工作的重点是解决深度贫困问题，提出“六个精准”“五个一批”“四个切实”等精准扶贫战略，这是习近平新时代中国特色社会主义思想的重要组成部分，是对我国反贫困实践在新时代的升华，为破解深度贫困问题指明了发展方向。

深度贫困地区的贫困大多数属于生态环境约束型贫困，主要是地区发展受到恶劣环境的限制而导致的贫困，如“三区三州”中的甘

① 陆春萍：《深度贫困地区多元扶贫模式的探索和创新》，《中国社会科学报》2019年3月7日第1版。

肃临夏州和集中连片特困区的宁夏西海固均属于深度贫困地区。环境贫困理论认为，贫困大多发生在高寒的荒漠区，缺土少水的山地，盐碱地和戈壁荒滩等自然环境恶劣的地方。我国的贫困人口大部分集中在西部深度贫困地区，大多受空间和资源的约束。习近平总书记指出，深度贫困地区是减贫的难中之难、坚中之坚，必须通过精准扶贫、精准脱贫才能打赢脱贫攻坚战。党的十八大以来，我国针对深度贫困地区做了专项部署，如成立特别专项发展基金，实施基础设施建设工程、以工代赈工程、“三西”定点专项扶贫、集中连片特困区扶贫瞄准机制等，并已取得较大的进展。

与此同时，我国在深度贫困地区的治贫实践中探索出了多元扶贫模式。其一，易地搬迁扶贫模式，是指通过对生活在不适宜人类生存地区的贫困人口实施搬迁，达到消除贫困和改善生态的双重目标。这成为解决因生态环境恶劣而致贫问题的重要扶贫模式，具有代表性的是甘肃和宁夏的“三西”模式。据统计，截至 2015 年，宁夏共累计完成了 120 万余人的移民扶贫搬迁；“十三五”期间，甘肃易地扶贫搬迁规模达 17.39 万户，共 73.14 万人。易地搬迁扶贫模式适合西部生态脆弱地区的贫困治理，它与生态环境建设相得益彰，被搬迁地区退耕还草还林，封山禁牧，打造绿水青山，创造环境的可持续发展。另外，这种模式与生态扶贫、旅游开发扶贫、产业扶贫、金融扶贫等相结合，有效地巩固了贫困户易地搬迁后的安居乐业。其二，产业扶贫模式，堪称最具可持续性和活力的扶贫模式。它通过外在力量的输入，在深度贫困地区培育出一种可持续发展的产业，使贫困者获得可持续发展机会。产业扶贫的机制是“政府 + 龙头企业 + 合作社 + 贫困农户”多方参与的多元组合模式。例如，甘肃省的产业扶贫通过牛、羊、果、菜、中药材、马铃薯六大产业，激发贫困户的内生脱贫动力。其三，就业扶贫是一种和教育扶贫相结合提升贫困者自身能力的造血式扶贫模式。它通过培养劳动技能来提高生产能力，实现稳定就业，有利于贫困人口长久脱贫，重塑发展信心，融入社会网络，促进积极的社会流动，有时甚至达到一人就业、全家脱贫的效果。深度贫困地区的就业扶贫通过以工代赈、劳务输出、扶贫车间等多种方式为贫困人口提供就业机会。同时，就业扶贫是教育扶贫与产业扶贫的重要实现方式，有助于贫困人口持续稳定脱贫。其四，整村推进扶贫模式是一项综合扶贫模式，它改变了过去以县域为基本单元的区域扶贫办法，能够使资金、物资项目直接瞄准贫困人口，是精准扶贫的体现和建设新农村的重要举措，并有效推进了国家乡村振兴战略的实施。《中国农村扶贫发展纲要（2011—2020 年）》指出，贫困村相对集中的地方，可实行整乡推进、连片开发，并结合社会主义新农村建设，发展特色支柱产业，提高贫困者自我发展能力。早在“八七”扶贫攻坚计划实施后期，甘肃等地就探索出“参与式整村推进扶贫”模式，突出以人为本、以村为单位，其特点是由贫困户全程参与项目的选择、实施、管理和监督，政府则以政策引导和技术支持为主，在实践中取得了明显效果。它不仅注重提高扶贫效率，而且注重改善贫困人口的物质条件和参与能力，进而培育贫困人口的持续发展能力。

除了上述扶贫模式外，近年来在深度贫困地区的脱贫攻坚战中还探索出教育扶贫、科技扶贫、行业扶贫、东西部协作扶贫等模式。这些多元扶贫模式体现了我们党“消除贫困、实现共同富裕”的战略部署和坚强决心。为了实现到 2020 年打赢脱贫攻坚战的目标，党和政府通过制定扶贫计划和项目，创新扶贫体制机制，扩大财政支持力度，加强组织实施工作，为我国的减贫事业做出重要制度保障。由于深度贫困地区的贫困是一种多维贫困，单一扶贫模式并不能完全解决问题，需要根据当地实际走多元模式相结合的治贫方略。除了政府主导的扶贫模式外，一些深度贫困地区还倡导发展社会扶贫模式，鼓励社会组织、企业、公民个人参与脱贫攻坚战，如希望工程、青年志愿者支教扶贫接力计划、光彩事业、幸福工程、春蕾计划、小额信贷扶贫项目、贫困母亲救助项目、慈福行动项目、万企帮万村行动等。同时，借助“互联网 +”平台，跨界融合，发挥政府、市场和社会的协同作用，鼓励电商扶贫新模式。总之，我国深度贫困地区多元扶贫模式的探索和创新，为全球减贫事业提供了中国智慧和中国方案。建议深度贫困地区走内源式发展道路，在治贫过程中协调人与自然、人与社会的关系，促进多元扶贫模式的结合，走出了一条符合中国国情的“政府主导、社会参与、自立能力建设”的扶贫道路；把政府主导的扶贫模式和社会扶贫有机结合起来，多元扶贫主体共同整合资源，密切协作，加快深度贫困地区的产业发展、基础设施改善、公共服务水平提高，走可持续、内源式、参与式发展的治理贫困之路。

三　学校青少年性教育问题研究*

沈亚东

（一）研究概述

由于深受传统文化与观念的影响，中国人谈性色变，且由来已久。人们的性观念严重畸形，普遍趋向于保守和压抑，认为性是肮脏、羞耻和不道德的，但实际上性是人类的基本需求之一。著名的奥地利心理学家弗洛伊德将个体的人格发展按照心理性欲发展划分为五个阶段：口唇期、肛门期、前生殖器期、潜伏期以及生殖期。性贯穿于人的一生，如果哪个阶段的性需求没有得到满足，个体就会产生不适，甚至会对人一生产生影响，这足以看出性教育对个体成长的重要性。① 性在健康人生中扮演着重要角色，两性关系更是人际关系中极重要的一环。但性教育在中国严重缺失，一直未受到教育界应有的重视，更遑论科学研究与系统教学了。

长期以来，由于对性的无知和误解所导致的不健康人生、不愉快婚姻、不美满家庭、非预期怀孕、不合法堕胎等情形增多。更有甚者，社会上与性有关的病态行为，如性病、嫖妓、强暴、滥交、幼儿性侵、性骚扰、性放纵等行为的增加，已造成日益严重的社会问题。

---

* 本书作者沈亚东，四川文化艺术学院广播电视学院教师。

① 马晖：《社会工作介入流动青少年的实践研究——以玉溪市红塔区Z农民工子弟学校实践为例》，《中国培训》2016年第16期。

2018 年 3 月 29 日晚，山西休介一男子尾随两名小女孩进入电梯，在电梯内对两名女孩轮流进行猥亵，其间女孩多次试图挣脱逃出电梯，都被该男子拦下，事后男子迅速逃离。30 日下午，休介警方发布通告称，该男子已被刑事拘留。监控录像显示，整个猥亵过程长达 2 分 20 秒。而仅仅在半个月之前，刚刚曝出一起性侵幼儿案。其实，我们所见只是冰山一角，2016 年中国被公开报道的性侵儿童（14 岁以下）案件有 433 起，778 名儿童受害，比 2015 年增加 93 起。中国人民公安大学在全国做过问卷调查，结果显示，性侵害案件的隐案率是1∶7。[①] 也就是说，如果有一起性侵害案件被揭露出来，背后会有 7 起不为人所知。究其主要原因，还是我们性教育方式的不当和性教育观念的落后。大人觉得避谈性话题就是对孩子的保护，殊不知这种绝缘式的保护，在来自生理的性冲动面前不堪一击。不光是老一辈，连“80 后”“90 后”这代人，也深受这类思想之害。我们中的绝大多数，从小就没有接受过性教育，在缺乏系统的来自家庭、学校、社会的性教育环境中慢慢长大。我是 90 年代出生的，在我的青春期阶段，从未受到过来自学校和家庭这两个环境的性教育，“性”似乎是一个不能被触碰的话题，是一个绝对不能逾越的禁区，老师、家长对此都是闭口不谈，我在那个阶段也有着和其他同龄人一样的困惑、惶恐、苦闷和压抑。艾滋病干预专家张北川说过这样一句话：“我们的文化里，把生育当目的，把无知当纯洁，把愚昧当德行，把偏见当原则，爱情，应是一个灵魂对另一个灵魂的态度，而不是一个器官对另一个器官的反应。”或许这句话道出了中国性教育匮乏的根本原因。在经历一次次可怕的性侵事件之后，全民性教育的意识和紧迫感已经大大提升，面对周遭充斥着的性困惑和性误区，以及社会中出现的性偏差行为，除了个人因素之外，整个社会大环境也有推波助澜的作用，所以我决定将性教育作为自己的研究方向，这也是我进行有关性行为访

---

① 《电梯门刚关上，两个小女孩就被疯狂猥亵！通报：女孩放学后被尾随！》，《大连晚报》2018 年 4 月 2 日，http：//www. sohu. com/a/227012025_ 351368。

谈和社会调查的心理驱动。

青少年的性生理和性心理发育的提前，要求我们的性教育能够适应他们实际发展的需要，然而，我们的性教育却远远滞后。青少年性生理和性心理的发展使他们渴望了解科学的性知识，可是，我们的学校至今仍有相当部分领导与教师只关注学生的学习成绩，不关注孩子们的性发展需要。我们的教师还不能堂而皇之地把性教育引入课堂，我们的家长羞于回答孩子们提出的各种性问题。中国社会科学院研究生院社会学系马福云教授对全国 100 个城市的 150 所学校的 12—22 岁的学生及其家长和教师的调查发现：学生认为性知识主要来自教师课堂教学的占 42. 14% ，来自父母讲解的占 19. 50% ，家长认为从未对孩子进行过性知识讲解的占 24. 53% ，教师认为学校基本没有开展过性教育的占 51. 88% 。学生们不能从正常渠道获取科学的性知识，他们就会从社会传播媒介甚至是一些毒害青少年的媒体上得到非科学、不健康的性知识，以致被引诱至性犯罪。上海对本市少年管教所、上海市第一收容所以及部分工读学校的 546 名违法青少年的抽样调查发现，属于性犯罪的有 266 人，占所有犯罪人数的 48. 7% ，这些数字不能不引起我们的反思：性教育再也不能滞后了。面对孩子们身心发展的实际需要，面对 21 世纪培养人才的需要，我们必须依照青少年性生理和性心理发展的规律，适时适度地开展性教育。①

由于我国巨大的人口基数，在当前教育体系下，学校难以为开设性教育课程专门协调时间，只能通过生物、心理等科目进行融合教学。此外，还缺少被教育系统认可的、完善的性教育教材，以及国家层面的性教育师资培训体系。中国社会传统的“忌性”文化，往往使得“性”对于现代社会的大部分人而言成为敏感议题。尽管对青少年应进行性教育的重要意义已逐步为世人所接受，但是对于性教育究竟该如何具体进行则众说纷纭；特别是担心教育不当会招致性乱的

---

① 贺斌：《高中性教育存在的主要问题与管理对策研究》，学位论文，华东师范大学，2003 年。

还大有人在。

新中国最早的性教育是由周恩来总理在1963年3月提出的。周总理当时召见吴阶平等十几位医学专家，指出："一定要把青春期的性卫生知识教给男女青年，而且时间要在女孩月经之前，男孩遗精之前。"因此，我将研究对象锁定为10—12岁的小学生，因为一般而言，女生进入青春期的时间大致是8—12岁，男生则是在10—14岁，女生一般比男生提前两年发育。所以10—12岁这个年龄段的学生恰好处在这样一个临界点上。我在参访陇南益家社会工作服务中心并得到柏雨虹主任的许可后，以益家研究者中心的名义寻访了武都区吉石坝小学、马街镇安平小学和J小学三所学校。由于前两所学校均位于城郊，大多为父母外出务工的留守学生，生源流失严重，五、六年级均设一个班，每个班20名学生左右，无法达到我之前预设的30名的样本容量，如果我从两个年级抽取样本，就会严重干扰学校原有的教学秩序。权衡利弊、思忖再三，我放弃了前两所学校。经过协商，J小学的W校长终于同意我的介入，但他以课业繁重为由不同意我对六年级进行介入，我不得不做出让步，最后决定以五年级二班为试点，抽取30名学生（15名男生，15名女生），成立"性别教育成长小组"，通过占用音乐和体育课的方式，在原有的课程时间安排里开展活动。我的介入研究便由此开始。

J小学位于G省L市W区城郊社区，是一所六年制小学，占地面积1200平方米。学校主体为一栋教学楼，每个教室均配有空调、可触摸多媒体设备等硬件设施，环境良好。现有教职工89人，其中专任教师87名，校警2名。辖23个教学班，共有学生1530人。除了五年级为3个班之外，其余各年级都是4个班，每个班平均66名学生。其中五年级二班作为样本容量的这30名学生中，有87%的学生户籍地为农村，有5名学生父亲的年龄在40岁以上，最大为48岁，最小为41岁，其中有2名学生的父母的年龄均在40岁以上。父亲的学历是小学的占27%，初中占43%，高中或中专占24%，大专占6%；母亲学历是小学的占37%，初中占47%，高中或中专占13%，大专占3%。父母亲学历均为大专的只有一名学生，占3%。这30名学生的家长文化程度普遍不高，大多为社会底层劳动者、个体户或自由职业者，社会经济地位相对较低。由于受传统文化和整个社会氛围的影响，再加上家长自身认知的局限，学校和家庭都疏于对学生进行性教育，性别教育尚属空白，这个缺口亟须被填充。

目前，教育部颁发的《中小学生健康教育指导纲要》《普通高等学校学生心理健康教育课程教学基本要求》《小学教师专业标准（试行)》、国务院发布的《中国儿童发展纲要（2011—2020年)》都规定了对性教育的保障要求。目前我国有80余个政府文件中明确指出性教育的重要性与必要性。

性本身在道德上是中性的，无所谓好坏。概括而论，不同个体、群体、民族、社会、宗教，甚至不同时代与不同文化，对于性的信念、态度和评价可以概括地分为正向性观和负向性观两种。正向性观是以一种正面的、积极的观点来看待性欢乐、性亲密关系和性行为，视性为人类生活中自然的一部分，具有建设性的力量。反之，负向性观则把人类的性行为看成是需要加以限制和压抑的，常谴责异性之外的、婚姻之外的，甚至生殖之外的性欢乐。视性为一种危险的、有潜在破坏的力量，性冲动、性欲需要加以压抑或升华。①

当然，一个社会的性文化并非全然正向或者负向的。代表中国传统文化的儒家思想，一向被认为对性持保守、压抑和负向的态度。就起初的儒家学说而言，即在以孔子和孟子为代表的儒家经典中，我们所看到的却是一种正向的性观。在《论语》中，子曰："吾未见好德如好色者也"，承认人们普遍喜欢性。在《礼记》中更是指出"饮食男女，人之大欲存焉"，把人们对性生活的追求和饮食一样加以并列，指出这两者乃是人类最大的自然欲望。② 不过，南宋以来，主张"饿死事小，失节事大"的新儒学或道学家，应该说是负向性观的鼓吹

① 阮芳赋：《性情怡人——阮芳赋性学杂论》，海天出版社2000年版，第127页。

② 晏涵文：《性、两性关系与性教育》，心理出版社2004年版，第8页。

者。他们关于“存天理、灭人欲”的教条，自然是近千年来中国社会性压抑、性蒙昧的哲学根源。①

20世纪美国极具争议的生物学家阿尔弗莱德·查尔斯·金赛致力于人类性科学的研究，因著有《金赛性学报告》和《金赛量表》而闻名于世，影响了美国乃至全世界的社会和文化价值。在他看来，人类的不同性行为不应当用“正常”和“不正常”加以区别，而应当用“普通”和“罕见”去描述。换言之，这个世界上所有存在的性行为都是合理的。社会可能会从道德层面谴责此类行为，但从生物学角度来说这是十分正常的。但在很多时候，道德往往掩盖了真相。科学的其中一个目标就是把事物简单化，唯一一个可以从科学角度精确地学习性的方式，就是抛开一切无关的掩饰而只从生理机能上进行研究。赞同某个观点并不意味着要在行动上加以支持，因为这是含有风险的。在个人生活中是否履行所提出的理论以及怎样履行，金赛的所作所为值得人们去尊敬和称颂，对这种人性的光辉和追求真理的精神很难不让人产生一种崇高的敬意。有一些领域只有很少的一部分人敢于涉足，尤其是那些饱含争议和尚不明朗、充满混沌的领域，相比大部分人所做的一些“常规”的事，开拓和探索这些领域有着非凡的意义。

在中国整个“忌性”的大环境下，性不可以被公开谈论。大多数人会从文学、医学、生物学、社会学甚至政治学的角度看待性，却鲜有人从科学和人文的角度解释性。性并非独立和割裂的，它融合和镶嵌于我们的日常生活中，它并不只属于成年人，性教育不仅包括性生理知识，还有恋爱、交往和性本身。所以它是爱的教育、关怀教育。性首先是对自我的了解与悦纳，悦纳自我的前提是具有基本的自我认知，只有科学地了解自身的结构，了解性与性别的多元及其复杂性，才能更好地接受和发现自我的价值。对性的正面的积极的认知有利于青少年更加健康积极地成长，拥有完善的人际交往能力。性教育并非只是用来防止负面问题发生的工具，如果是这样，那性教育则成为一

① 阮芳赋：《性情怡人——阮芳赋性学杂论》，海天出版社2000年版，第129页。

种消极应对问题的手段和工具。事实上，我们学习性、了解性，是因为性伴随着我们每个人的一生。从出生到死亡，从子宫到坟墓。学习性是为了更加了解自我，认识到性对生命的意义，并做出积极的生活选择。

青少年正处于成长发育的关键阶段，这一时期在生理、心理、价值观等方面均会发生很大的动荡与变化，处于极不稳定的时期。因此也是对其进行性别教育的最好时期。如果能抓住这个关键期对青少年进行科学的性别教育，则能使他们在性生理、性心理、性别观念及性价值观等方面均获得健康有益的发展，从而抵御社会不良因素及消极文化的影响，顺利平稳地度过这一特殊时期。而我国的性教育发展较为落后，还未形成完善的性教育体系，且在社会范围内对性教育尚未引起广泛重视。此外，与性教育相关的书籍少，且没有一个统一的标准和内容规范。性教育的重点也放在女性身上，并未对男性性教育引起重视。学校性教育的不到位以及家庭性教育的缺失让青少年各种“性”问题层出不穷。青少年性教育问题亟待得到重视和解决。如何让青少年通过正常渠道获取正确的性知识，树立正确的性态度，建立正确的性价值观，从而健康向上地成长发展是本研究的关键。

青少年和性教育是本文的两个核心概念。

青少年　《教育大辞书》将“青年期”（adolescence）定义为生理学上居于青春期（puberty）与成熟之间的时期；具体言之，当个体出现第一性征及第二性征时，即为青年期的起点。个人出现性征的时间有很大的差异，有的在九岁或十岁即开始，有的则延至十四五岁才出现。此外，男女生出现性征的时间亦有差别。青年期的个体在躯体、情绪和认知发展方面皆有很大的变化。

《社会学辞典》将“青年期”定义为生命历程（life course）中介乎童年和成年之间的阶段，其标志是性征出现，但还未达到完全的成年地位或还未完全脱离出生或生长的家庭（family of origin or orientation）。在简单社会里，从童年向成年的过渡往往通过举行仪式来表示，或者用男青年的（较少有女青年的）年龄组来表示。然而在现代社会里，由于一再强调大众传播媒体所宣扬的青年文化（youth culture），这就使得青春期具有特别的重要性。在这些社会里，与较传统的社会相比，青年人必须选择自己的生涯（career）和性伴侣以及他们的一般生活方式（life style）。因此，青春期这个教育选择和参加工作的时期，也是生命周期中个人尝试性行为和休闲行为的一个阶段。它可能是一个怀疑既存价值观念的时期，一个反抗父母的行为模式的时期。对独立的追求，自觉意识的加强和对自我的把握不定，也可能导致心理上的危机和心理上的失衡。[①]

《大英简明百科》将“青少年期”定义为青春期（puberty）与成人期（adulthood）之间的过渡时期（12—20 岁）。其特征是生理方面的改变、性情绪的发展、努力寻求认同，思考模式从具体进展到抽象。有时视青少年期为一种过渡状态，在这期间他们开始脱离父母而独立，但仍欠缺一种明确的社会角色定位。一般被视为一段情绪高涨和充满压力的时期。[②] 张春兴（2007）认为，青年期（adolescence）系指自个体生理成熟到心理成熟的一段时期，大致包括自青春期开始的 11—12 岁，一直到 21—22 岁一段时期。青春期则是个体身体发展到生理成熟阶段；相当于小学高年级到高中的一段时期。而“青少年”与青春期含义接近，属于青年期的前半段。[③] 世界卫生组织（WHO）对青少年的最新定义是指年龄在 10—19 岁的人。年龄较小的青少年指的是 10—14 岁的孩子，而年龄较大的青少年指的是 15—19 岁的孩子。[④]

---

① ［美］戴维·贾里、朱莉娅·贾里：《社会学辞典》，周业谦、周光淦译，台北猫头鹰出版社股份有限公司 1998 年版。

② 《大英简明百科》，远流 2004 年版。

③ 张春兴：《教育心理学：三化取向的理论与实践》，台北东华出版社 2007 年版，第 70 页。

④ WHO，“*Global Accelerated Action for the Health of Adolescents*（*AA-HA*!）：*Guidance to Support Country Implementation*，” Geneva：2017. https：//www. who. int/maternal_ child_ adolescent/topics/adolescence/framework-accelerated-action/en/。

综上所述，本文将研究对象锁定为L市J小学五年级二班10—12岁的学生。

性教育　青春期性教育包括性生理、性心理和性道德教育。青春期作为人在成长和发展中的必经阶段，又是青少年性生理发育的重要时期，它的重要性不言而喻。我们都知道，在此阶段青少年会面临成长的烦恼与困惑，性格和脾气的转变，以及以性成熟为主的一系列变化，包括身高、体重、体型、内分泌等生理变化，会使青少年感到手足无措。再加上青少年缺乏正确的性教育和引导，很容易使他们对性发育产生神秘感、压抑感或盲目地通过录像带、互联网、报刊书籍等其他途径满足自己的好奇心和性幻想，从而很有可能会产生手淫困惑、罪恶感、性意识困扰和性行为失当等问题，这时候很需要成年人的积极引导和耐心关怀。帮助青少年确立自我形象，培养健康人格，建立良好的人际关系都与性教育密切相关。抓住这个人生发展的重要阶段对青少年进行性教育，对促进青少年的健康成长具有特别重大的意义。①

《中国性科学百科全书》对“性教育”的定义是指通过有组织、有计划、有目标的系统教育活动，进行关于性知识和性道德的教育；使受教育者具有科学的性知识、正确的性观念、高尚的性道德和健康的性行为。② 从该定义中可以看出，性教育包括性生理、性心理、性道德、性病防治等方面的内容。

江汉声、晏涵文指出：性教育不仅包括解剖和生殖方面的知识，也不能只局限在青春期的教育上，应该同时强调有关两性之间亲密人际关系的发展和指引，至少包括了生理、心理、伦理和法理等层面。③

白一男认为：性教育又被称为性健康教育，是指关于男女之间的两性关系及性生活方式的教育，目的是使受教育者在性生理与性心理

---

① 郭佳灵：《整合式社会工作方法介入流动儿童青春期性教育的研究》，学位论文，云南大学，2014年。

② 《中国性科学百科全书》，中国大百科全书出版社1998年版，第662页。

③ 江汉声、晏涵文：《性教育》，中国青年出版社2004年版，第5页。

方面保持健康的状态，同时性行为能符合社会、伦理要求，最终求得两性间和谐、完美的生活。①

曹红梅认为：性健康教育是一个综合性的概念，它综合了性生理、性心理、性安全和性道德四位一体的人格教育，是一种促进性别人格健康发展的综合教育，它的核心是性道德教育。②

徐明、王红枫认为：性与生殖健康教育是指通过对人们进行系统的关于性生理、性卫生、性心理以及性道德、性价值观教育，使受教育者具有科学的性知识、正确的性观念及高尚的性道德和健康的性行为，从而帮助受教育者科学地认识自己、了解异性，树立正确的性角色责任意识和行为规范，具有健康的性心理及性价值观，成为身心健康、人格健全的男性或女性。③

综上所述，本文对性教育的定义为：它并不只属于成年人，亦是青少年的一种教育体验，它是爱的教育、关怀教育。旨在发展青少年理解自己的性别特征能力，以生理、心理、生殖方面和社会文化为内容来获得能够做出负责任的决定与行动的技能，促进对性价值观的思考，特别是要保护自己，避免感染性传播疾病、进行危险的性行为、非意愿妊娠及不安全流产等。④

（二）J小学性教育现状调查与需求评估

1. 研究对象基本情况介绍

由班主任D老师对五年级二班的62名学生进行随机抽样，抽取

① 白一男：《当代大学生性教育——一个不容忽视的话题》，《中国性科学》2008年第6期。

② 曹红梅：《大学生性健康教育的概念、内涵和相关问题》，《中国性科学》2008年第6期。

③ 徐明、王红枫：《大学生性与生殖健康教育教程》，阳光出版社2012年版，第16页。

④ 过保录：《以学校为基础的青少年性与生殖健康教育解读》，《中国性科学》2012年第8期。

30名学生作为样本，男、女生各15名。其中18名组员10岁，10名组员11岁，2名组员12岁。组员基本情况见表3－1所示。

表3－1 组员基本情况介绍

编号	组员	性别	年龄（岁）	被访家长	性别	年龄（岁）	学历	职业	家庭基本情况
1	WAX	女	10	WSH	女	35	小学	自由职业者	家中5口人，有爷爷、奶奶、爸爸、妈妈。父亲小学学历，自由职业者。母亲小学学历，自由职业者
2	HZQ	男	11						
3	CY	女	10						
4	LYX	女	10						
5	YD	女	11						
6	CGQ	女	11	QLH	女	36	初中	超市促销员	家中4口人，有爸爸、妈妈和妹妹。父亲初中学历，修理工。母亲初中学历，超市促销员。妹妹9岁，读小学三年级
7	LBC	男	11	WRL	女	31	初中	自由职业者	家中4口人，有爸爸、妈妈和妹妹。父亲初中学历，理发师。母亲初中学历，全职妈妈。妹妹6岁，上幼儿园大班
8	JJH	女	10						
9	ZYW	男	10						

续表

编号	组员	性别	年龄（岁）	被访家长	性别	年龄（岁）	学历	职业	家庭基本情况
10	SYQ	女	10	SRJ	男	38	大专	建筑工程师	家中5口人，有爷爷、奶奶、爸爸、妈妈，父母离异。父亲大专学历，建筑工程师，工作繁忙。母亲高中学历，酒店服务员，她大多由爷爷奶奶照顾
11	SJH	男	10						
12	CGR	男	10						
13	WMX	女	10	YYW	女	33	中专	女装店老板	家中7口人，有爷爷、奶奶、爸爸、妈妈、弟弟、妹妹。父亲初中学历，自由职业者。母亲中专学历，自由职业者。弟弟9岁，上四年级。妹妹7岁，上一年级
14	LJW	男	10						
15	WB	男	10						
16	WYQ	男	11						
17	WYF	男	11						
18	JJ	女	10						
19	LH	女	12	PLY	女	34	小学	超市售货员	家中4口人，有爸爸、妈妈和妹妹。父亲初中学历，自由职业者。母亲小学学历，自由职业者。妹妹10岁，读小学三年级
20	LXL	女	10						
21	LL	男	10						

续表

编号	组员	性别	年龄（岁）	被访家长	性别	年龄（岁）	学历	职业	家庭基本情况
22	GR	女	10	CXJ	女	31	初中	自由职业者	家中4口人，有爸爸、妈妈和弟弟。父亲小学学历，自由职业者。母亲初中学历，自由职业者。弟弟10岁，上小学四年级
23	LRD	女	10						
24	YYH	男	11						
25	GBY	女	12	GQH	女	34	初中	自由职业者	家中6口人，有爷爷、奶奶、爸爸、妈妈和姐姐。父亲初中学历，自由职业者。母亲初中学历，自由职业者。姐姐16岁，上初中三年级
26	HZJ	男	10	HLX	男	34	小学	建筑工人	家中7口人，有爷爷、奶奶、爸爸、妈妈和两个双胞胎弟弟。父亲小学学历，建筑工人，长期在外干活。母亲小学学历，是全职妈妈。两个弟弟均为6岁，上幼儿园大班
27	LC	男	11	YRH	男	35	小学	自由职业者	家中7口人，有爷爷、奶奶、爸爸、妈妈、弟弟和妹妹。父母均为小学学历，长期一起在新疆打工，很少回家。弟弟7岁，上幼儿园大班。妹妹3岁，还未上学，平时由奶奶照顾

续表

编号	组员	性别	年龄（岁）	被访家长	性别	年龄（岁）	学历	职业	家庭基本情况
28	ZWJ	男	10						
29	SW	女	11						
30	WGT	男	11						

2. 性教育现状与需求评估

笔者通过对组员发放前测问卷和对学校相关主要负责人及组员家长进行访谈，对组员目前的性教育现状和需求进行调查了解。

（1）组员性教育现状与需求

表3-2　父母对你进行过性教育吗

	频率	百分比（%）
主动向你宣传	1	3.3
问起才会解释	6	20.0
从不把性知识告诉你	5	16.7
不允许你讨论这些事	3	10.0
很少指导	5	16.7
不指导	10	33.3
合计	30	100.0

表3-3　你有没有在学校接受过性教育

	频率	百分比（%）
接受过全面科学的性教育	0	0
在生物课上老师讲过	0	0
从来没有	30	100.0
合计	30	100.0

表 3－4　　性教育健康课程是否有专门课本或资料

	频率	百分比（%）
有	0	0
有一些	0	0
很少	0	0
没有	30	100.0
合计	30	100.0

表 3－5　　你在学校多久上一次性教育课程

	频率	百分比（%）
一周一次或更多	0	0
一学期一次或更多	0	0
只上过一两次	0	0
没有开设性教育课程	30	100.0
合计	30	100.0

表 3－6　　你觉得小学生学习性知识的必要性

	频率	百分比（%）
完全没必要	3	10.0
没多大必要	6	20.0
可有可无	5	16.7
有一定必要	7	23.3
很有必要	9	30.0
合计	30	100.0

表 3－7　　你倾向的性教育形式

	频率	百分比（%）
小组趣味游戏	15	50.0
知识竞赛	2	6.7
正规讲座	13	43.3
微信平台	0	0
其他	0	0
合计	30	100.0

由表3－2可以分析出，只有一位组员的父母会主动对组员进行性教育，只占到3.3%，有六位组员的父母会被动地在组员问起时向其进行解释，占20.0%，其余组员的家长均对性教育表现出漠视或忽略的态度，甚至有些家长会主动屏蔽掉有关性教育方面的一些信息，不予指导或不允许讨论，这样的情况占到了43.3%。这说明大部分组员的家长对性教育重要性的认识还不到位，性教育观念尚比较淡薄，家庭尚未形成良好的性教育氛围。

由表3－3、表3－4、表3－5可以得出如下结论：J小学到目前为止尚未开展过任何形式的性教育课程或者活动，也没有配发相应的性教育课本或者资料，这30名组员均未接受过科学全面的性教育。因此对其开展性教育是非常有必要的。

通过对表3－6、表3－7进行分析，有23.3%的组员认为学习性知识有一定必要，有30.0%的组员认为很有必要，这说明组员自身对于学习性知识还是有比较高的诉求的；在性教育形式上，有50.0%的组员倾向于小组趣味游戏，有43.3%的组员倾向于正规讲座，这为笔者在设计与安排课程形式方面提供了一些借鉴与参考，应更多地考虑到组员的年龄特点与身心发展状况。

通过对图3－1的分析可以得知，组员更多地倾向于学习身体发育知识、性卫生健康知识、性自我保护知识和性病预防知识，分别占60.0%、46.7%、66.7%和43.3%，其余内容所占比重相对较低，笔者在设计课程内容时会将以上内容全部囊括，但也有所侧重，有重点、有针对性地讲解课程与开展活动，做到有的放矢。

由图3－2、图3－3可以分析得出，调查对象了解性知识的主要途径为网络、同学朋友间的交流和家长的教育，分别占60.0%、40.0%和23.3%，但以上三种途径远远不能满足调查对象获取知识的实际需求，调查对象主要倾向于网络、学校的教育和家长的教育这三种途径，在比重上分别占43.3%、50%和33.3%，可以看到“网络”所占比重有所下降，下降了16.7%，“学校的教育”所占比重则骤增，由之前的6.7%激增到50.0%，上涨了43.3%，“家长的教

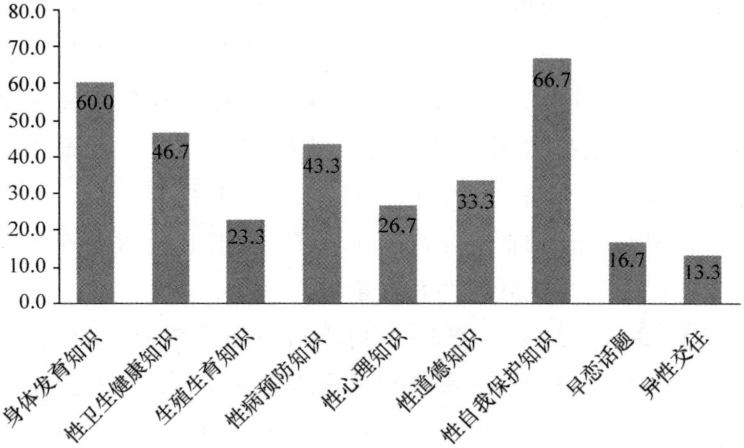

图 3－1 调查对象倾向于接受的性教育内容分布情况（%）

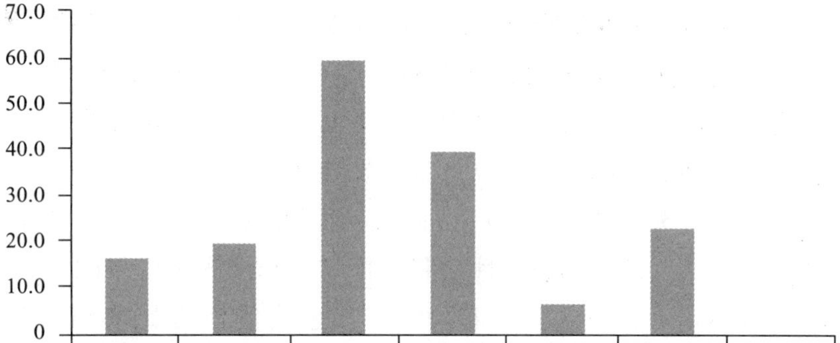

	电视	书刊杂志	网络	同学朋友间的交流	学校的教育	家长的教育	其他
■系列1	16.7	20.0	60.0	40.0	6.7	23.3	0

图 3－2 调查对象了解性知识主要途径分布情况（%）

育”则由之前的 23. 3% 上升到 33. 3%，上涨了 10 个百分点。这说明在性教育问题上，学校的教育和家长的教育这两个方面均比较缺失，尤其是学校的教育，几乎是空白，组员十分希望通过这两种途径来获取与学习性知识。

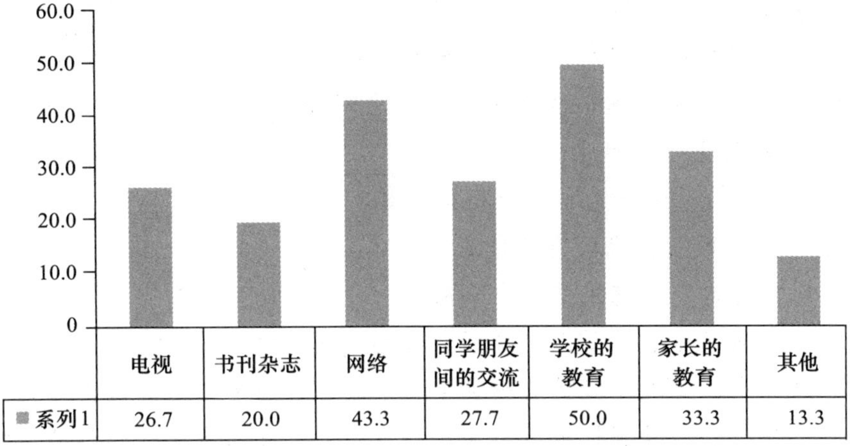

图3－3 调查对象倾向于接受的性教育途径分布情况（%）

（2）学校相关负责人对性教育的态度

笔者主要对J小学的两位相关负责人进行了访谈，一位是J小学的W校长，另一位是J小学的德育主任、五年级二班的班主任D老师。

笔者：W校长，能不能先简单介绍一下自己？

W校长：我叫WWW，1969年生，第一学历是成县师范（现为陇南师专），1991年8月参加工作，第二学历为自学考试专科，省教育学院的，第三学历为西北师范大学的本科。工龄应该是27年半。

笔者：您有没有当过老师？教过什么课吗？

W校长：我当过啊，我最初被分配在武都县黄坪中心小学工作。待了整整4年。教过小学语文、数学、体育和音乐课，做过会计，1995年调入姚寨学校，这是一个9年制学校，教了一学期小学三年级语文课，后来就教初中语文、物理和政治课。1996年9月当教导主任。2008年2月去两水小学当校长。自此之后就再也没教过课了。2018年1月20日，我被调入现在的学校当校长至今。这是我大概的工作履历。

笔者：咱们学校开设过性教育课程吗？

W校长：上学期我来之后没有开设过。据我所了解的情况，以前也没有开设过。

笔者：您觉得是否有必要开设？

W校长：我觉得娃娃的性教育应该从早抓。

笔者：那您觉得至少应从什么时候开始？

W校长：应该从一年级就开始，这门课程国家应该配置专门的教师，算是早期的生理卫生和性教育结合嘛，这是很正常的一种教育，从小抓比较好。反正在我记忆中我上性教育的时候已经是初三了，上的生理卫生课。娃娃好像难于启齿。

笔者：当时怎么上的？

W校长：当时讲这种课，好像男生女生就都（把书）揭过（翻过）了，难于启齿，感到很羞，好像这就成了一个揭不开的秘密了。本来应该是公开的，应该正常地从小学讲，从一年级开始，在不同阶段中把这些东西贯穿进去，到了高年级，他意识到这些东西了，讲得就要深一点，更好一点，对成长有帮助。开设得太迟了。

笔者：如果开设的话，您希望它以什么样的形式来进行呢？

W校长：我认为可以用必修课嘛。比如一个学期设置15节课，一周一节，40分钟的课，内容简单一点，从小学一年级开始，这样就行了。而且要进行简单的测试，看掌握的情况。你看一个年级30节课，六个年级才180节课，这样的话从小进行教育。这个形式也好。

笔者：您有小孩吗？

W校长：有。

笔者：多大了？

W校长：22岁，上大学了。

笔者：您会对自己的孩子进行性教育吗？进行过吗？

W校长：我没有给娃教育过，我家的是个姑娘。

笔者：那您为什么没有做这件事呢？

W校长：可能她自己在学校里接触了一些这方面的知识，有关性方面的教育主要是由我爱人来进行，我爱人是学医的。

笔者：如果让您再做一次选择，你会什么时候对自己的女儿进行性教育？

W校长：我觉得应该是在对娃娃进行启蒙的时候，上小学阶段，6、7岁的时候就可以开始做这件事情了。首先告诉她自然存在的人，从性别上分就是男性和女性。什么时候出现第二性征，人生下来第一性征就出现了，第二性征出现在什么时间，在这个阶段应怎样预防安全，怎样是对自己成长有利的，这是非常必要的。

笔者：您怎样看待中国目前的性教育现状？

W校长：从咱们这个地方来讲的话，好像这个教育较缺失，即便在校园里或者课堂上开设了这门课，状态也不怎么好，不是十分好。

笔者：您作为一名教育工作者，对此有什么建议吗？

W校长：我认为就是应该普及这方面的教育，应该配备这方面的师资。首先要有专业人士来搞这件事情，刚才我不是跟你说了，设置教科书的时候，如果把它分散在小学六个年级里，12个学期，一共也只有180节课，一周用一节课。一个学校按照这个比例，根据目前的情况，只要有两个教师，就能把这件事情做完。从小学教，从一年级开始。实验教学对象放在高年级，普及教育就放在低年级。

笔者：那如果我们现在开始做这件事，您觉得难度是什么？

W校长：难度就是这个东西从来没接受过，从家庭教育、学校教育，娃娃这方面的知识都是来自于外界媒体，手机、电视，这些东西不系统、不全面，其中的误导是娃娃想不到的。如果一个小学生从6岁开始入学，教育到12岁小学毕业了，基本的常识已经掌握了，就是对这个东西有了基本清晰的认识。现在的话，像你做的这个情况，你不可能利用这7节课把所有的东西教完吧？

笔者：我就是自己设计了一个基本的内容，但就我的阻力来说，一方面是来自学校的，比如D老师，她特别生气，一开始是不愿意的。后来我们在电话里沟通，我跟学生家长也沟通，一位家长明确表示不愿意，不想让她的孩子上这样的课，我正在对一位家长进行电话访谈，访谈完之后她说不想让孩子再听下去了。是一个叫WAX的女生，成绩还挺好的。我现在都不敢再打了，我怕我每打一个就遭拒绝一次。

W校长：缺失，我就说缺失。家庭教育的缺失，学校教育的缺失，导致家长的观念上不去。如果国家作为一门课程开到学校里了，家长就认可了。现在，咱们这个家长的文化层次，包括他的认知层面、思想意识这个层面不是很统一。但是作为国家课程，或者咱们的地方课程、省级课程安排进校园、进课堂，有专职教师的话，家长便会欣然接受了。咱们对小学生进行性教育，家长很难理解，他们没经过这个过程，如果没念过书的人他还不晓得这是个啥，感觉对他的娃娃是一种错误引导。你要给家长打电话，那识字的，有一定文化程度的，就说至少是个高中毕业生吧，普通的初中毕业生、小学生都不能接受。高中以上学历的，首先他的认知就能赶上，这是因人而异的。有的人对这个认识到位，认为这是完全健康的、积极的。如果认为这是不健康的，到底对娃娃引导了啥，说的是啥内容，他还是不接受。在这一块儿呢，不知道我对你说清楚了没。

笔者：您觉得造成这些困难的最大因素是什么？

W校长：关键是教育的缺失，家长认识不到这种缺失。如果把它作为国家课程或者作为省级课程，从小学一年级就进入课堂，已经普及了，然后你们来做这项工作，抽一个班作为实验调查对象，家长肯定就能接受，会百分之百地接受，因为这个东西是学校教育中的缺失和家长本身成长过程中自身的缺失，我不知道北上广这些城市的小学的课程设置是怎样的，从整个甘肃的教材来说，看兰州市有没有，从武都城区到农村，小学生都没有这个课。现在的家长，现在小学生的家长年龄最大的都在50岁以内，他在小学的成长经历中没有接受过这个教育，甚至他初中也没接受过。你现在做实验对象的这30个娃，他们家长的学历不一样，认知不一样，层次不一样，有接受的，有不接受的，甚至有反对的，关键就是这种教育尚未被纳入正式的课程体系里，这就是最大的一个阻碍。他的成长岁月里没有，娃娃现在的学校里也根本没有，突然出现这个新事物，他们很难接受，不知到底是个啥。

笔者：如果在咱们学校里设置这个课程，您觉得应该包括哪些方面？

W校长：你现在让我具体说这个，我还没思考这么多。我想的就是在他朦胧的这个年龄，从起始阶段人的性别就分男人和女人，男性、女性的身体差异在哪里，然后男性的第二性征出现在什么时间，女性的第二性征发育出现在什么时间，把这个应该给娃娃灌输到位。我在听一个讲座的时候，听到一个案例，说是哪个高中的老师去上课，喊了起立之后，一个女生没起来，这个老师就走下去问她为什么没起来，然后进行了严厉的批评，这个学生就跳楼了。原因就是那个娃月经来了，裤子湿了，这是个最直接的卫生教育，这是个正常教育，她没站起来是因为怕丢人，然而这个老师不知道，娃在这个班上又不便于说，这就是咱们生理卫生教育的缺失。如果教育了，娃娃都知道月经是很正常的，包括咱们成人现在说到月经，感觉是个羞于启齿的事情，男人和女人之间说月经，好像不应该是放在台面上说的话，所以把正常的东西搞成不正常了。这个案例就说明教师应该对学生加以了解和掌握，这就反映了老师对这个学生的无知，他应该是个成年人，那个学生没站起来，他首先应该用大脑及时地思考可能产生她没站起来的原因，当时可以不过问这件事。这个问题反映的就是老师不了解学生，没站起来老师就严厉地批评了她，学生感到很委屈，因为当时她真的不便于站起来。男老师可能问不出来，如果是女老师，她们会有性别的共同认知感，作为一个高中女老师和女学生，她能说出她的心声。假如是个年轻的男老师，她便不会说出来。如果是她的父辈，可能有些话她还是能说出来的。

笔者：我今天下午准备讲遗精和月经，您觉得我讲的内容有没有超出五年级学生的理解范围，或者说适不适合他们？D老师最怕的就是我误导了他们。

W校长：现在五年级娃娃，包括六年级娃娃，已经处于女生的第二性征发育期，乳腺发育嘛，这个肯定在发育。甚至有的家庭营养好的娃娃，五、六年级就有来月经的。这本来就是正常的卫生教育、正常的性教育，这在性的范畴内，就像刚才咱们探讨的。可家长不懂，社会也没有把这件事情纳入教育体系来规划，我为啥说要把它放在小学，一年级应该怎么设置，根据他的年龄特点，二年级应该怎么设置，根据他的年龄特点，直至你现在做的这个事情，比如说五、六年级，娃娃已经处在第二性征出现和发育的过程当中，应该告诉他们这是很正常的，在这期间他们要特别注意什么事情，由教师传导给他们不用惊慌，不用去医院，他们第二性征已经发育了，这因人而异，有的娃娃错后两三年，有的娃娃提前两三年，迟的娃娃不会感觉耻辱，早的娃娃也不会感觉耻辱。也许女生之间在交流，男生之间在交流，但老师告诉他们这都是正常的。

笔者：您觉得您对性知识的了解程度如何？

W校长：我还是停留在课本上所学的那些上，我能了解多少，我就根据自己多年的教育或者这些课堂教学，以及在学校里发生的事情，有时候就思考到底是谁的错，是学生还是老师，作为年级教师，应该对老师普及一下这方面的知识，应该让全体老师，不管你是体育、美术、音乐、语文、数学，不管哪一门的老师，比如你在体育课上应该注意学生在这个时期生理上出现的特点，教师如何应对这个问题，这个也应该普及。

笔者：对于我在咱们学校开展性教育，您有什么建议或者意见吗？

W 校长：你讲这个课应该根据学生的特点，我考虑最主要的是，如果对学生产生了误导，包括家长，发生了啥误会，你要通过教育让学生向好的方向发展，本来这是一门学校和家庭缺失的教育，我担心你这 7 次的介入会带来负面的效果。你才上了两节课，今天第三节，学生对这个课接受情况怎么样？你讲的时候学生是感觉十分吃惊，还是显得比较愚笨？有什么反应？

笔者：反应就是有时候会惊讶，有时候感觉好像有一点排斥，比如上节课在讲生殖系统的时候我把男女的生殖器官直接在 PPT 上呈现出来，很直观嘛，我就讲了构造，男的怎么样，女的怎么样，指着图片告诉他们这是阴茎、睾丸、阴道、阴唇、阴蒂什么的。有些学生不好意思看，会用手捂着眼睛，我当时就解释说这个就是我们自己，没有什么不好意思的，讲这堂课的目的就是要悦纳自我，在认识自己的基础上，今后才可能有正确良好的发展，我就很直接地讲，没有拐弯抹角，因为这本身就是一件很平常的事情。但是我感觉学生可能因为传统观念，整个社会大环境，包括家里的氛围，对这些还不太接受。我和 WAX 的妈妈其实通了很长时间的电话，除了她对我这个课不赞成之外，其他都聊得挺好的，她就是不想让 WAX 再上我的课，她觉得没有必要，说孩子太小了，怕这样的课反而会误导孩子，她根本就不允许 WAX 在家里说跟学习无关的任何事情。

W 校长：我对你说的就是这个，因为咱们国家没开设这门课，一、二年级的娃娃可能还不会感觉到羞，你问他“牛牛子”（男性生殖器）你有没有，他都会给你回答。但恰好在这个时候，你看咱们的家庭，包括社会，大家坐下来之后，这些东西没人谝过，总感觉到是下流的、不纯洁的、不健康的，把它归到龌龊这一类别。如果放到课本上教学的话，正常地传导的话，就像你说的，当你用PPT展示的时候，十分逼真形象，就像人体一样啊，娃娃就很羞，看都不敢看，五年级学生了，高年级了。别说家长担忧，我都在担忧这件事情。如果你这几节课讲下来，没什么事情还好，如果出点什么事情，反而成了这个教育的失败。假如咱们这门课是从一年级开始，这些五年级的娃娃已经接受过一、二、三、四年级的教育了，已经有了这方面的一些基本认知，只不过来了一个比之前老师讲得更好，有些以前老师讲得不清楚的地方，你可以讲得更透彻些。这个工作可能家长会接受，包括我们也放心。可是前头没有啊，是零啊，是空白，突然来了这件事情，我居然答应了，我的思维真的比较前卫。我考虑，如果在已经开设性教育以及安全、卫生综合类课程的学校去做这件事情的话，如果你比其他老师讲得好，那么家长和学生对你的欢迎程度就高。你在空白的基础上来做，我都有很大的疑虑。如果你能够把这个研究普及的话，我认为这真是件好事情。首先是让人有一个正确的认知，就是把这种神秘感给揭开，就不神秘了。我认为，可能这个诱惑点就在神秘上。具体的建议我没有，但我想说说我的顾虑，如果通过你开展的这个性教育实验课堂或者活动，影响了这几十个娃娃，发生了对性的不正确理解，或者是影响了他们的学习，这就很难向家长交代了，家长到时候来找我兴师问罪，我就成了罪魁祸首了。本来咱们的出发点、想法都是特别良好的，可以说这里面不带有一粒沙，没有一点尘。那么这就取决于你了，你要想着如何在课堂上引导好，在方向上要趋于正面，而且没有影响到他们的其他学业，这就是成功了嘛！当然我是百分之百希望你能成功的。

笔者：能不能简单介绍一下咱们学校的概况？

W校长：共有六个年级，有学生1530人，教职工89人，专任教师87名，校警2名。有23个教学班，除了五年级3个班外，其余各年级都是4个班，每个班平均66名学生，学校占地面积 1200 平方米，一栋教学楼，学生下课之后都没有一个呐喊与奔跑的地方。

对 W 校长的访谈是在 11 月 6 日的下午，笔者对 W 校长一边抽烟一边沉思，云淡风轻的说话的样子，至今仍记忆犹新。感觉对面坐着的是一个阅历非常丰富的人，安静持重，智慧溢满了眼睛。以下是对 D 老师的访谈内容：

笔者：请您先简单介绍一下自己。

D 老师：我叫 DQL，33 岁，女，J 小学德育主任，五年级二班班主任，教语文，从业 14 年。

笔者：咱们学校开设过性教育课程吗？您觉得是否有必要开设？如果开设，您希望它以什么形式进行？

D 老师：从未开设；很怀疑，不知道效果会如何，觉得自己的学生会成为第一批吃螃蟹的人，会成为试验品，有必要开设，前沿大城市更需要，小城市生活相对简单，人际关系更紧密，相比之下也相对更安全。

笔者：您有小孩吗？您会对自己的孩子进行性教育吗？您会在什么时候开始做这件事？

D 老师：有，目前不会（只有 8 岁）；小学毕业之后，告诉他身体自我保护知识。

笔者：您怎样看待中国目前的性教育现状？您对目前中国的性教育有什么建议吗？

D 老师：有很多缺失，网络上看到很多伤害案例；希望缺口被填补，有渠道进行，但过程漫长不易，以自我保护知识为重点。

笔者：您认为目前在咱们学校开展性教育有什么样的困难？阻碍它进行的因素是什么？哪一个是最大因素？

D 老师：错误的性教育观念、性教育未真正纳入正式课程体系中、渠道不规范、教材匮乏、缺乏专业师资队伍；这件事尚属空白；传统观念根深蒂固。

笔者：若您的学生存在性知识或性观念上的误区，您身为老师会怎么做？

D老师：委婉教育，正确引导。

笔者：如果有学生向您问及有关性方面的知识，你会怎样回应？

D老师：正面告知。

笔者：如果咱们学校开展性教育，您觉得应该包括哪些方面？

D老师：主要是自我保护知识。

笔者：您觉得自己对性知识的了解程度如何？是否达到对学生进行授课的标准？

D老师：很少，没达到。

笔者：对于在咱们学校开展性教育活动，您有什么建议吗？

D老师：更加具有针对性，要适合学生，最重要的是避免偏差与误导，上课时间不要太长。

W校长在看过笔者撰写的小组计划书之后，尽管一开始就比较支持笔者的介入，当即拍板答应，但其实也表现出质疑与隐隐的担忧，毕竟是从未做过的事，谁也不知道结果会怎样，中途会不会有什么意外发生，或者说会不会产生某种程度上的误导。笔者在对W校长进行访谈的过程中，更多地感到W校长口中所说的性教育大部分还是从医学角度出发的，但笔者更多地想从科学和人文的角度介入。

D老师一开始就态度非常坚决地拒绝了笔者的要求，甚至表现得很生气，觉得很荒谬。笔者不断与之协商与解释，再加上W校长从中斡旋，D老师才勉强答应试一试，如果效果有偏差就立马中断。

从二位的访谈内容来看，无论是W校长还是D老师，对性教育的认识均比较片面，这是时代与环境造成的。他们对中国目前的性教育现状表现出或多或少的不满，但又无力改变，在探索的道路上存在胆怯心理，但在某一点上两人达成了共识，那就是真心为了学生好，既要做未知领域的探索，又要最大限度地保护学生，规避风险。

3. 学生家长对性教育的态度

本着了解监护人对性教育的态度和对孩子实施性教育的情况，在小组活动正式开展之前，笔者对部分小组成员的家长进行了电话访谈。

笔者：您对学校开展性教育持什么样的态度？您愿意让您的孩子参加学校的性教育课堂小组吗？

WSH：有必要开展；需要考虑一下。

SRJ：比较好，有良好的认识，特别好，家长不好说，再加上工作忙，不方便；愿意，了解之后对孩子将来还是比较好的。

YYW：挺好的，我很愿意，孩子正在发育期，去年就发育长个了。

QLH：不太有必要，年纪尚小，十四五岁就可以；愿意。

YRH：比较有必要；很愿意。

PLY：很有必要，孩子说你讲的那些有很多她都不知道；愿意。

HLX：很有必要；愿意。

CXJ：有必要；愿意。

WRL：有必要，可以锻炼积极性；愿意，孩子性格内向，不会主动沟通，对他自己成长有帮助。

笔者：您认为家长有必要对孩子进行性教育吗？如果有，为什么？没有又是为什么？

WSH：没有，不想让孩子过早知道这方面的事。

SRJ：有必要，妈妈教育比较方便，但觉得学校做这件事更好；小孩认知不清楚，社会很复杂，提前接触可以有一个良好的心态。

YYW：挺支持的，通过正面了解，减少探索和好奇心，可以更好地保护自己。

QLH：有必要，让她早早有自我保护的意识比较好。

YRH：有必要，想让他多学点东西。

PLY：有必要，就想让孩子懂得多一些。

HLX：有必要，自己没上过学，不懂这方面的知识，为了让孩子多了解一些知识。

CXJ：有必要，但不知道怎样跟孩子沟通，老师这样做，替我们减轻了很多负担。

WRL：有必要，我也说不好。

笔者：孩子是否向您问过有关性方面的问题？如果有，对其提问您会怎么回应？

WSH：从来没有；拒绝回答。

SRJ：从来没问过：用正确方式答复。

YYW：没有问过，我在孩子七八岁的时候就告诉过她人体的变化，哪些是隐私部位，该让谁看，不让谁看。今年刚好来了例假，说过时间不长就来了，她自己处理得挺好的，提前说有心理防备，以免措手不及；很开明、正面告诉她。

QLH：从来没有，现在没必要直接回答，我会敷衍她。

YRH：没有，我不知道怎么说。

PLY：没有问过；如实地正面回答。

HLX：没有，耐心细致地回答他。

CXJ：没问过，有时问起，迟钝一下不知怎么回答，就说小孩一边去。

WRL：从没问过，该解释就解释。

笔者：您觉得哪些性知识可以告诉孩子/或者说你觉得性知识应该包括哪些方面？

WSH：只是让孩子读书，其他的不允许接触。

SRJ：比如孩子怎么来的，女人为什么会生孩子？男人为什么不会生孩子，七八岁的时候就问过。

YYW：身体发育、恋爱和自我保护。

QLH：不要跟异性打闹碰撞，要注意分寸、自我保护这个方面的。

YRH：该说的时候就直接说，我也不太清楚。

PLY：倾向于自我保护方面的知识。

HLX；这方面我也不太懂。

CXJ：我也说不好，我不会说。

WRL：我也不太清楚。

笔者：您对孩子进行过性教育吗？频率如何？

WSH：从不。

SRJ：目前为止还没有。

YYW：进行过，这几年已经形成这种习惯；偶尔想起就会说，并非刻意，融入了生活中，孩子听得特别认真。

QLH：目前没有。

YRH：没有，我常年在外打工。

PLY：有过，偶尔、很少。

CXJ：没有。

HLX：没有。

WRL：从来没有。

笔者：您是通过什么方式了解性知识的？

WSH：自然而然知道的。

SRJ：通过网络和书籍。

YYW：从父母那里，我比较保守。长大一点就看《知音》，会涉及一些相关知识。

QLH：朋友。

YRH：父母。

PLY：网络和手机。

HLX：跟朋友聊天。

CXJ：父母和朋友那里。

WRL：该知道的时候就知道了，这个是天生的，不用专门去学。

笔者：您认为自己对性知识了解吗？

WSH：了解得很少。

SRJ：不太了解，因为涉及专业术语。

YYW：我还好吧。

QLH：不怎么了解。

YRH：了解很少。

PLY：了解很少。

HLX：不太了解。

CXJ：了解不多。

WRL：了解不多。

笔者：您需要学校或者其他渠道对孩子进行专门的性教育吗？

WSH：不需要。

SRJ：非常需要，家长思想比较保守，难于启齿，相关专业术语也不懂。

YYW：不太需要。

QLH：目前尚无此需要。

YRH：需要。

PLY：有需要。

HLX：需要。

CXJ：需要。

WRL：暂时没想过。

笔者：您觉得性教育该怎么进行？

WSH：自己了解就好。

SRJ：最好由学校不定时地进行，一学期两三次或者一周一次。

YYW：以学校为主，家长辅助配合。

QLH：以家庭教育为主。

YRH：以学校为主，家庭配合。

PLY：以学校为主。

HLX：以学校教育为主，我们都没上过学，农村来的，都不懂。

CXJ：学校教育比较好，我平时很忙，顾不上，自己也不懂。

WRL：孩子长大慢慢就懂了，不用刻意去教。

笔者：对于学校给小学生发性教育书籍，您是什么态度？

WSH：不妥。

SRJ：这个比较好，正规渠道来的书籍比较放心，会有更好的引导。

YYW：挺支持的，有书籍会更好。

QLH：不怎么看好。

YRH：我觉得可以。

PLY：赞成。

HLX：赞成。

CXJ：赞成。

WRL：赞成，可以。

笔者：您对中国目前的性教育现状持何种态度？您对中国进一步推进性教育持何种态度？

WSH：中立：有一点必要。

SRJ：应该大力发展，可以有好的认识，知道哪些是好的，哪些是坏的。

YYW：不太了解，积极支持配合。

QLH：中立；特别有必要。

YRH：满意，比较有必要。

PLY：满意，很有必要。

HLX：很满意，很有必要。

CXJ：我也不太懂，但我感觉是有必要开展的。

WRL：中立，有一点必要。

笔者：您认为孩子在什么年龄段接受性教育比较好？

WSH：长大了自然就懂了，我从来不会提，也不让孩子说，不想让孩子过早知道。

SRJ：10—15岁，小学、初中的时候。身心发育阶段做这件事会有更好的效果，可以获悉良好的认识。

YYW：七八岁的时候。

QLH：十四五岁，初一初二的时候。

YRH：十三四岁比较好。

PLY：现在就比较好，孩子已经12岁了。

HLX：这个我也不太清楚，说不好。

CXJ：身体刚刚开始发育的时候或者发育之前。

WRL：10—20岁比较好，太小了他也不懂。

在接受笔者访谈的家长中，只有一位家长表示对于孩子是否参加学校的性教育课堂需要考虑一下，并认为家长没有必要对孩子进行性教育，甚至拒绝提及与性教育有关的一切话题，这严重阻碍了孩子的身心健康发展。其余家长均对学校开展性教育活动表示赞成与支持，也认为家长有必要在现阶段对孩子进行性教育，但由于家长自身知识的局限或工作忙碌等原因，只有个别被访者跟孩子提到过一点性教育的内容，但也只是浮于表面、蜻蜓点水般地浅尝辄止，或倾向于性自我保护知识，或只是适时地告诉孩子一些青春期女生的成长发育变化，让孩子对此有心理准备和知识铺垫，并未对孩子进行系统、深入的性教育探讨，被访家长对性教育知识知之甚少或过于狭隘，存在着一定的误解和偏见。总体来看，被访者对性教育的认知基本属于空白，对孩子的家庭性教育基本上是缺失的。

（三）行动方案设计

1. 行动目标

短期目标：学习和建立客观的自我认知，悦纳自我；树立正确的性意识，普及生理知识以及性传播疾病的预防；学习建立健康的人际关系，尊重家庭成员，理解朋友的特征，学会健康地表达对朋友的感情；进行个人安全教育，树立防性侵和防性骚扰的意识。

长期目标：通过在学校开展有选择性和针对性，循序渐进、因势利导的性教育课堂小组活动，为学生们营造一个健康成长的话语环境与氛围，教育和引导孩子树立起正确的性认知，破除对性的神秘感，在日常生活中潜移默化地消除关于性的肮脏、下流、禁忌、堕落的错误观念和羞耻心。以此次性教育课堂小组作为切入点，抛砖引玉，在学校及社会范围内营造与传播正确的性观念和性教育理念，为全面化、系统化、科学化性教育的普及奠定基础。

2. 行动方案设计

机构依托：陇南益家社会工作服务中心

小组名称：性别教育成长小组

小组对象：J 小学五年级二班 30 名学生（15 名男生，15 名女生）

小组形式：教育性封闭式小组

小组地点：J 小学五年级二班教室

小组周期：2018 年 10 月 16 日—2018 年 12 月 4 日

开展方式：对组员家长和学校相关负责人分别进行结构式访谈和半结构式访谈；对小组成员发放 30 份问卷，在课堂进行前和课堂结束后各发放一次，以进行课堂效果的前后测量；大量运用头脑风暴、小组讨论、角色扮演、游戏等参与性很强的方法进行七个单元小组活动，每周开展一期，特别注重目标人群本身的讨论、表达和分析，而不是单纯的讲解。在设计课程上，笔者参考了玛丽斯特普中国基金会发布的《爱之年华——青少年性教育参与式培训手册》（第三版）和 2017 年发布的《爱知道——性教育工作者通识手册》，联合国教育、科学及文化组织发布的《国际性教育技术指导纲要》、网易云课堂发布的《性教育课程体系》、百度文库的教案资料《成长之道——青春健康人生技能》等权威机构发布的文本或视频资料。

3. 行动过程

（1）第一单元活动

小组活动主题：引人入性

小组人数：30

小组目标：初步建立小组，营造安全、信任的小组氛围，缓解组前焦虑，了解组员情况，使笔者与组员之间相互熟悉，增强小组凝聚力；从科学和人文的角度理解广义的性；了解性教育的目的与内容。

活动时间：2018 年 10 月 16 日 15：40—17：30

地点：J 小学五年级二班教室

小组活动过程（见表 3 –8）：

表 3－8　　小组活动过程

活动名称	活动目标	活动内容
很高兴认识你	初步建立小组，营造安全、信任的小组氛围	笔者进行自我介绍后，小组成员逐一进行自我介绍，笔者阐述小组活动的目的和内容
不以规矩不成方圆	签订小组契约，使组员对小组有归属感并承担相应责任，确保小组活动能够正常良好运转	笔者和组员一起讨论制定出小组规则，组员签订契约，宣布“性别教育成长小组”成立并发放前测问卷
解人链	进行破冰行动，活跃气氛，增强小组凝聚力和组员默契度	组员围成一个圆圈，每人与旁边的人牵手，记牢左右手分别牵着谁，然后换到不同位置，旁边不能是原先的人，左右手分别寻找，左右手分别寻找原先握着的人对应的手。在不松开手的情况下开始解开手结形成原先的大圆
课程讲解	帮助组员建立对性和性教育的正确认知	修正组员对性和性教育的恐惧和偏见，消除负面影响，建立积极正面的认知；播放视频《爱的奇迹》①，让组员了解人类受精到怀孕再到胚胎发育直至分娩生产的全过程
回顾总结	回顾本期活动所讲内容，加深组员印象，培养其接纳心态	笔者与组员一起回顾本期活动的内容，分享感受，并预告下一期活动内容

活动过程记录：

笔者与组员初次见面，一开场先对组员参加小组活动表示欢迎与鼓励，向组员做自我介绍，然后再由 30 名组员逐一进行自我介绍，包括姓名、性别、籍贯、出生年月、性格、兴趣爱好等。笔者希望对每一位组员有基本的了解，这样有利于之后小组活动的开展。

随后笔者向组员介绍小组活动的主题、主要内容以及小组开展的目标。在笔者介绍的过程中，组员们都聚精会神地听着，嘴角上扬，

① https：//v. youku. com/v_ show/id_ XMTMzMjc1MDQ =. html。

眼睛里盛满了好奇与期待。接下来笔者与全体组员一起讨论制定出了小组规则，笔者将代表大家共识的小组规则整理在一张 A4 纸上，让每一位组员在上面签上自己的名字。完成之后，笔者宣布“性别教育成长小组”正式成立，并向组员发放了前测问卷。在“解人链”游戏中，笔者先和组员一起将桌椅挪到教室四周，在教室中间腾出一块空地。当大家牵着手围成大圆，记住左右两边分别是谁之后，大圆立即“土崩瓦解”，组员之间进行任意交谈，笔者主动与一位叫 WMX 的组员攀谈起来，由于笔者与组员是第一次见面，尚未熟悉，WMX 自始至终都显得比较拘谨，笔者鼓励她放轻松些，然后称赞她的名字很好听，她开心地告诉笔者是她的干爸起的。由于组员之间原本就比较熟悉，大家都在三三两两、七嘴八舌地相互交谈，气氛很是热烈。重新牵回原来的手后，笔者充当了整个游戏的主导，自己先开始解开手结，由于组员人数较多，教室场地比较狭小，整个过程费时又吃力。随着手结解开得越来越多，组员们也越来越兴奋，每解开一个，笔者就会进行鼓励。但最后还是有两三个组员的手结没有解开，其他组员开始七嘴八舌地出谋献策，在笔者的鼓励下，未解开手结的组员则反复尝试，在经过一系列的跨、绕、后翻动作之后，手结终于全部解开了，此时组员自发地热烈鼓掌，看得出来大家都很有成就感。经过这轮游戏，小组氛围达到了高潮，笔者能够与组员打成一片，得到了组员的接纳与认可，组员之间的默契度与小组凝聚力均得到了增强。

笔者在课程讲解中，从科学和人文的角度向组员解释了广义的性，讲解了性教育的目的和内容以及开展的必要性。随后进行了总结：不同的教育理念和方法会对人们的生活状态产生深远的影响，在中国整个“忌性”的大环境下，性不可以被公开谈论，自然而然地导致了我们性教育的缺失，对性和性教育建立起积极正面的认知，有利于大家更加健康积极的成长，拥有完善的人际关系。性并非独立和割裂的，它融合和镶嵌于我们的日常生活中，它并不只属于成年人，性教育不仅要教大家性生理知识，还有恋爱、交往和性本身。所以我们的课程是非常有趣的，它是爱的教育、关怀教育。性教育并非只是用来防止负面问题发生的工具，如果是这样，那性教育则成为一种消极应对问题的手段和工具。事实上，我们学习性、了解性，是因为性伴随着我们每个人的一生。从出生到死亡，从子宫到坟墓，学习性是为了更加了解自我，认识到性对生命的意义，并从中做出积极的生活选择。笔者希望修正组员对性和性教育的负面认知，消除偏见和恐惧，建立积极正面的认知。接下来笔者带领组员一起观看了视频《爱的奇迹》，让组员了解人类从受精到怀孕再到胚胎发育直至分娩生产的全过程。因为视频时间过长，将近53分钟，在活动时间内没有办法看完，所以笔者要求组员回家后与父母一同观看剩下的部分，并将视频链接发到组员家长的微信群里。

最后，笔者就本次活动内容进行了总结，对组员今天的表现进行了肯定，希望组员能够继续保持、再接再厉。当笔者问及组员参加完活动的感受时，组员也都说感到十分开心。笔者向组员预告了下一期活动的时间和内容，并叮嘱组员下次来时不要忘了带上填好的问卷，之后就结束了本次小组活动。

小组活动总结：

小组刚刚建立，处于初期阶段，笔者与组员彼此之间比较生疏，表现出一定的距离感。这也是组员第一次参加小组活动，大家都充满了好奇和疑惑，整个过程表现得有些拘谨。笔者在活动过程中扮演组织者和引导者的角色，但又希望能打破传统授课方式，拉近与组员的距离，尽快与组员建立起信任与亲密感。笔者一直试图向组员解释清楚小组活动的主题、缘由、目的、主要内容等，希望组员对小组有一个大致的了解与认识。本期活动的一个主要目的就是消除笔者与组员之间的陌生感以及组员第一次参加小组活动的紧张感。采用“解人链”这样的破冰游戏达到了营造轻松的小组氛围，增强小组凝聚力，加强小组成员沟通交流的目的。笔者由于第一次带领小组，比较生疏，缺乏经验，很难对小组活动的全局有很好的把控，在游戏环节里，鉴于组员人数较多，场面一度出现了混乱，过于吵闹，影响到了隔壁上课的其他班级，干扰了正常的上课秩序。笔者与学校负责多媒体设备的老师没能衔接好，原本进行小组活动的录播教室的多媒体设备没有调试好，不得已又更换了活动场地。这个过程浪费了很多时间，以致视频还没播放完就到了下课时间。鉴于组员的年龄状况，活动时间不宜过长，而且中途要有休息时间。出于组员人身安全的考虑，学校三令五申不允许笔者拖堂。以上种种状况都是由于笔者的疏忽和考虑问题不全面而造成的。但整体而言，本期小组活动初步建立了小组和增强了小组凝聚力，共同建立了小组规则，笔者与组员之间进行了沟通交流，逐渐了解熟悉，消除了陌生感与距离感，使组员建立了对性和性教育的正确认知，培养了其积极正面的价值观，小组目标基本达成。

（2）第二单元小组活动

小组活动主题：悦纳自我

小组人数：30

小组目标：倡导平等、多元、尊重和权利，使组员了解生理性别、社会性别、性别身份、性别气质、性倾向、刻板印象诸概念，从而建立对性别的正确认知；使组员能够了解、正视自己的身体、生殖系统和性，消除羞耻感；明白性是美好、健康和自然的，其结果取决于人的行为和选择。

活动时间：2018 年 10 月 23 日 15：40—17：30

地点：J 小学五年级二班教室

小组活动过程（见表 3 -9）：

表 3 -9　　**小组活动过程**

活动名称	活动目标	活动内容
上期回顾	回顾上期活动内容，加深组员记忆和加强小组契约的约束力	笔者带领组员简短回顾上期活动内容，加深组员记忆，并重申小组契约

续表

活动名称	活动目标	活动内容
课程讲解	让组员建立起对性别和价值观的正确认知，了解平等、多元、尊重和权利的意义；了解自己的生殖系统，消除羞耻感，从而悦纳自我	向组员讲解有关性别的诸概念，修正与性别有关的迷思，树立正确的价值导向；讲解与展示男、女性的生殖系统，消除神秘感与羞耻感
回顾总结	回顾总结本期活动所讲内容，加深组员印象，培养其接纳心态	梳理与总结本期活动所讲的知识点，预告下期活动的时间、地点与内容

活动过程记录：

本单元小组活动主要包括性别与价值观、生殖系统两方面内容。笔者将性别与价值观两部分内容放在一起讲解，是因为性别与价值观从来就有着天然的联系，两者互相承接、密不可分。本节活动知识点较烦冗，理解起来有一定难度，但笔者仍然做了耐心细致的讲解。

笔者首先对“性别”这一概念做了系统的讲解，包括生理性别、社会性别、性别身份/性别认同、性别气质/性别表达、刻板印象、性倾向、LGBT 人群诸概念。面对从来没有接触过的知识，组员们在认真聆听的同时都惊讶地张大了嘴巴，因为这与他们平时耳濡目染的知识灌输及生活环境在很大程度上是有冲突的，甚至是相背离的。当笔者讲到性倾向这个概念的时候，自然地引申出了 LGBT 群体，当听到“同性恋”这个词汇时，“变态”两个字从组员 LL 嘴里脱口而出，接着大家一阵哄笑。这时笔者严肃而又认真地告诉组员：同性恋等性少数群体在当今社会仍处于边缘，与之相对的是居于主流的异性恋群体，异性恋凭借着较多的人数制造了相对霸权，对性少数群体的污名与偏见其实是权力分配的结果与体现，任何的性倾向与性别身份都是正常的，应当得到尊重。笔者此时看到有些组员的眼睛里充满了惊讶与疑问，有些组员的眼睛里却是亮亮的，奕奕有光。笔者紧接着总结道：在这个世界上，每个人都是独一无二的，每个人都拥有爱与被爱的权力。一个人的性倾向与性别身份无论是什么，和他的品质、道德及能取得的成就都没有关系。每个个体都应当得到社会的理解和尊重，每个人都可以通过努力实现自己的价值。此时笔者注意到大部分组员频频点头表示同意。

接下来笔者向组员讲解了有关生殖系统的内容。分别进行了男、女生殖系统名称及功能的讲解，并进行了相关图例的展示，对于这部分内容组员们均表现得非常害羞，当笔者在 PPT 上进行图例展示的时候，组员们一片惊呼，有好几名组员甚至马上用手捂住了自己的眼睛。这时笔者告诉组员：这就是我们自己的身体，我们每一个人都应该了解和正视我们的身体、生殖系统和性。每个人都是精子和卵子相遇的结晶，经历过从阴茎到阴道的七寸旅程，也曾在母亲的子宫里成长了 280 天。我们没有理由因为那是我们曾经旅行或是生活过的地方而感到羞愧。紧接着笔者讲解了生殖系统的日常保健，以及对生殖器官的某些错误认知进行了纠正。笔者告诉组员：性可以是美好的、健康的、自然的，可以带来积极的影响，也可以带来消极的影响。性的结果取决于人的行为和选择。

最后，笔者总结道：性并非只是与他人之间的行为，性是对自我的了解与悦纳，悦纳自我的前提是具有正确的自我认知，只有科学地了解自身的结构，了解性与性别的多元及其复杂性，才能更好地接受和发现自我的价值。

小组活动总结：

本单元课程设计通过认知建立起价值观，再由价值观衍生出相应的态度，再经由态度做出行为与选择。这四部分知识点环环相扣，彼此承接。就小组课堂的氛围及组员们的反应来看，笔者认为基本达到了小组目标。不足之处就是，由于本期活动知识点较多且有一定难度，因此需要笔者进行深入细致的讲解，否则很容易弄巧成拙，对组员产生误导，这是笔者最为担心的一点。因此光讲解这一部分就占用了很多时间，以致没有时间与组员进行互动分享或进行游戏环节。

笔者当晚对组员 WAX 的妈妈进行了电话访谈，WAX 性格比较内向，但成绩很好，期中考试语文考了 95 分，是班里第二名。通了将近 50 分钟的电话，对方文化程度不高，但很有礼貌。除了按照事先设计的访谈提纲问了她一些问题之外，笔者给她大概讲了一下自己目前正在做的事和课程的内容设置。她听了之后告诉笔者不想让自己小孩上这样的课程，说孩子现在太小了，与学习无关的内容她都不想让孩子接触。笔者与其再三解释和沟通，但她仍然坚持自己的决定，让 WAX 退出了小组课堂。就这样，笔者在第二堂课上便折戟沉沙，少了一名小组成员。虽然笔者在筹备之初就有这样的心理准备，但心里还是不免感到失落。

组员向班主任 D 老师普遍反映希望能男女分组，尤其在讲生殖系统知识的时候。但目前确实没有这个条件，这需要另找场地和一名具有相关知识储备的女老师。笔者之前也不是没有考虑过这个问题，益家社工中心也为社区的孩子举办过类似的性教育活动，笔者专程前去观摩和学习，希望能有所借鉴。但上课的状况与效果没有达到笔者的预期值，甚至还相去甚远。于是笔者放弃了请那位女老师来帮忙上一堂课的想法，而且如此一来，笔者亦无法观察女生组的进展状况与控制组员们的反应了。所以笔者最后决定男女生合在一起上这堂课，不做分组。这节课的主题是“悦纳自我”，了解自己的同时还应该了解别人，接纳自己和同性的同时还应该自然地了解和接纳异性，这样会形成一个对比，会对自己与异性有更进一步的认知，有助于组员今后建立更为健康的两性关系。只不过是从科学角度对人体生殖系统进行简单剖析与讲解，就直接指着图片告诉组员器官的名称和功能就好，实在没有什么可避讳的。做性教育的目的不就是消除神秘感与羞耻心吗？如果作为讲课老师都做不到脱敏，而是讳莫如深，这层神秘的面纱何时才能被撕开？笔者平和自然，但又不失严肃认真地讲完了这堂课。

（3）第三单元小组活动

小组活动主题：青春期来啦

小组人数：29

小组目标：让组员明白自己已步入青春期，了解青春期的过渡、变化、反抗、负重等特征；了解青春期出现的生理变化（第二性征）和心理变化；了解和学习遗精和月经的概念并对此建立积极正面的认知

活动时间：2018 年 11 月 6 日 15：40—17：30

地点：J 小学五年级二班教室

小组活动过程（见表 3－10）：

表 3－10 **小组活动过程**

活动名称	活动目标	活动内容
上期回顾	回顾上期活动内容，加深组员记忆和加强小组契约的约束力	笔者带领组员简短回顾上期活动内容，加深组员记忆，并重申小组契约
课程讲解	引导组员了解并正确对待青春期生理和心理变化，认识到青春期对于自身的重要意义以及需要承担的责任	深入详细地讲解青春期所具有的特性，剖析其特殊性、复杂性以及不确定性，让组员具体深入地了解与学习青春期生理和心理方面的变化，再配合播放相应内容的动画视频来加深组员的理解
回顾总结	回顾总结本期活动所讲内容，加深组员印象	梳理与总结本期活动所讲的知识点，预告下期活动的时间、地点与内容

活动过程记录：

下午去上课的时候，在教室门口刚好碰到 D 老师，她满脸遗憾地告诉笔者 WAX 退出了小组，从今天开始不会再参加小组活动了。她又一次提出，组员普遍反映希望男女分组，尤其是在讲生殖系统这样的内容的时候，他们会觉得难为情。笔者顿时感觉到了压力。

考虑到组员正处于青春期的临界点上，有的已经进入了青春期

（笔者注意到一些组员出现了第二性征），但有的尚未进入。因此笔者从四个方面对青春期的特征做了深入详细的讲解，目的是让组员能够意识到青春期对于他们的重要意义，以及他们身心上可能会出现的一些不受控、不确定的变化，以及需要承担的责任。笔者的初衷就是不愿让组员停留在只是“知其然”的表面上，应该触碰和理解“知其所以然”这样的本质层面，所以必须讲解得很透彻，否则隔靴搔痒只能带来更多的疑惑。在宏观上系统讲解了这一过渡时期所具有的特征之后，笔者又向组员具体讲解了这一时期的生理变化（第二性征）和心理变化，随后又在轻松愉快地氛围中讲解了遗精和月经现象以及它所代表的积极意义。在课件讲解结束之后，笔者又播放了相关内容的动画视频，以便组员能更好地理解本期活动的内容。

最后，笔者做了本期活动的总结：青春期是重新建立自我的过程，青少年会探索和思考自己在集体和社会中所处的位置：我是谁？我要成为怎样的人？从向家长寻求情感支持转为向同龄人寻求认同和尊重，会与家长产生一种疏离感，这是每个人走向独立的必经阶段。青春期有时会让人感到混乱、迷茫、焦虑甚至不知所措，特别是当自己发现和别人的不同的时候，寻求集体和同伴的认可，既想独立又不想被孤立，只有学会处理这种身份认同的混乱，坚持并找到自己的定位，才能更好地进入下一阶段。每个人都有与众不同的地方，应更好地认识并悦纳自我，我们都是世界上独一无二的存在。

小组活动总结：

小组似乎进入了倦怠期，有些组员失去了当初的新鲜感，有厌烦甚至抵触情绪出现。上课的时候，有一位叫 LXL 的组员很不耐烦，老是催笔者快点下课，她是一个胖胖的很可爱的女生，放学后笔者问她是不是不喜欢上这样的课，刚开始时她不肯说，在笔者的再三追问下，她终于坦白是她妈妈说现在上这样的课不好，说她现在太小了，不想让她上这样的课。看来有一部分家长还是持反对态度的，有些会直接说出来，或者直接不允许孩子来上课。有些虽然嘴上没有说出来，但心里其实是不愿意的。笔者觉得对家长进行访谈是非常有必要的，必须知道他们的真实想法。

今天上课时，LJW 向笔者提问：动物有同性恋吗？这让笔者感到有些意外，但又为他的举一反三和勤于思考而感到由衷的高兴。组员发言时，有一部分学生能做到认真倾听，但有一部分学生还是喜欢打断或者驳斥其他人的话，尽管笔者一再重申小组契约。当有组员站起来回答问题时，其他组员应该保持安静，不能随意打断别人的讲话，但有些组员就是控制不住自己。组员之间甚至会互相进行人身攻击。比如 LJW 同学站起来发言时，JJ 同学就会反驳他。笔者问 JJ 原因，她说，因为她不喜欢 LJW，这个时候笔者不得不停下来告诉她，同学之间要和睦相处，在悦纳自我的基础上还要更好地接纳别人，这也是我们上课内容的一部分。JJ 是班长，期中考试考了班里第一名，脑子反应很快，也善于思考，理解能力较强，可她就是老跟 LJW 抬杠，笔者特别希望在课程结束的时候，他俩的关系能够有所改善，因为这两位组员都很可爱，十分善于思考，笔者很喜欢他们。

因为人数太多，似乎很难进行深入互动和了解，又因为课堂时间的关系，无法顾及每一位组员，但笔者还是尽力去做，尽力照顾到每一位组员的情绪和观察他们的参与度。为了让上课气氛变得轻松一些，笔者允许他们在课堂上吃东西。尽管一再强调课堂上应该保持安静，上课时总是会有一些学生交头接耳，悄悄说话。还有玩玩具的，今天上课时 GBY 就拿了一个芭比娃娃在课桌上玩。对于五年级的学生来说，爱玩毕竟是他们的天性，但离讲台太远的学生，笔者就无法很好地顾及他们，只能口头点名提醒他注意纪律，因为维持纪律势必会影响正常的上课进度，不能在这件事上花费过多的时间和精力。但总体来说小组气氛还是比较融洽的，小组目标基本达成。

（4）第四单元小组活动

小组活动主题：人际交往

小组人数：29

小组目标：使组员能够了解朋友的含义，理解友谊的重要性。学会怎样交朋友，交怎样的朋友，以及朋友之间相处需要注意的一些问题；学会处理与异性之间的关系，正确面对早恋问题，为将来迎接更加复杂的人际交往打下良好的基础

活动时间：2018 年 11 月 13 日 15：40—17：30

地点：J 小学五年级二班教室

小组活动过程（见表 3 - 11）：

表 3 - 11

活动名称	活动目标	活动内容
上期回顾	回顾上期内容，加强组员的记忆	笔者带领组员简短回顾了上期内容，并用问题导入的方式引出本次小组活动的主题
我与朋友	让组员进行自我剖析和揭露，使其能够更加了解自己，也使得组员之间能够加深了解	让组员在白纸上写下希望自己、朋友以及普通异性朋友分别具有什么样的特征，然后进行分享
优、缺点轰炸	增进组员之间的感情，加强小组凝聚力	每人准备一张纸和一支笔，将组员分成四个大组，同桌两人一组，互相询问对方身上的优点和缺点并记录下来，以小组为单位进行顺时针传递，并写下“我很喜欢你，因为你很……”最后各自拿回属于自己的那张
讨论分享	加深组员对朋友的理解，认识到友谊的珍贵以及需要为此付出的努力	将提前设计好的问题列出并引导组员分享讨论：1. 每个人对朋友的要求是否一样？为什么？2. 你的朋友对你是否满意？为什么？3. 为了增进与保持朋友之间的友谊，你会怎么做？4. 请列出 5 个你认为最重要的促进人际关系发展的因素

续表

活动名称	活动目标	活动内容
朋友圈	让组员对朋友有更进一步的了解，对自己的社交状况进行反思与剖析，从而更加了解自己	让组员对朋友按照亲疏程度进行分类，对组员进行深入的现场采访，组员进行深刻的自我揭露；通过量表让组员进行自我测试，以得出的分数档次来判断自己的社交能力
异性交往	让组员学会正确处理与异性之间的关系	利用问题导入对组员进行提问：男、女生各需要什么样的异性朋友？异性朋友能带来什么？不喜欢与什么样的异性交朋友？对异性交往的几个常见现象进行讨论：收到情书怎么办？怎样看待早恋？面对性冲动怎么办？青少年婚前性行为有何危害？
回顾总结	组员之间分享参加活动之后的感受，加深对活动主题的理解	组员分享自己参加本次活动的感想，在笔者引导下，更好地理解本次活动的主题

表 3-12 **组员社交能力测试量表**

题目	A. 是	B. 有时	C. 从未
你是否经常觉得词不达意？			
他人是否经常曲解你的意思？			
当别人不明白你的言行时，你是否有强烈的挫折感？			
当别人不明白你的言行时，你是否不再加以解释？			
你是否经常避免社交场合？			
在社交场合，你是否不愿与别人交谈？			
你是否在绝大部分时间里都喜欢一个人独处？			
你是否觉得难以让别人理解自己？			
你是否觉得在众人面前大声说话是一件很困难的事情？			
别人是否常用“古怪”“孤僻”等词来形容你？			
你是否在人群中尽量保持不出声？			

评分与判定标准：A：3 分，B：2 分，C：1 分；将各题得分相

加，30—38 分，你是一个不善于交往的人，应该想办法提高自己的社交能力；19—29 分，你是一个善于交往的人；12—18 分，你在交往方面过于积极，有时可能会让人烦。

活动过程记录：

LJW 在上节课问了笔者一个问题，他问动物有没有同性恋？笔者当时没有回答上来，但允诺待查阅资料后下节课告诉他正确答案。当笔者将印有答案的 A4 纸交给他时，他看到笔者写在上面的祝福寄语，开心地粲然一笑。

本次活动主要以游戏和分享的形式进行。一开始，笔者先抛出了“生活中的人际关系都有哪些”这个问题，让大家积极思考，在笔者对生活中各种各样的人际关系进行阐述之后，自然而然地引出了“朋友关系”这个主题。

在“我与朋友”这个环节里，笔者让组员在纸上写下期待中的自己、朋友以及普通异性朋友所具有的一些特征，并让组员进行分享。SYQ 写的是大方、直言、坦诚；LJW 写的是阳光、理解、宽容；WB 写的是正义、大方、诚实，JJ 写了学识、善谈、守时。LJW 在分享他的答案时，他说，自己平时很阳光，但又很内敛羞涩，这个时候 JJ 马上反驳他，说 LJW 平时话很多。笔者先是制止了 JJ，又重申了一遍小组契约，然后问大家 LJW 平时在班里很内敛羞涩吗？其余组员都说不是，然后大家都笑了，笔者也笑了。笔者走过去拍拍 LJW 的肩膀，示意他坐下，然后总结道：LJW 身上的一些特质可能是大家平时没有看到的，但有时候我们希望中的样子跟现实中的自己或多或少会有一些差别。

在“优、缺点轰炸”的游戏环节，因为活动场地的限制，又因为组员人数过多，没有办法让组员围成一个圆来进行游戏，只能“因地制宜”分成四个大组，然后同桌两两为一个小组，整个游戏过程虽然气氛热烈，但比较吵闹混乱，组员还是没有办法很好地控制自己。由于是第一次做这样的游戏，组员缺少相关经验，游戏进行得比较拖沓，缺乏效率，传递过程中甚至出现了纸张丢失，找不到的情况，个别组员参与度不高，只是敷衍地写一写。这个环节并没有达到笔者预期中的效果。最后由率先完成的那个组的组员代表 JJH 进行了分享。

在“朋友圈”这个环节，在笔者的引导下，JJ 做了比较深刻的自我揭露，包括有几个知己、几个好友、几个一般朋友，是如何将他们进行归类区分的，最亲密的朋友所具有的特征，普通异性朋友在心里的位置，有哪些事情愿意与她最亲密的朋友分享。这时她指指她的同桌 CY，说她俩从小玩到大，她有什么事都会告诉 CY，有些事不会告诉父母，但会告诉她最好的朋友 CY。通过 JJ 的分享，组员们对自己的朋友圈都有了新的认识与了解。在量表测试之后，LJW 分享了他的分数，在 12—18 分，对应的答案是“你在交往方面过于积极，有时可能会让人烦”，这时大家都笑了，他自己也有些不好意思。SYQ 和 GBY 分别为 22 分和 26 分，对应的答案都是“你是一个善于交往的人”，她俩对这个答案很满意。这三组活动总体来说进行得比较顺利，组员们热情高涨，课堂气氛融洽，小组已逐渐走向成熟。下课之前，笔者进行了简短的总结：朋友间的友谊非常重要，尤其对于青少年来说，要善于交朋友，交好朋友，这样才能在朋友身上学到很多东西，才能更好地成长；朋友是相互的，彼此之间会产生影响和激励；每个人对朋友的理解不一样，对朋友的要求也不一样，因此每个人会有不同的择友标准；朋友可以给我们建议和帮助，特别是在遇到困难的时候；我们也应该关心朋友，把健康的信息告诉他们。

接下来一节课的主题是异性交往。在这个环节里，笔者问组员班里有没有哪个男生和女生是好朋友，大家齐声说没有。JJ 告诉笔者，班里都是女生和女生玩，男生和男生玩。JJ 在讲台上进行分享的时候，她说自己有异性朋友，但不在现在这个班里，在别的班里，是她在武术班上认识的，有好几个。笔者又问她，异性朋友能够为她带来什么，她说在他们身上能够学到一些东西。笔者连连点头并对 JJ 与异性交往的正确态度进行了鼓励。当 LJW 在讲台上进行分享时，JJ 说她不想和 LJW 做朋友，笔者问为什么，她说 LJW 太贱了，平时老欺负她们，在她一旁的 CY 也连声附和说是的。LJW 脸上露出一种很委屈，想反驳但又不知道怎么反驳的表情，但笔者总感觉这两个女生在有意针对 LJW。因为在课间嬉闹的时候，笔者看见 CY 扇了 LJW 一个巴掌，打到他的耳朵上，两人是如何发生口角的，笔者并没有注意到。看到 LJW 表情痛苦地捂了半天耳朵，笔者走上前问他耳朵有没有事，好半天他才说没有，然后走回了自己的座位。笔者让 CY 下课给 LJW 道歉，严肃地告诉她，无论如何也不能动手打人。CY 脸上有些挂不住，讪讪的。这个时候笔者问组员有没有哪位女生愿意和 LJW 做朋友，此时坐在第一排的 GR 举起了手，她抬起头一脸认真地看着笔者，圆圆的脸上有淡淡的雀斑，她说她愿意和 LJW 做朋友，看着她清澈明亮的眼眸和稚嫩的面庞，笔者感到十分欣喜，LJW 脸上的表情也变得柔和起来。这个时候，有组员提出了谣言的问题，说如果男、女生在班里一起玩，别的同学会说闲话，会起哄，会有人说他们在谈恋爱，大家都笑了。笔者告诉他们这种现象被称为“同伴压力”，不要有这种心理负担，不要怕被议论，也不要议论别人，因为男、女之间进行交往是十分正常的事情，一段美好的友谊可能会因为别人的议论而被破坏掉了。大家在进入青春期之后，开始对两性关系感兴趣，但又很懵懂，那些制造谣言的人其实是出于无知，因为他们自身不懂得如何处理两性关系，没有树立起一个健康正常的态度，所以才会大惊小怪、捕风捉影，说一些很无聊很不负责任的话，使当事人心里感到很不舒服。这个时候，大家都变得十分安静，露出一副若有所思的表情。接下来笔者就异性交往中会遇到的几种典型现象对组员进行了分析与讲解，比如，收到情书怎么办？怎样看待早恋？面对性冲动怎么办？青少年婚前性危害，等等。由于时间关系，这几部分内容主要由笔者进行讲解，在重点讲解早恋问题时，笔者进行了深刻的自我揭露，用自己的亲身经历进行案例教学，使得组员能够正确面对和处理早恋问题，具有一定的敏感性又不至于过度敏感。笔者的自我揭露，拉近了与组员之间的距离，对组员起到了很好的示范作用，能够以轻松愉悦的课堂氛围对比较严肃的话题进行讲解，这样更有利于组员接受与理解。最后，笔者十分严肃地做了如下郑重的声明：

"之所以对你们进行广义的性教育，是因为希望你们对'性'能够建立起一个比较全面、客观、基本的认知。但我绝对不希望你们身上出现任何的模仿或者探索行为，因为现阶段的生理机能和心理机能绝对不允许你们这样做。"之所以做这样的声明，是因为上一次活动课在讲生殖系统时，有些组员对上课内容产生了抵触和排斥心理，家长和校方担心因为课堂内容尺度过大而对学生产生误导，所以笔者认为非常有必要向组员解释清楚自己的授课目的与对组员的期待。

活动总结：

从组员的身心发展状况来看，大多数组员正处于即将进入青春期的临界点上，且每个人的程度是不一样的，有的组员已经迎来了青春期。感觉游戏和动画视频是组员们乐于接受的上课形式，同样的内容，用视频播放比我用嘴巴讲解更能让组员们接受。他们在看视频的时候都不由得嘴角上扬，每个人看得都很开心。一方面是因为年龄的关系，他们的接受能力和理解能力还比较有限，另一方面也让笔者对自己的授课方式和授课内容进行了反思，应该以组员为中心，用他们喜欢的方式进行讲授，讲授的内容应该更加具有针对性和实用性，这样才会有更好的效果。

在"优、缺点轰炸"这个游戏环节，笔者的目的是增进组员的感情，加深组员之间的相互了解，增强小组的凝聚力。但由于场地限制，组员人数过多，游戏效果并没有达到笔者的预期值，甚至一度出现了失控与混乱局面。笔者对此进行了反思，觉得如果在游戏开始之前重申小组契约与课堂纪律，对游戏规则讲解得更加清楚明白，也许就能避免上述情况的发生。笔者现在越来越认识到对小组工作来说，30 人其实是一个比较庞大的数字，尤其是在做性教育这样的主题上，再加上组员现阶段活泼好动的生理状况，对于像笔者这样缺乏相关经验的新手来说，整个单元活动做下来还是会有点辛苦的。

总体而言，在本单元小组活动中，组员能够按时出席、基本遵守小组契约。在组员进行分享时，笔者采取了专注倾听、适当鼓励、及时小结等技巧，用案例的形式进行深刻的自我揭露，拉近了与组员之间的距离，增进了感情，增强了小组凝聚力。上节课组员对授课内容所产生的抵触与排斥情绪也一扫而空，得到了极大的缓解与改善。在放学后，笔者在回家的路上询问组员今天的学习感想时，他们都很开心，说挺有意思的，说喜欢今天的课。总之，本单元活动课堂氛围融洽，亲密程度加强，小组目标基本达成。

（5）第五单元小组活动

小组活动主题：爱要负责任

小组人数：28

小组目标：培养组员正确的性价值观。通过环环相扣的性行为、避孕、怀孕与流产这四个方面内容的讲解，使得组员在了解与掌握这些必需的生活常识与技能的同时，也能对其背后的社会文化，诸如责任、风险、后果、道德、法律等内容有一定的认知，在未来需要时对自己和他人负责

活动时间：2018 年 11 月 20 日 15：40—17：30

地点：J 小学五年级二班教室

小组活动过程（见表 3－13）：

表 3－13　**小组活动过程**

活动名称	活动目标	活动内容
上期回顾	回顾上期内容，加强组员的记忆	笔者带领组员简短回顾了上期内容，并用“我从哪里来”引出本次小组活动的主题
课程讲解	让组员对性行为、避孕、怀孕与流产这四个方面的性知识有基本的了解与认知，掌握必需的性知识与生活技能，对性教育的必要性有更进一步的认识	笔者由“我从哪里来”引出了性行为的概念，然后着重讲解了发生性行为的条件，包括自主意愿，自我保护，需要承担的责任、后果和风险，以及法律底线等内容。在讲到法律内容的时候，又列举实际案例来加深组员对法律条文的理解，以起到警示作用。随后自然过渡到怀孕、避孕与流产的内容上，包括验孕方式、避孕措施、流产带来的影响与注意事项。其间与组员进行了问答形式的互动，授课与互动穿插进行

续表

活动名称	活动目标	活动内容
分享讨论	让组员表达听课后的收获与感受	组员分享自己的所学所感，在笔者引导下，进行深层次自我表露

活动过程记录：

中午 WGT 的妈妈发微信说孩子感冒发烧需要请假，加上之前退出的 WAX，这意味着下午上课只有 28 个人。刚走到教室门口，ZYW 跑到门口来迎笔者，拉过笔者的手说："咱俩拉拉手。"然后问可不可以中途离开去写家庭作业，说作业太多要写到晚上十二点，笔者笑着说当然不可以。学校安排的时间实在太紧，只有两节课，有时候游戏都来不及做。一般都要拖堂 10—20 分钟，今天就拖堂了 10 分钟。今天的上课形式主要是利用 PPT 进行知识的讲授与普及，再播放相关内容的视频加以巩固，以便组员更好地理解。课程的主题由性行为、怀孕、避孕及流产四个部分组成，因为这四个知识点环环相扣，彼此之间有递进的逻辑关系，所以笔者将其归置在一起进行讲解。一开始先用问题导入，问大家知不知道自己从哪里来？大家七嘴八舌地都说知道，LXL 和 WB 回答说是从妈妈肚子里生的。笔者又问谁能解释一下具体的过程，随后叫了 LJW 起来回答，这是第一节课所讲的内容。令笔者欣喜的是，LJW 先是回忆了笔者之前讲过的一对结婚近十年的夫妻因为一直进行尿道交而无法怀孕的事例，然后有些扭捏地将如何怀孕再到分娩的过程基本完整地表述了出来，笔者示意大家一起鼓掌表示鼓励，表扬他记性特别好，理解能力强，十分善于思考。笔者注意到他将红领巾叠成男士领带的形状佩戴在胸前，又称赞他今天的红领巾特别好看，很别致很绅士。在 LJW 回答问题的过程中，笔者注意到 SW 和 LXL 这一对同桌捂起了耳朵，LXL 还将帽子扣在头上。LXL 对笔者的课一直不太感兴趣，其他组员也不能完全安静地听 LJW 回答问题，有交头接耳说话的，坐在 LJW 旁边的 WB 手里还把玩着上节手工课留下来的橡皮泥，笔者再次提醒大家要注意课堂纪律，然后将完整答案又复述了一遍，从而抛砖引玉，引出了性行为的概念，告诉他们性成熟之后的男性将刺激之下勃起的阴茎插入女性阴道，就可以发生性行为。射精之后，精子进入女性身体，和卵子结合，这个过程就是最常见的性行为。接下来讲述了发生性行为的条件，以及性行为背后所要承担的责任、后果和风险，涉及年龄、自主性、自我保护、道德及法律等维度，用“17 岁少年与 13 岁少女偷尝禁果被判 7 年”这样的实际案例来解释《中华人民共和国刑法》规定的“奸淫不满 14 周岁的幼女的，以强奸论，从重处罚”这则刑法条例。在笔者讲完这个案例后，组员们都惊讶地张大了嘴巴，这个时候，WB 突然打断笔者说 LXL 告诉他，我的这节课毫无意义。笔者顿了顿，告诉他们，据自己了解，在整个武都区范围内，没有一所学校开展过性教育课程，笔者是第一个做这件事的人，因为缺少相关经验，再加上介入得很突然，所以有组员不感兴趣，甚至家长也反对，这都是很正常的。笔者之所以要做这件事，是因为有很大一部分人对性是有误解的，是曲解的，包括你们的父母也有不赞成的，甚至有直接反对的，就像 WAX 的妈妈一样。笔者非常能够理解家长的这种情绪，在他们看来那样做是对你们的一种保护，怕上这样的课会对你们产生误导，但这种保护意识其实是非常狭隘的，甚至是极端的，屏蔽掉了你们获取成长养分的机会。只有将其公开化，把这个神秘的面纱揭开，让它不再是不可言说的，而是可以公开谈论的，在这样的语言环境里，你们才能够更好更全面地成长。这时候大部分组员表示他们喜欢听，觉得很有意义。笔者接着告诉他们性是非常美好的，它不肮脏，也不下流，目的也不只是生育，它是伴侣之间表达情感的一种方式，但它有一个很重要的前提，那就是爱。这个时候笔者看到组员的眼睛都变得亮亮的。接着又问组员：你们在成长到一定年龄肯定要恋爱吧？要找男女朋友吧？要结婚生小孩吧？大家都点头说是。“那你们觉得我上这样的课跟你们有关系吗？”组员大声地齐声地回答说有。笔者又强调说，我讲的这些内容作为一门生活技能，是你们在今后的实际生活中能够用得到的，是你们必须掌握的，希望你们都能认真听。随后用简短的话语对有关性行为的内容进行了小结。

在课间十分钟后的第二节课上，笔者自然地过渡到了怀孕和避孕的内容上，从如何判断怀孕、验孕方式及原理、人工避孕措施等方面进行了详细完整的讲述。在讲到“当女生开始月经，男生开始遗精的时候，就意味着作为生命个体的人类具有了生育能力”时，笔者举了一个例子。“比如说某天在 LJW 同学的身上发生了遗精现象，这就意味着他具有了生育能力”，这个时候大家都开心地笑了。笔者看向 LJW，发现他完全没有任何害羞和不适，他嘴角上扬，很认真地看着笔者，眼睛里掠过一丝狡黠，但更多的是自豪。这个时候笔者意识到组员已经能够正确坦然地面对与性有关的话题了。本来笔者还挺担心的，犹豫要不要举这个例子，怕会引起什么不好的反应，看来是笔者多虑了。在讲到安全套的物理阻隔原理时，在征询过组员们的意见后，对男生用安全套的使用方法进行了实物演示，组员们都看得很认真。演示完之后笔者问组员有谁感觉到不适，可以举手示意，以便进行课程内容的调整或进行单独的安抚。但大家都表示没有。笔者还特意问了一下 LXL，她也表示没有。然后笔者告诉组员安全套是目前唯一一种既可以避孕又可以防止性病传播的避孕措施。看着组员们一脸的认真以及那若有所思的表情，笔者感到课堂效果渐入佳境。笔者告诉组员今天的课程结束后，再有两节课程，我们的小组活动就要结束了，希望大家能够审视一下自己在小组中的成长。此时组员们的脸上流露出了不舍和失落。

有关流产的内容，笔者讲述了流产对生理和心理分别会带来怎样的影响，需要规避的一些风险，用一些数据来论证、普及避孕知识，采取有效避孕措施，是从根本上减少意外怀孕的方法，从而避免做人流。应停止对流产女性冠以种种污名，不要歧视她们，而应包容和关爱她们。接下来又用一些少女早孕堕胎的案例来说明青少年性知识近乎无知的程度和避孕常识的薄弱，组员们也都意识到了性教育的缺失所带来的极大的潜在隐患，LJW 用自己亲戚的一个生产事故进行了分享，算是对笔者所讲述的案例做了回应。最后笔者总结道：避孕是男女双方共同的责任。掌握避孕方法并不代表就要发生性行为，只是作为一种生活常识和技能，能够在未来需要时为自己和他人负责。生命来之不易，每个孩子都应当是父母主动的选择，而不是因为被动和无知带来的意外。在剩下的时间里，笔者播放了与讲课内容相契合的一些动画视频课程，即便已经过了放学时间，大家在安静地观看视频的同时也在平复心情，笔者注意到 LXL 仍旧表现得漫不经心。LJW 和 CGQ 两名组员分享了他们听完这堂课的感受：

LJW：案例里的人因为很无知，所以导致了悲剧的发生，我们应该认真听讲，了解这些知识，避免以后发生同样的悲剧。如果等发生之后再了解这些知识就晚了，现在了解这些知识就可以避免以后发生这样的事情。

CGQ：我学习到了正确避孕的知识，以及非安全流产的危害，避孕是男女双方共同的责任，不应该光指责流产的女生，男生也要承担责任。

笔者利用课间和放学回家的路上问了几个组员一些问题，希望能得到来自组员自身及家长的反馈。笔者利用课间访谈了 SYQ 和 HZQ。SYQ 上课一直比较认真，她告诉笔者她很喜欢跳舞，有六年的舞蹈功底。笔者加了她爸爸的微信，相册里全是她练功的视频和照片，她的确很努力。HZQ 一直以来都十分沉默和腼腆，从来没有主动回答过问题，他对今天的课好像不怎么感兴趣。

笔者：你喜欢上今天的课吗？

HZQ：不喜欢。

笔者：为什么？

HZQ：觉得今天的课没有用。

笔者：我们今天上第五节课，你觉得只是今天的课没有用，还是之前上的那几节课都没有用？

HZQ：只有今天的课没有用，之前的那几节课是有用的。

笔者：你喜欢上我的课吗？最喜欢哪节课的内容？

SYQ：嗯，我喜欢上；就是第二节课讲生殖系统的那些。

笔者：我上那节课的时候你有没有感觉到难为情或者很害羞，我记得你当时是红着脸听的。

SYQ：没有觉得难为情，今天的课倒是有一点。

笔者：你觉得上这些课有用吗？你的父母知道你在上什么课吗？他们的态度是什么样的？

SYQ：有用，我爸爸知道，他挺支持的。每次上完课他都会问今天的上课内容是什么，他告诉我现在应该多了解这些知识。

放学后笔者跟 LYX 和 LRD 顺路一起回家，在回家的路上问了她俩一些问题。

笔者：你们喜欢上我的课吗？为什么？最喜欢哪节课的内容？

LYX：我喜欢上，因为你跟其他老师不一样，你不凶很温柔，也不打人。这几节课我都挺喜欢的。

LRD：嗯嗯，喜欢上；我都挺喜欢的。

笔者：我不希望是因为个人原因，如果只说讲课内容，我的课有没有让你们感到不舒服或者难为情？

LYX：没有，这是我们以后必须要面对的。

LRD：没有。（摇摇头）

笔者：你觉得上这些课有用吗？你的父母知道你在上什么课吗？他们的态度是什么样的？

LYX：我觉得很有用；知道，但是我妈妈什么也没说。

LRD：有用，我家里人也知道，他们也没说什么。

笔者：既不反对也不赞成吗？

LYX：是的。

LRD：是的。

小组活动总结：

从小组建立之初，笔者就有意识地营造一个比较轻松愉悦的氛围，允许组员在课堂上吃东西，希望他们能保持安静，但总会不断地出现一些小插曲，让人猝不及防，因为这个年纪他们的思维是十分发散的，也缺乏很好的自我控制能力，所以笔者的讲课经常会被打断。但在大部分时候，组员们都是屏息凝神，听得比较认真。感觉有些组员很容易“出戏”，每节课都要花时间维持课堂纪律，把他们在忘我的玩耍中重新拉回到课堂氛围和语境里。组员的表达能力跟语言的组织能力都还比较欠缺，之前散漫无序的状态开始有了转变，小组进入了亲密期，组员出现了深层表露，相互之间能够融洽相处，凝聚力较之前有所增强。今天 JJ 有好几次主动帮忙维持课堂纪律，让笔者感到十分意外。整体来说，课程进行得比较顺利，课堂氛围也比较活跃，大部分组员都能做到认真听讲、积极思考、踊跃互动。

笔者在讲课内容的选择和尺度的把握上一直比较小心翼翼。在播放动画视频的时候，有些不适合组员观看的内容，会及时地予以跳过和删除，包括在整个课程内容的设计上，尽最大可能做到具有针对性和恰当性。在前期访谈中，校长告诉笔者，虽然他会大力支持，让笔者放手去做，但心里难免还是有些隐隐担忧。在家长方面，除了 WAX 的妈妈以“尺度过大，内容不适合”为由直接反对之外，其余家长基本持默许和观望的态度，既不赞成也不反对。也许大家都觉得这是一件好事，但到底应该讲些什么内容，底线在哪里，每个人的标准和判断是不一样的，之前没有相关经验可以借鉴，所以究竟会带来什么样的影响，会不会产生反作用，这个谁都不能保证。因此，本次以小组工作的形式介入青少年性教育具有实验和探索意义。对这 30 名组员来说，面对从未接触过的事务，产生冲击是不可避免的，笔者在讲课过程中一直以组员为中心，站在组员的立场上，事先征求、询问组员们的意见，且非常注意观察组员们的表情和反应，在组员出现不适或有抵触情绪产生时，会及时进行课程内容的调整或与组员沟通，在此基础上，继续努力向组员普及性知识，培养组员的性态度，修正组员的性误区。

总体来说，通过本单元的活动，组员对性教育的必要性有了进一步的认知，课堂氛围融洽，课堂风险可控，整个活动进程呈稳中向好之势。

（6）第六单元活动

小组活动主题：健康直通车

小组人数：28

小组目标：了解与区分生殖器官普通疾病与性传播疾病的医学名称、致病原理与传播方式；了解预防和治疗的方法与途径；了解艾滋病病毒的相关知识和对艾滋病患者的社会偏见与歧视、护理、治疗、帮助和应秉持的价值观；学会自我保护和预防。

活动时间：2018 年 11 月 27 日 15：40—17：30

地点：J 小学五年级二班教室

小组活动过程（见表 3 – 14）：

表 3 – 14 **小组活动过程**

活动名称	活动目标	活动内容
上期回顾	回顾上期内容，加强组员的记忆	带领组员简短回顾上期内容。发放用于进行后测的调查问卷
课程讲解	使组员对生殖器官的疾病有基本的了解与认知，建立自我保护和预防的意识；了解艾滋病病毒感染者的基本需求，及其所面临的情感、经济、生理和社会挑战，消除偏见和歧视，对人权、尊重、平等、包容有更进一步的理解	讲解生殖器官普通疾病与性传播疾病的医学名称、传播方式、预防及治疗，重点讲解艾滋病的相关知识，包括致病原理、传播途径、预防保护、价值观等；引导组员观看动画视频及艾滋病公益短片《爱在阳光下》

续表

活动名称	活动目标	活动内容
游戏互动	了解艾滋病的致病机理	①请6个人站到中间，围成一圈，代表“免疫系统”。请1个人站到圈子中间，代表“健康的身体”，另外请3个人分别在背后贴上“肺结核”“腹泻”“HIV” ②请代表“肺结核”和“腹泻”的参与者从圈子外伸手去拍站在中间代表“健康的身体”的人。“免疫系统”和“健康的身体”必须移动以保证“肺结核”和“腹泻”碰触不到。如果“肺结核”和“腹泻”碰到“免疫系统”，必须马上弹开，这样，他们就很难碰到中间的“健康的身体” ③游戏再次开始。请代表“HIV”的人加入“肺结核”和“腹泻”的行列，但是，如果“HIV”接触到了“免疫系统”中的任何一个人，这个人就要退出。在“HIV”的帮助下，“肺结核”和“腹泻”就很容易接触到“健康的身体”
回顾总结	总结与回顾本次活动所讲内容，加深组员的理解	笔者总结和回顾本次活动的内容和开展情况，对组员的表现进行了简单点评，并表达了对下次活动的期待

活动过程记录：

CY和WYQ两位组员因为生病缺席。本次单元活动的内容就生殖器官的普通疾病和性传播疾病两方面展开，侧重于艾滋病的有关知识。笔者按照事先做好的课件对以上内容逐一进行详细讲解，中间会穿插笔者的生活经验和一些日常生活情境，以便于组员更好地理解讲课内容。

在开场时，笔者简明扼要地引出本次单元活动的主题：生殖器官和人体其他器官一样，会因为各种各样的原因而发生疾病，患病与否与道德品质的高低无关，细菌和病毒不会区分贫贱富贵，应以科学的眼光看待并治疗疾病。随后就内源性感染与外源性感染的相关情境及预防方法进行详细讲解，在性传播疾病的讲解中，包括了医学名称的分类、传播方式、影响因素、判断依据、检查治疗等。然后重点讲解了艾滋病的有关内容，包括艾滋病毒的三种传播途径，在五种体液中含量较高并具有传播性，预防方式，日常注意事项，检查治疗等，然后侧重于组员价值观的培养，学会用同理心了解艾滋病毒感染者的基本需求及其所面临的一系列挑战，学会尊重与接纳，消除歧视与偏见，最重要的是要学会如何保护自己。LJW 在中途提了一个问题：动物会感染艾滋病吗？笔者首先对 LJW 的善于思考进行了鼓励，然后告诉组员艾滋病为人类所特有。接下来笔者对以上内容进行了总结：生命对于每个人都只有一次，无论是谁，生命的权利都应该得到尊重；了解艾滋病基本知识，知道怎样保护自己，恐惧艾滋病毒感染者是没有必要的。艾滋病毒感染者在各行各业都可以发挥非常重要的作用，过上有质量的生活，追求自己的梦想。社会需要创造这种尊重、理解和包容感染者的环境。然后，笔者告诉组员：SYQ 的爸爸每次上完课都要询问当天的讲课内容，笔者对此给予了充分的肯定与鼓励。笔者又问有哪些组员的家长每次上完课后会主动询问当天的讲课内容，这时 WMX、LH、CGQ、LRD、GR、SYQ、LJW 7 名组员举了手，JJ 说她的爸爸妈妈从来不会主动问她，每次都是她主动告诉他们。最后笔者告诉组员，与一名可信赖的成年人讨论和询问与性有关的问题非常重要。

课间十分钟后，第二节课开始。笔者引导组员观看动画视频和艾滋病公益短片《爱在阳光下》，随后 LRD 做了观看后的分享和总结：对艾滋病患者不应该歧视，要关爱和帮助他们，艾滋病有三种传播方式：性传播、血液传播和母婴传播，和艾滋病人一起吃饭、握手、拥抱、共用餐具不会感染艾滋病。笔者与其他组员一起鼓掌对 LRD 表示了鼓励。

接下来的人体免疫系统模拟游戏由笔者与 9 名组员共同完成。笔者扮演了“HIV”的角色，JJ 扮演了“腹泻”，SJH 扮演“肺结核”，LRD 扮演“健康的身体”，SYQ、GR、ZYW、LXL、LBC、WMX 六位组员扮演“免疫系统”。LJW 与 WB 这两名组员非常想参与游戏，但笔者没有同意。这两名组员从第一节课开始就表现得十分活跃，但笔者希望每一位组员都能有参与感，所以选了一些平时不怎么说话的组员。按照游戏规则，第一轮游戏笔者没有参与，游戏一开始，代表“免疫系统”的六位组员将作为“健康的身体”的LRD紧紧簇拥在中间，进行了很好的保护，挡住了JJ与SJH发起的数次“猛烈攻击”，JJ与SJH仍旧锲而不舍地发动进攻，但都丝毫没有奏效，最终气喘吁吁直到筋疲力尽，而“免疫系统”在疯狂进攻之下依旧固若金汤、坚不可摧。在第二轮游戏中，笔者扮演的“HIV”上场，在“HIV”的进攻之下，原本坚如磐石的“免疫系统”很快就土崩瓦解，此时“腹泻”与“肺结核”则乘虚而入，轻而易举就触碰到了“健康的身体”。游戏结束后，大家回到座位上。笔者对游戏进行了总结：进行这个游戏的目的是向大家展示HIV的致病机理，在没有感染HIV的时候，人体的免疫系统可以抵抗各种疾病的侵扰，但是一旦感染了HIV，病毒就会破坏免疫系统，各种疾病就很容易对身体造成危害。如果没有及时进行抗病毒治疗，最终会导致免疫系统崩溃。组员的脸上表现出了一副恍然大悟的表情。

最后，笔者对本单元活动的内容和效果，以及组员们的表现进行了回顾总结和点评，并表达了笔者对下次活动的期待。

小组活动总结：

至此，小组活动已经接近尾声，进入结束期。当笔者宣布只剩下最后一节课，之后就要解散小组的消息时，组员们都表现出了明显的失落与不舍。当笔者问及有哪些组员的家长会询问每次的讲课内容时，只有约1/4的组员举起了手。这说明只有少部分组员家长意识到了性教育的重要性，从整体上看，家长对性教育重要性的认知还比较低。由于传统文化和历史原因，性教育的缺失由父母那一代延伸到了子女这一代，要想撼动这样牢固的文化氛围绝非易事。从怀疑到接受再到重视，需要一个时间过程，不可操之过急。

在游戏环节，经过六次小组活动的开展，组员之间已经有了更进一步的了解，建立了充分的信任，彼此之间配合默契。但由于场地狭小，推搡之时难免会发生肢体碰撞，在第一轮游戏中，JJ因急于找到突破口，而碰撞力度比较激烈，有几次险些摔倒，笔者一直在后面进行防护才避免意外的出现。笔者应该事先和组员做一下演练，及时发现可能会出现的意外，在以后的活动设计中把可能发生的意外情况考虑周全，多一分安全保障，让组员有更好的游戏体验。

总体而言，本次单元活动气氛热烈，组员兴致高涨，活动进展顺利。组员较好地理解了疾病方面的有关知识，小组目标基本达成。

（7）第七单元小组活动

小组活动主题：自我保护

小组人数：29

小组目标：让组员理解性骚扰、性侵害、性暴力的概念，培养组员的防范意识和敏感性，学会自我保护，防止性骚扰，澄清对性别、性骚扰的偏见。处于危险境遇时能够沉着冷静地应对，为自己的青春保驾护航

活动时间：2018年12月4日15：40—17：30

地点：J小学五年级二班教室

小组活动过程（见表3－15）：

表3－15 **小组活动过程**

活动名称	活动目标	活动内容
上期回顾	回顾上期活动内容，加深组员记忆	笔者带领组员简短回顾上期活动内容，加深组员记忆
课程讲解	让组员了解什么是性暴力与性侵害，学会判断性骚扰，从而树立防范意识，学会如何应对险境和保护自己	通过课件讲解、动画视频，分享讨论，情景模拟和情景假设，让组员能够理解并分辨什么是性暴力，思考应该怎样防范和应对性侵害
回顾总结	带领组员回顾小组活动的所有内容，梳理主要框架，让组员形成系统的知识体系；处理离别情绪，宣布小组解散	与组员一起回顾小组活动的所有内容，分享参加小组活动的感想与收获，向组员寄予期望并合影留念

活动过程记录：

笔者一开场先告诉组员今天是最后一期小组活动，上完这节课，小组就要解散。虽然在上期活动时就已经向组员提前预告过，但还是能够感觉到大家的失落与难过情绪。小组目前处于亲密期，组员已经完全接纳了笔者，建立起很好的信任，部分组员甚至出现了“移情”现象，此时笔者与组员都表现出了不舍。

紧接着笔者介绍了今天小组活动的主题是自我保护，首先向组员介绍了性暴力的概念和内容，让组员能够理解和分辨什么是性暴力，建立起相应的防范意识。随后重点向组员讲解了有关性侵害和性骚扰的内容，包括性骚扰的判断，以及发生时如何应对。在播放完动画视频后，笔者请一些组员分享看完之后的感想与收获，但组员的分享都比较笼统和浅显，笔者对此不是很满意。接下来笔者通过与组员的情景模拟互动向其他组员展示什么是性骚扰，笔者邀请其中一位叫 WB 的组员上讲台配合。笔者边同他讲话边做出一些动作，先是摸了摸他的头，紧接着又同他握手，随后又和他拥抱，这时其他组员都在笑。笔者问大家刚刚的一系列行为是否正常，组员们都说正常。笔者这时将手绕到他的背部，然后用掌反复进行揉搓，且力度不断加大。当笔者的手渐渐向下快要达至 WB 的腰部时，他自己本能地躲开了。这时大家都笑了，笔者请 WB 回到座位上，然后告诉组员只要是让你感到不舒服的身体触碰，要相信自己的直觉，不要怀疑，这就是性骚扰。性骚扰可以来自于任何人，并不是只有女性才会受到性骚扰，也不是男性才会做出性骚扰的行为。笔者基于刚刚的情景模拟，引出了面对性骚扰时的沟通和防卫技巧，要坚定明确地表明自己的态度立场，包括在言语、声调、动作、神情、行动等各个方面应该有的一种表现。

组员 LC 是一位男生，由于长得比较白净，性格又过于腼腆，经常被班里的一些同学和个别老师称作“娘娘腔”，有组员告诉笔者那位老师曾当着全班同学的面说 LC 是太监，笔者听了之后非常生气，今天又有组员在 LC 回答问题时小声冒出了“娘娘腔”之类的嘀咕，笔者严厉地给予了制止。然后告诉组员："性暴力不单是强奸或非礼等行为，非身体接触的性暴力同样会对受害人造成恐惧、羞辱和伤害。比如，语言羞辱、诽谤或讲性笑话也是性暴力的一种形式，你们之中的有些人和那位老师一直叫 LC'娘娘腔'，这是一种人身攻击和语言羞辱，这就是性暴力，是基于性别的一种暴力。之前我在讲性别气质和性别表达的时候就专门讲过这方面的内容。无论是谁，你们都没有资格这样称呼 LC！"这时起哄的组员都不好意思地低下了头，LC 则感激地望着笔者。笔者告诉 LC，以后不管谁再这样侮辱你，无论是老师还是同学，你都可以义正词严地让他闭嘴，这是你的权利。笔者当晚收到了 LC 发来的微信：老师，谢谢您。笔者告诉他，要记住他是一名男子汉，以后别再让别人叫你"娘娘腔"了。

笔者在具体讲到面对性骚扰和性侵害应该如何加以防范及保护自己时，通过假设一些规定情境的办法来举例，引导组员进行思考。笔者将侵害来源分为陌生人和熟悉的人两个群体，陌生人有可能会通过搭讪、提供物品、求助、跟踪等方式进一步实施性侵害，熟悉的人有可能是亲戚、父母的朋友或同事，学校的老师或领导，甚至有可能是父母本人，笔者根据自己的亲身经历和知识给予了一些案例补充，使得组员在今后能够提高警惕，进行有效防范。笔者此时告诉组员：性暴力并非单纯的性欲行为，而是以性作为工具的暴力攻击及侵犯的行为。它不仅是性需求引发的结果，而且是和权力、统治欲和操纵欲相关的。在谈到"职场潜规则"这个案例时，笔者告诉学生们，领导会以升职加薪进行引诱，或以辞退威胁女职员与之发生性关系。LJW 向笔者提了一个问题：面对这种涉及自身利益的情况，到底应该是拒绝还是应该交换？笔者觉得这是一个非常好的问题，对他进行了鼓励，接着告诉组员：这个是因人而异的，有的人意志力比较坚定，价值观很端正，他就会义正词严地拒绝，而有的人意志力比较薄弱，没有建立起正确的价值观和是非观，经不起这种诱惑或者压力，内心的防线就很容易被瓦解，那他就很容易成为那些居心叵测的人下手的目标。笔者告诉组员，如果真的不幸遭遇了性侵害，一定要坚强，及时进行心理调适，要永远接受自己并爱自己，无论发生了什么，家庭永远是最温暖的港湾，会给你们最大的包容和爱。

最后，笔者带领组员回顾了往期小组活动的主要内容和知识点，让组员建立起系统的知识框架体系。告知组员小组活动全部结束，“性别教育成长小组”自此解散，与大家一起合影留念，依依惜别。

小组活动总结：

本期小组活动主要引导组员了解性暴力的有关知识，使得组员树立起警惕和防范意识，增加与之相关的敏感度，从而更好地保护自己。通过规定情境的模拟和生活中的一些实际案例，让组员能够有切身的体会与理解。在活动接近尾声之时，笔者带领组员回顾和梳理了往期知识点，组员对往期内容依旧印象深刻，总体而言，组员对小组的认同度较高，小组介入成效明显。

自此，小组活动全部结束，小组亦随之解散。笔者如释重负，但随之要面对的是更艰巨的任务。下课后，组员将笔者簇拥在中间，不愿离去，叮嘱笔者不要忘了他们，要经常回去看他们。放学后，有几位组员执意要送笔者回家，尽管他们的家与笔者的家处在完全相反的方向。他们说打算周末来家里找笔者玩，当笔者告诉他们第二天就要动身回学校时，他们眼里难掩的落寞触碰到了笔者心里的柔软，心里盛贮了满满的感动与不舍。笔者与他们一一拥抱并拍照留念，同时送上祝福与寄语，来日方长，一定还会再见的。几个人就在这寒风之中依依惜别。

（四）评估与反思

研究结束后，笔者对小组活动进行了效果评估，评估结果主要通过前后测对比、组员意见反馈表以及访谈来呈现，以对小组活动目标实现程度和组员自身的提升改变情况进行分析。前测问卷共计 30 份，回收率 100%，后测问卷共计 29 份，回收率 96.7%。

1. 性知识

表 3 - 16 小组成员性知识平均分前后测比较表

题目	前测均分（分）	后测均分（分）	选项	前测人数（人）	后测人数（人）
1. 你对性知识了解吗	2.4	3.4	完全不了解	5	0
			不太了解	17	9
			一般	2	3
			比较了解	4	14
			非常了解	2	3
2. 你了解性病和艾滋病的危害吗	2.0	4.2	完全不了解	14	0
			不太了解	9	2
			一般	0	0
			比较了解	6	18
			非常了解	1	9
3. 你对避孕套的正确使用方法了解吗	1.6	3.4	完全不了解	22	3
			不太了解	0	0
			一般	7	16
			比较了解	0	3
			非常了解	1	7
4. 你了解人工流产对女方身体和心理上的伤害程度吗	1.4	2.4	完全不了解	20	5
			不太了解	8	7
			一般	2	17
			比较了解	0	0
			非常了解	0	0

说明：该表选项采用1—5分评分标准，“完全不了解”代表1分，“不太了解”代表2分，“一般”代表3分，“比较了解”代表4分，“非常了解”代表5分。

通过对表3 - 16的分析可以得知，组员对于性知识的了解程度，前测平均分值为2.4分，后测平均分值为3.4分，说明组员在整体上对性知识的了解程度有所提升；对于性病和艾滋病的了解程度，前测平均分值为2.0分，后测平均分值为4.2分，提高了2.2分，说明组员在对性病和艾滋病危害的了解程度上有了显著提升；对于避孕套正确使用方法的了解，前测平均分值为1.6分，后测平均分值为3.4分，提高了1.8分，说明组员对避孕套的使用方法这一生活常识与技能有了较为正确与清楚的认知；对于人工流产对女方身体和心理伤害的了解程度，前测平均分值为1.4分，后测平均分值为2.4分，提高了1分，说明组员在避免伤害和自我保护的知识上有了较为明显的提升。综上所述，组员们对性知识的掌握均有较明显的提升。

表3－17　　**小组成员性知识正确率前后测比较表**

题目	前测正确率（%）	后测正确率（%）	选项	前测人数（%）	后测人数（%）
艾滋病的传播途径有哪些	3.3	69.0	血液	17	25
			乳液	4	23
			握手、拥抱	10	1
			性行为	13	24
			同桌吃饭、共用餐具	13	1
			咳嗽、吐痰、打喷嚏	17	1
你认为以下哪些是性病	0	52	淋病	5	23
			艾滋病	19	27
			梅毒	11	23
			尖锐湿疣	4	22
			非淋菌性尿道炎	6	21
			软下疳	0	16
			生殖器疱疹	5	24
			乙肝	2	3

根据表 3－17 所呈现出来的信息，在前测时，组员对艾滋病的传播途径和性病名称的了解正确率分别为 3.3% 和 0，整体掌握水平极低，而后测结果则大大提升，分别达到了 69% 和 52%。

2. 性态度

表 3－18　　小组成员性态度平均分前后测比较表

题目	前测均分（分）	后测均分（分）	选项	前测人数（人）	后测人数（人）
1. 提到性会让你觉得难为情和有羞耻心吗	3.4	2.1	完全同意	10	2
			比较同意	5	2
			不确定	7	4
			比较不同意	3	9
			完全不同意	5	12
2. 你对学校开展性教育持什么样的态度	3.8	4.3	完全同意	10	15
			比较同意	9	11
			不确定	8	2
			比较不同意	1	0
			完全不同意	2	1
3. 你认为社会应该尊重同性恋人群吗	3.2	4.1	完全同意	7	13
			比较同意	6	11
			不确定	9	2
			比较不同意	2	1
			完全不同意	6	2

说明：该表选项采用 1—5 分评分标准，"完全不同意"代表 1 分，"比较不同意"代表 2 分，"不确定"代表 3 分，"比较同意"代表 4 分，"完全同意"代表 5 分。

由表 3－18 可分析得知，组员因为"性"而感到难为情或有羞耻心，前测平均分值为 3.4 分，后测平均分值为 2.1 分，下降了 1.3 分，说明组员的性价值观和性态度发生了转变，对性的神秘感和羞耻心有明显淡化；组员对学校开展性教育的态度，前测平均分值为3.8分，后测平均分值为4.3分，上升了0.5分，说明组员对性教育开展的支持力度有所增加；对于是否应该尊重同性恋人群，前测平均分值为3.2分，后测平均分值为4.1分，提高了0.9分，说明组员的性观念和性态度变得更为多元和宽容。整体而言，组员对性的理解与认知更为客观、正确，神秘感和羞耻心得到较大程度的消除，对于性教育的重要性有更进一步的认识，对学校开展性教育的支持力度有所增加，性价值观亦变得更为包容。

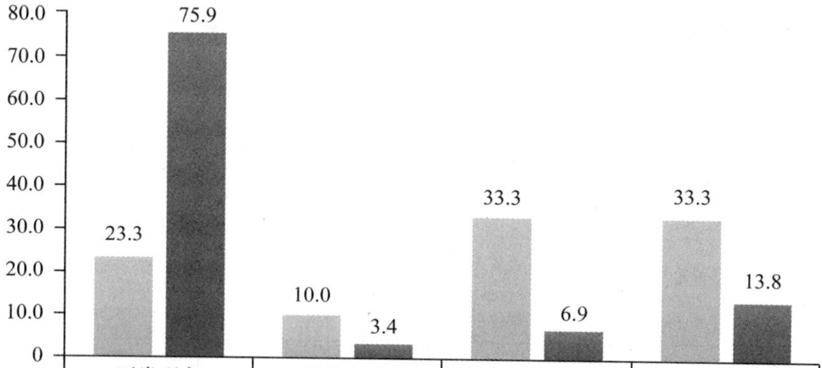

	正常现象	越轨行为	不道德行为	不知道
前测	23.3	10.0	33.3	33.3
后测	75.9	3.4	6.9	13.8

图3－4　调查对象对性知识的认知分布情况（%）

对图3－4进行分析可以得知，在前测时，组员认为学生对性知识感兴趣是“正常现象”的占23.3%，是“越轨行为”的占10.0%，是“不道德行为”的占33.3%，表示“不知道”的占33.3%；在后测时，数据百分比已经发生了较明显的变化，认为对性知识感兴趣是“正常现象”的骤增至75.9%，增加了52.6%，认为是“越轨行为”“不道德行为”和表示“不知道”的分别占3.4%、6.9%和13.8%，分别下降了6.6%、26.4%、19.5%，说明组员在参加完小组活动后，对性的认知与理解变得更为客观与正确。

通过对以上图表中的数据分析可以得出：本次小组活动介入达到了预定目标，组员对性知识与必要生活常识技能的了解程度以及性价值观的转变上均有了较大提升，小组活动介入效果明显。

3. 服务对象满意度

在最后一期小组活动时，笔者让 29 名组员填写了组员意见反馈表，共计 13 道题目，包括组员对小组活动的评价、对研究者的评价、对自我的评价三个方面，每道题目由“非常不符合”到“非常符合”分别赋予 1—5 分的分值。

表 3－19 **对小组活动的评价** （%）

题目＼分值	非常不符合			非常符合		
	1	2	3	4	5	平均分
我认为小组活动目标达成	0（0）	0（0）	0（0）	10（34.5）	19（65.5）	4.66
我满意小组活动时间安排	0（0）	0（0）	0（0）	5（17.2）	24（82.8）	4.83
我满意小组活动的形式	0（0）	0（0）	0（0）	0（0）	29（100）	5.00
我满意小组活动的场地	0（0）	0（0）	0（0）	0（0）	29（100）	5.00
我满意小组活动的内容	0（0）	0（0）	0（0）	6（20.7）	23（79.3）	4.79
我满意小组活动的氛围	0（0）	0（0）	0（0）	0（0）	29（100）	5.00

表 3－20　　对研究者的评价　　（%）

题目＼分值	非常不符合			非常符合		
	1	2	3	4	5	平均分
我满意研究者的工作表现	0（0）	0（0）	0（0）	0（0）	29（100）	5
我满意研究者的工作态度	0（0）	0（0）	0（0）	0（0）	29（100）	5

表 3－21　　对自我的评价　　（%）

题目＼分值	非常不符合			非常符合		
	1	2	3	4	5	平均分
我学习到了性知识	0（0）	0（0）	0（0）	0（0）	29（100）	5.00
我对性有了更科学的认识	0（0）	0（0）	0（0）	0（0）	29（100）	5.00
我对自己有了更深的认识	0（0）	0（0）	0（0）	9（31.0）	20（69.0）	4.69
我对自己有了更高的认同	0（0）	0（0）	0（0）	5（17.2）	24（82.8）	4.83
我的自我价值感提高了	0（0）	0（0）	0（0）	3（10.3）	26（89.7）	4.90

通过对以上诸表进行分析，在小组活动评价部分，活动目标达成、活动时间安排、活动内容的平均分值分别为 4.66 分、4.83 分、4.79 分，均达到较高分值；对于活动形式、场地和氛围这三道题目，组员均给出满分 5 分的评价。总体来看，组员对小组的满意度较高，小组活动目标基本达成；在对研究者的评价部分，对研究者的工作表现和工作态度，组员均给出了满分 5 分的评价，由此可以看出，组员

对研究者的整体表现非常满意；在自我评价部分，29 名组员均认为自己学习到了性知识，对性有了更科学的认识，有 69.0% 和 82.8% 的组员完全认同通过小组活动，对自己有了更深的认识和更高的认同，总体来看，组员的自我价值感得到极大提升，有 89.7% 的组员对此表示完全认同。

4. 研究反思与对策

（1）研究总结

青少年时期是成长发育的关键时期，是人生中非常重要的一个阶段。由于即将或者已经进入青春期，青少年在性生理、性心理、性价值观等方面均会产生很大的变化，是对其进行形塑与引导的关键时期。性教育是爱的教育、关怀教育，适时地对青少年进行系统、正规、科学的性教育，能够让其学习到科学、正确的性知识，建立起健康、积极的性价值观，对青少年的身心健康和积极成长有着重要而深远的意义。

本文在通过查阅文献，梳理总结国内外学者对青少年性教育、社会工作介入学校青少年性教育研究的基础上，通过田野调查法，运用问卷、访谈等媒介对 J 小学的性教育现状及需求进行调查摸底，经过数据分析，做出客观真实的需求评估，通过寓教于乐、形式多样的小组工作方法，灵活运用小组讨论、小组游戏、视频观看、个人分享等方式，为组员开展性教育活动。增强了服务方式的多元化，提升了小组活动的趣味性，激发了服务对象的热情和求知欲，使服务对象能够充分参与进来，在轻松、愉快的环境中成长。在整个小组进程中，笔者充当了教育者、支持者、同行者、资源协调者等角色，小组活动包括“引人入性”“悦纳自我”“青春期来啦”“人际交往”“爱要负责任”“健康直通车”和“自我保护”七个主题单元，内容涵盖了性别与价值观、生殖系统、遗精、月经、友谊、早恋、性行为、自慰、怀孕、避孕、流产、安全套的使用、生殖器官疾病与性病的预防、预防性暴力、性骚扰和性侵害等。每个单元时长 100 分钟，均制定了具体目标，在小组推进过程中，不断进行反思与修改，最终达到了预期目标。

通过七个单元小组活动的开展，组员们对性和性教育的认知水平均有了很大的提升，促进了组员对积极健康的性价值观念的思考。本文主要通过性知识、性态度、服务对象满意度三个方面进行效果评估，本次小组活动达到了预期目标，活动内容切合组员实际需要，活动形式生动活泼，组员参与积极性高，小组凝聚力强。由评估效果可以得知，小组工作介入学校青少年的性教育实践具有可行性，效果良好，这将为今后社会工作介入青少年的性教育探索提供积极借鉴与参考。

（2）研究反思

在招募组员时，由于时间关系，笔者未能与组员进行面对面的沟通交流，而且校方担心由于开展性教育活动会影响甚至打乱学校原有的正常教学秩序，从而拒绝了笔者提出的在整个年级每个班平均抽取学生的要求，笔者与校方和老师进行积极沟通斡旋，未果。最终，校领导直接决定以五年级二班作为实验点，30 名组员均由班主任 D 老师直接抽选。这直接导致了样本来源的局限性，缺乏宏观数据的支持。笔者事先并未能够对组员进行面对面的宣传动员、征询意见，这样的方式虽然比较直接有效，但笔者对组员的基本情况、参与意愿及家长支持情况缺乏了解，组员和家长也对小组活动的内容和形式缺乏了解，甚至产生了误解，这直接导致一名组员的退出。通过对招募过程的反思，笔者认为，在招募组员时，沟通不足且不够积极，未能向组员及家长尽最大努力充分表达、介绍活动的目的与意义。

在活动开展前，没有做好充分的准备工作。小组在成立之初就订立了小组契约，与组员们约定每期小组活动开展时间为每周二下午。前两期活动都如期顺利进行，第三期小组活动与学校举行的期中考试相冲突，不得不延后一周，影响了小组的整个进程。无独有偶，在最后一期小组活动时，时间又与学校临时举行的数学竞赛发生了冲突，有几位组员又不得不缺席，影响了当天的课程效果。笔者不得已延长了活动时间。另外，在有些小组环节里，道具准备也不到位，第一期小组活动原本是在录播教室进行的，录播室各方面条件较好，但因为电脑和网络没有提前调试好的原因，导致 PPT、视频等无法播放，不得已又更换了场地，延误了活动时间。这就要求笔者认真对待每一次小组活动，充分做好活动前的准备工作，与校方和组员进行及时沟通协商，遇到临时变动，要灵活处理，将组员利益始终放在首位。对小组活动某些环节的把控能力有所欠缺，在时间把握上不够完善，有时敷衍匆忙地结束，未能给予组员充分表达自己感受，深入讨论话题的时间，笔者应进行适时引导、积极回应和鼓励。有时进程拖沓，消磨了组员的积极性。这些均有待笔者在今后的活动中加以改进。在小组活动进行到中期阶段，笔者发现有几位组员对笔者产生移情现象，行为举止开始变得亲昵，经常在课间近距离地触碰笔者，找笔者聊天，每期活动结束后也会私下给笔者发微信询问一些与课程内容无关的事情。笔者不太会处理这种情况，一味放任，怕这种情况会愈发严重，若加以拒绝，又怕伤害组员的自尊心，打击组员的积极性，破坏掉好不容易建立起来的亲密感。在小组活动结束后，笔者对部分组员家长通过电话进行访谈以了解组员参加完小组活动之后的改变情况，与组员在 QQ 群里进行交流。除此之外，再无任何后续工作跟进。

（3）对策

1）性教育模式的本土化建设

目前，我国大众对性教育的话题仍处于讳莫如深的状态，或回避，或漠视，许多青少年的家长对于性教育问题，经常会含糊其辞地敷衍或者给出模棱两可的答案。更有甚者，会置之不理或厉声呵斥，不允许提及相关话题，无知、狭隘程度令人咋舌。社会上的固有观念使青少年的性教育开展显得异常艰难，以致青少年无法通过科学、适宜的渠道获得正确全面的性教育，阻碍了青少年的全面发展和正确价值观的形成。国家教育部门及地方相关部门应出台政策将性教育正式纳入学校的课程体系，以必修课的形式进入国家正规的教学序列，从幼儿园到大学，分阶段、有针对性地对不同学龄阶段的孩子进行囊括性知识、性道德和性价值观三位一体的科学全面的性教育，以性知识作为认知基准，以性道德和性价值观作为行为导向，加大投入力度，完善制度建设，配备专门的师资力量，将其系统化和公开化，必要时还可以通过立法手段将其落实。应适当借鉴国外性教育模式的成熟理念与开展方式，取其精华，因地制宜，结合中国青少年儿童的身心发育特点，形成具有中国本土特色的性教育模式和标准，于社会、国家乃至整个民族，意义重大，影响深远。

2）搭建“学校、家庭、社区”三位一体的性教育模型

性教育的责任与重担不能只依靠学校，要想取得良好效果，应该构建起“家庭、学校、社区”三位一体的性教育开展模式。家庭环境对孩子的影响最为深刻也最为重要，孩子与父母相处的时间最久，在耳濡目染之下，其言行举止均会深受父母的影响，因此父母自身的素养会对孩子的教育与塑造产生极大的影响。若想让孩子在家庭环境中获得良好的性教育氛围，改变家长观念，提高家长素质是关键因素。在本次实务开展中，笔者了解到大多数组员家长为社会底层劳动者，文化程度和社会经济地位均较低，迫于生计，有的一方甚至双方长期在外务工，过年才能回家，孩子由爷爷奶奶照顾，平时与孩子见面机会甚少，彼此的互动交流也极为有限。即使交流，也仅限于孩子在校的学习情况，对子女其他方面的教育几乎缺失。再加上受家长文化程度所限，自己本身没有接受过性教育，对性教育的理解有限，甚至存在误区，不懂得一些相关的基本知识，更不知该如何开口跟子女聊这方面的话题，有些家长即使有心想对自己的孩子进行性教育，也是心有余而力不足，因为根本不知道怎么讲，讲些什么。

所以笔者认为，学校、家庭、社区三方应该进行互助合作，形成三位一体的性教育开展模式，学校可以为家长定期举行系统详尽、针对不同年级开展的适龄的性教育课堂或知识讲座，由学校的专职性教育老师或者社会机构的专职培训师为家长进行性教育知识的普及与讲授。如此一来，学习掌握了性教育知识的家长就可以在家中适时地对

孩子进行性教育，而远在外地务工的家长也能在与孩子电话交流时对孩子表示关心和进行教育。同时，政府部门或相关教育部门也可以加强与社会组织的合作，通过政府购买服务的方式，在社区内开展举办性教育知识讲座或进行性教育知识的宣传，在社区乃至社会氛围内形成健康、良好的话语环境和教育氛围。

四　女性农民工维权策略研究

——以L市为例*

丁　欢

（一）研究概述

改革开放以来，我国城市化进程的加快使越来越多的农村剩余劳动力转移到城市和乡镇就业，这些剩余劳动力就是我们所说的“农民工”。他们保留农村户籍，半工半农且数量庞大，为城市的繁荣和发展做出了巨大的贡献。21世纪以来，他们俨然成为城市第二、三产业的主要劳动力，活跃在城市生活的各个方面。而与此相对的是，理应受到城市欢迎的人群却是“弱势群体”。究其原因，农民工一直不被城市所接纳和认可。在城市中，他们是被边缘化和被排斥的对象，他们在遭遇权益侵害时无从申诉，或者说从一开始，他们的权益就没有得到保障。从20世纪80年代的“民工潮”到21世纪的“民工荒”，农民工问题一直与我国的现代化、城市化进程相伴而生。国家统计局2019年4月29日发布的2018年农民工监测调查报告显示，2018年农民工总量为28836万人，比上年增加184万人，增长0.6%。农民工增量比上年减少297万人，总量增速明显比上年回落1.1个百分点。在农民工总量中，在乡内就地就近就业的本地农民工有11570万人，比上年增加103万人，增长0.9%；到乡外就业的外

---

* 本章作者丁欢，工作单位是中国华星集团有限公司。

出农民工有17266万人，比上年增加81万人，增长0.5%。在外出农民工中，进城农民工为13506万人，比上年减少204万人，下降1.5%。[①] 管中窥豹，可见一斑。这是一个庞大的群体，是他们建设着城市却又得不到应有的权益保障。这样一个群体自然成为各个学科争相关注的焦点。在这个群体中，还存在着一个“弱势群体中的弱势”，那就是女性农民工。在全部农民工中，男性占65.2%，女性占34.8%。女性占比比上年提高0.4个百分点。其中，外出农民工中女性占30.8%，比上年下降0.5个百分点；本地农民工中女性占38.6%，比上年提高1.2个百分点。[②]

众所周知，女性本来就是社会中的弱势群体，更遑论女性农民工了。她们在就业市场上是被择拣的对象，在工作中是被剥削甚至受侵害的对象，所从事的大都是繁重辛苦的工作。相比男性农民工，她们不但要工作赚钱，还肩负着传统文化赋予她们的任务，处于生理弱势的她们要怎样保护自己的权益呢？近年来，受到城市化进程的影响，越来越多的女性农民进入城市工作，成为农民工。2015年，女性农民工占全国农民工的33.6%，而1993年的中国农村劳动力流动情况抽样调查显示，女性占全体外出务工劳动力总数的比例仅为18.2%。这是否表示有越来越多的女性农民工遭受过或正在遭受着权益侵害呢？她们是否清楚地知道作为女性拥有哪些基本的合法权益？在最新发布的数据中，国家统计局没有将关于女性农民工的权益保障数据列出，但是农民工权益保障的数据也可以给我们一些启示。关于劳动时间的数据：外出农民工年从业时间平均为10.1个月，比上年增加0.1个月。外出农民工月从业时间平均为25.2天，日从业时间平均为8.7个小时，均较上年略有下降。日从业时间超过8小时的农民工占39.1%，周从业时间超过44小时的农民工占85%，分别比上年下降

① 国家统计局：《2018年全国农民工监测调查报告》，2019年4月29日，http://www.cinn.cn/headline/201904/t20190429_211528.html。

② 国家统计局：《2018年全国农民工监测调查报告》，2019年4月29日，http://www.cinn.cn/headline/201904/t20190429_211528.html。

1.7 个百分点和0.4 个百分点。关于劳动合同签订的数据：2015 年与雇主或单位签订劳动合同的农民工占比为36.2%，比上年下降1.8 个百分点。其中，外出农民工和本地农民工与雇主或单位签订劳动合同的比重分别为39.7%和31.7%，分别比上年下降1.7 个百分点和1.6 个百分点。农民工签订一年以下短期劳动合同的情况有所改善，比上年提高0.3 个百分点。关于拖欠工资的数据：被拖欠工资的农民工占比为1.0%，比上年提高0.2 个百分点。分地区看，在东部地区务工的农民工被拖欠工资的比重为0.8%，比上年提高0.3 个百分点；在中部地区务工的农民工被拖欠工资的比重为1.5%，提高0.3 个百分点；在西部地区务工的农民工被拖欠工资的比重为1.3%，提高0.2 个百分点。2015 年，被拖欠工资的农民工人均被拖欠工资9788 元，比上年增加277 元，增长2.9%。其中，被拖欠工资的外出农民工人均被拖欠工资10692 元，比上年增加79 元，增长0.7%；被拖欠工资的本地农民工人均被拖欠工资8667 元，比上年增加519 元，增长6.4%。[①] 从数据中可以看到，部分情况不容乐观，改善的只是很小的一部分。维护女性农民工权益的新闻也经常见诸报端，如上海17 个区县工会请律师帮女职工维权[②]，报告称农民工犯罪多因维权遇阻，易引发团伙犯罪[③]等。根据《农民工刑事案件研究报告》，排在女性农民工犯罪类型前三位的分别是诈骗罪、故意伤害罪和销售假药罪。报告称，该农民工犯罪很多都属于维权自救性犯罪，当通过正当的法律途径不能有效地解决其所遭遇的合法权益受侵害问题时，他们会对侵犯他们合法权益的主体甚至是整个社会产生仇恨报复心理。[④] 这

---

① 国家统计局：《2015 年全国农民工监测调查报告》，2016 年4 月28 日，http：//www.stats.gov.cn/tjsj/zx fb/201604/t20160428_ 1349713.html。

② 《上海17 个区县工会请律师帮女职工维权》，《工人日报》2014 年11 月11 日，http：//acftu.workercn.cn/37/201411/14/141114074207539.shtml。

③ 梅双：《报告称农民工犯罪多因维权遇阻，易引发团伙犯罪》，《法制日报》2014 年8 月8 日，http：//news.sohu.com/20140808/n403260881.shtml。

④ 《农民工刑事案件研究报告》，中国网2012 年7 月6 日，http：//finance.china.com.cn/roll/20120706/853581.shtml。

样的女性所处的弱势地位是显而易见的。但是现代女性已经不同于以往“打工妹”的逆来顺受，她们在权益遭到侵害时能够站出来为自己争取合法的保护，这未尝不是一种社会的进步。结合我们所处的国情与构建和谐社会的要求，应该对这些女性农民工的维权过程进行更为深入而透彻的研究，让女性农民工的合法权益得到有力保障，这对于推进社会稳定，建设城乡一体化都具有重要意义。

1. 研究问题

基于上述研究背景，本文的核心问题是：

（1）女性农民工的合法权益为什么得不到合法保障。

（2）女性农民工使用了什么策略来进行维权。

关注并探讨女性农民工权益维护问题，不仅仅是帮助女性农民工这一弱势群体，从更广泛的意义上讲，是维护社会稳定，促进国内社会稳定的重要途径。本文最重要的目的就是能够尽可能清晰地展现出所调查的女性农民工是怎样维护自己的合法权益的，她们的维权策略是什么。通过对女性农民工维权策略的研究，从制度层面探讨女性农民工的权益保护问题，近年来女性农民工维权的进展问题，以及女性农民工自身作为维权主体，在维权策略上的运作问题。

2. 研究意义

关注女性农民工的权益维护问题，对于女性农民工和社会均有重要的意义。当前，中国社会已经进入改革的“深水期”，处理好内部问题的意义重大。首先，中国一直遵循着乡—城—城乡一体化的步调进行现代化建设。那么促进城乡一体化，破除二元户籍制度的刚性壁垒就显得非常重要。农民的市民化过程作为一个非常重要的城乡一体化途径，需要社会对进入城市的农民有更多的认同和接纳，保护他们的合法权益就是其中一个表现。同时，他们的合法权益得到合理的保障和实施，也是我们社会向前发展的标志。其次，女性农民工相对于男性农民工，在工作时应该有特殊权益保护，但是她们的这种权益很容易被忽视。而且，由于她们在体能上处于弱势，更容易受到诸如歧视、性侵犯等的侵害。现代女性农民工得益于社会的发展，文化水平、维权意识都有极大的提升，她们在维权时采取何种策略，对于社会稳定和国家建设都具有重要的意义。在全面建成小康社会阶段，对社会中各个方面的社会问题都要重视，因此，研究女性农民工的权益维护问题具有重要的意义。

3. 概念界定

（1）农民工及女性农民工的界定

关于农民工的概念综述在前文已有提及，本文中的“农民工”采用陆学艺在《当代社会阶层研究报告》中对农民工的定义：“农民工”常年或大部分时间从事第二、三产业劳动，但户籍在农村，有承包田，身份还是农民，不享受城镇居民的各种补贴，不享受公费医疗等劳保待遇。离土又离乡，在城市的工矿、机关、企业、商业、服务业劳动。

女性农民工是指户口身份为农民但在城市里工作的女性工人，是女性、农民、工人的交集部分。①

（2）女性农民工权益的内涵

据《实用法律辞典》，权益是指“宪法和法律赋予公民的政治权利、人身权利、民主权利、社会经济权利、立法教育权利以及其他权利和正当利益的总称”。《中华人民共和国宪法》第四十八条规定：“中华人民共和国妇女在政治的、经济的、文化的、社会的和家庭生活等方面享有同男子平等的权利，国家保护妇女的权利和利益，实行男女同工同酬，培养和选拔妇女干部。”因此，农民工的权益应当是国家宪法和法律所赋予的中国公民都应享受的权利和利益的总称。而女性农民工除了这些基本权益外，还有一些针对女性的特殊权益，《妇女权益保障法》第二十六条规定：“任何单位均应根据妇女的特

① 郝亚冰：《女性农民工权益保障现状及对策分析》，学位论文，山东大学，2010 年。

点，依法保护妇女在工作和劳动时的安全健康，不得安排不适合妇女从事的工作和劳动。妇女在经期、孕期、哺乳期和产褥期受特殊保护。”

(3) 维权策略的内涵

策略是指在事件中主体根据形势而进行的思考、制定的方针以及采取的做法。女性农民工的维权策略则指女性农民工在其所在的制度背景下，当她的权益遭受侵害时为维护自己的利益而采取的举措。在维权过程中，会有对事件的思考、积极动用社会资源和社会资本以及最后实施时所采取的一系列行动。

学界对女性农民工的关注是从 2003 年开始的。当时沿海地区的农民工居多，女性农民工绝大部分聚集在这些地方，因此对女性农民工的研究也集中在这些地区。相比而言，学界对西北地区女性农民工的关注度较低。近年来，西北部城市的发展不容忽视，伴随着城市的发展，农民工相继涌入，女性农民工的规模也随之扩大。

L 市是省会城市，是西北地区重要的工业基地和综合交通枢纽，是西部地区重要的中心城市之一。这样的地理优势必然吸引着周围地区的女性农民进入。在人口性别比方面，以女性为 100，男性对女性的比例由 2000 年第五次中国人口普查的 108.56 下降为 104.72，而常住总人口数却从 2010 年的 360 万增加到了 2016 年的 420 万，其中外来流动人口有 50 余万。① 从数据来看，L 市的女性农民工数量不少且呈增长态势。其中青年女性农民工文化程度低、工资收入偏低、工作稳定性低于男性而工作时间则长于男性以及维权意识欠缺是主要的问题。② 在一项对甘肃女性农民工的调查中，数据显示：与城镇职工相比，女性农民工月实际劳动时间超过城镇职工的 71%，但月平均工资则相差 1251 元，仅相当于城镇职工平均工资的 37.5%。女性农民

① 《人口区划》，L 市人民政府网，2016 年 6 月 15 日，http：//www.lanzhou.gov.cn/col/col2/index.html。

② 翟同宪：《金融危机下的青年女性农民工问题研究——以甘肃为例》，《消费导刊》2009 年第 19 期。

工平均每月工作日为28个，平均每天工作时间达10.5小时，每月实际工作时间为294小时，超过国家规定时间134个小时。而甘肃女性农民工边缘化问题、维权问题以及政府公共服务的缺失问题等都是具有代表性的。①

这些女性所具有的身份是多元的，所肩负的任务是沉重的。她们正值壮年，既要为了家庭外出工作，又要为了家庭劳作，家庭内部的工作也不会因此而减免；在建设城市的同时还要担负起哺育后代的重任。在城市中，离开土地的她们却又面临着种种困境，如难以融入城市，在就业和婚恋中遭遇歧视等。笔者所学习的地方坐落于L市，便于进行调查。基于以上背景，笔者将L市作为调查的场域，在全市范围内寻找符合要求的受访者。这些受访者包括两类：一是具体的女性农民工自然人；二是相关的单位或组织。

（二）L市女性农民工权益受损状况

20世纪80年代农民工形成一股浪潮，席卷着中国大大小小的城市。在市场经济被引入中国后，大量的农村青年怀揣梦想和希望踏出黄土地，去大城市寻找出路。那时的女性农民工大部分年龄偏小且未婚，被称作“打工妹”。她们的学历只有初中或初中以下，但凭着自身吃苦耐劳的精神活跃在生产建设的第一线。其中的一部分人成功转型，或通过婚姻，或通过职业晋升，成为真正的城市人；而另一部分人则回归农村社会，继续务农生活；还有一部分人继续在农闲时外出打工，农忙时回家过着务农生活。到了现代，在经历了民工荒后，农民工群体中增加了被我们称为的“新生代农民工”这一年轻人群体。随着原来的农民工年龄增大，慢慢减少外出务工，这个年轻人群体正在逐步代替原来的农民工群体。女性农民工群体的发展也呈现出这样

① 宋圭武：《女性农民工问题研究与思考：以甘肃为例》，《2010年中国社会学年会“社会性别视野下的中国道路和社会发展”论坛论文集》，哈尔滨，2010年7月。

的趋势。

从“打工妹”到女性农民工，从“民工潮”到“民工荒”，女性农民工的权益保障问题一直伴随着社会的发展而存在。通过与这些人的谈话，我们可以发现，其实女性农民工最重要的权益一直受着侵害，虽然近些年来在国家的干预下有所保障，但这种保障始终是打了折扣的。

1. 女性农民工遭受权益侵害的状况

（1）遭遇就业歧视

1）本地户口的优势。地方政府为了保证本地居民的就业，明文规定将外来人口排斥在某些行业之外的情况并不少见。农民工一旦进入工作场域，工作环境与报酬必然会受到很大的压榨与剥夺。[①] 女性农民工亦然。在一些相对而言较高级的岗位招聘中，要求持有本地户口这一条件的并不少见，这就将很大一部分外来女性务工人员排除在外。当被问及在找工作过程中，你觉得什么条件很苛刻时，受访者JY 的回答就是户口。

> 就是这个户口啊。你看招聘启事上都写着本地户口优先嘛，说是有相关规定的。这我就不懂了，我们咋就不成？要不就是让办个健康证，那就是拿钱买的证，我买了还不一定有用。

即使是小商铺，也更愿意雇用本地户口的务工人员。不仅仅是规定，本地户口的人更稳定，不容易流动。

> 我找工作的时候，不是本地户口要先押一个月工资，说是原来有干着干着就不见人的情况，也没个交代就走了。这是小作坊常见的情况，但是我就干一个月啊，结果人家说时间少了也

① 潘毅、卢晖临：《谁更需要包工头》，《农村·农业·农民》2009 年第 5 期。

不行。

L 市 AN 区仲裁委的 HZR 表示，确实有这种情况，但不在他们受理范围内。

问：对于在招聘中要求本地户籍的做法，您怎么看？

答：这也能理解，人家就是爱雇本地人。我们遇见过老板跑过来找仲裁的，说是上班第二天就把营业款拿上不见了。我们说这不归我们管，你得报警。那人是个外地的，钱又不多，就1000多块，你说他报警划不划得来。所以这些小老板就喜欢招本地人，主要是稳定，工资差不多基本上就不容易流动，他们也省心。

这种政策层面的歧视使得女性农民工在就业时其平等就业权根本得不到保障，而且面对这种遭遇，她们也是申诉无门。

2）性别的劣势。有一些招聘启事中注明只招男性，一个原因就是男性相较女性而言假期更少。受过教育的女性也许可以找到一份“铁饭碗”（类似于公务员、教师等），而女性农民工却无法这样做。尤其是年龄稍大些的女性，她们要想找到一份收入比较好的工作很难。因为她们无法从事需要力气以及一些知识性工作，这对用人单位来讲，是“赔了”。或者不让女性从事较为重要的工作，怕她们结婚了或者怀孕了离开岗位，那么还要找其他人来接替她，这对用人单位来讲是一件麻烦的事。在谈到中断工作的原因时，年轻的女性一般是怀孕了，年纪大等，当然她们也有自己的考虑。

我本来是干财务的，但是后来我怀孕了，就一直不让我走，说是没人接替我。再后来实在不行了，我肚子都那么大了，进工地的时候我都害怕，才让我走。还说以后不找女的了，太麻烦了。

在工地办公室上班的ZYY这么跟我讲，彼时她还在做这份工作，她告诉我是因为她找了人（说情）。

> 问：您觉得工作中，与男性的区别在哪里？
>
> 答：我们不像你们大学生，能考试，找个铁饭碗。我们就是出力气干活嘛，但是他们都爱要男的，男的干活快，我们肯定比不上他们。有时候说不要就不要了。
>
> 结婚还好说，生娃可就不行了。大家都是自己到时间了就回家了，有眼色一点，等人家撵可就不好看了。
>
> 去稍微好一点的单位，签合同的，但就是要男的。他们在招聘启事中不说，都让去面试，但是最后留下来的都是男的。连学美容美发，大部分学员都是男生，最后他们签工作室的也比女生多。①

女性农民工在就业中遭遇剥夺权益的事不少见，宪法中所讲的平等就业权在她们那里只是空谈。她们面对这种情况也是无可奈何，这是城市中弱势群体的惯常遭遇。她们在就业时成为被择拣的对象。相对而言，有一些岗位对女性的宽容度稍高，然而也免不了在工作中受到被我们忽视的剥夺。

（2）应得报酬无法保证

1）得不到应有的加班费。赚取劳动报酬是人工作最直接的目的，女性农民工更是如此。然而，关于拖欠农民工工资的新闻却经常见诸报端。其实工资只是一个方面，她们在基本工作时间之外的劳动报酬都被剥夺了。也就是说，她们没有“加班费”这种说法。

> 问：您在这里的加班费怎么算？

---

① 根据“10－Y－54”访谈资料整理。

答：哪里有加班费。再说要什么加班费，这里还发衣服跟手套，管的饭菜都挺好的，工资还能按月给，老板很不错了。而且老板说了，好好干到年终还有奖励呢。

她说，她出来工作都好几年了，这个老板真的算不错的。如果可以，她应该会给这个老板多干几年，直到孩子上初中。

问：您遇到过要求额外补偿的案子吗？类似于加班费、福利金、保险费。

答：就女性农民工来说，基本没有人因为加班费要求仲裁。首先是她们没有这个意识。她们还处在维持温饱的水平上，像要求加班费这种案子都是在大企业或者国企里面工作的。其次就是即使她们有这个诉求，也不一定有证据。

仲裁委的 HZR 说，基本没有遇到过女性农民工要求额外补偿的案子。

2）被迫接受老板规定的工资。这种情况下的工作一般是按量计算工钱的工作（类似于摘棉花、摘花椒），从事这种工作的倒是女性而且是年纪相对较长的女性居多，对女性的接纳度也高。按单位量给固定的工资，只要肯花时间和力气去劳动，就会有可观的报酬。然而，这种工作大大地弱化了工作时间与工伤风险在工作报酬中所占的比重，劳动者仅仅关注自己在这个时间段内即时的工作量以及报酬，忽视了在长时间的工作中积累的身体不适所应给予的补偿。

问：您工作时这样长时间地低头弯腰，落下毛病怎么办？买药看病有补贴吗？

答：你这问的……不都是这样吗。人老了可不就有这些毛病嘛，干啥不得病啊，这不都这样嘛。去就是为了挣钱的，你还跟人家理论你腰腿的毛病，想轻松就在家待着嘛。

答：唉，都不轻松。在家务农也是一身的病，出来还心情好点。这都是自己选的，能领到说好的工资就很不错了，咋还能跟人家说这个。这是咱自己的毛病，谁能好好的一点病都没有啊。

这是一种非常“成功”的剥夺。且不说她们的单位劳动量所赚取的报酬是否合理，单论人力与手工，一般在买卖市场上是作为一种价钱的加持因素的，而在受雇的女性劳动者那里，这并没有成为她们赚取报酬的加持因素。她们之所以干这个工作，就是因为报酬即时所得以及不需要任何的知识就能胜任。

3）福利被剥夺。一种被我们忽视的情况就是：现代社会的发展使得酬劳已经不仅仅是按量计算发放的，还应该有“五险一金”（有的是“三险一金”）以及其他福利的发放。而在笔者所询问的女性中，竟然只有两个人知道单位应该给她们买这些保险，其余的人根本就不知道所谓的“五险一金”，遑论买这些保险了。知道的那两个中有一个因为已经跟着这个老板好多年了，老板替她缴纳了养老保险和医疗保险，另外一个还没有与资方签订合同，仅仅知道这件事而已。这种隐性的酬劳最容易被人忽视，或者很多人根本就没有这个意识。

邓友军律师事务所的 WZL 律师与安宁区仲裁委的 HZR 认为，女性农民工在求职中缺少这种意识，而且她们的学识不足以使她们跟用人单位谈判这种事。

问：您遇到过要求额外补偿的案子吗？类似于加班费、福利金、保险费。

答：就你说的这种情况，女性农民工，我感觉她们对这种保险什么的意识比较欠缺，有些人签订的劳动合同也是很简单的那种，没有关于“五险一金”或“三险一金”的规定。而且，她们的学历都不高，跟用人单位那边就没有讲条件的筹码，能保证工资的正常发放就不错了。

跟加班费什么的一样，她们没有这个意识。还处在解决温饱的阶段，没有对这种额外福利的要求。而且，有些人根本就不知道这些具体的都是什么，怎么去跟单位要求。女性农民工的学历都不高，她们求的就是工资能保证。

4）工资拖欠。这种情况表现为克扣与拖欠。2015 年农民工调查报告显示，农民工工资拖欠有增多的现象。2015 年 L 市安宁区司法局法律援助中心帮助农民工追偿工资及人身损害赔偿就高达 320 万元，2016 年这个数额是 314.2 万元。[①]

工资拖欠是最主要的维权项目。仲裁办的 HZR 说，来他们这里的女性农民工绝大部分是因为工资被拖欠。

问：您遇到的女性农民工案子，她们的诉求都集中在什么方面？

答：基本上女性农民工就是为了追讨工资，在我们受理范围内我们当然会受理。而且她们大部分还是很积极地争取自己的权益的。有的虽然是跟着男的一起来的，但是本身对自己的权益还是很上心的。

5）工伤得不到赔偿。除了工资拖欠与克扣外，工伤赔付也是维权的重要项目。仲裁办的 HZR 说，基本上女性农民工的维权也就集中在这两方面。

问：除了工资拖欠外，女性农民工的诉求还有什么？

答：还有就是工伤赔付。一般来讲也就集中在这两个方面了，我们现在工作上做的一个基本的宣传就是工资与工伤。现在比过去好一点的是，很多女农民工能够知道什么是工伤以及工伤是属于劳资纠纷，可以要求赔偿的。我们在节假日也宣传这些东

① 数据来源于内部资料《安宁区司法局法律援助中心年度工作总结》。

西，目前普及这些知识还是一个重点。

(3) 劳动安全以及人格尊严被忽视

女性农民工的工作危险系数相对于男性农民工来讲要低很多。她们所从事的工作大部分是导购、美容美发、餐饮以及工地上比较轻松的劳动，这些工作在一般人眼中是没有危险系数的。但是我们所讲的劳动安全不仅仅包括这些。除了保证安全的工作环境外，还要有相对安全完善的住宿环境、必要的劳动保护以及定期的健康检查。而就我所见，用人单位只能对其中一项有所保证，不能够使所有的条件都达到劳动安全的要求。即使在“四期”里，女性农民工也要承担与别人一样的工作，没有法律规定的特殊保护，因此此类保障是最容易被忽视的。有一些较为年轻的女性农民工有身体健康检查的意识和要求，但是在私人雇用的单位或者是以临时工身份进入单位的人是没有这项福利的。

WZL律师认为有各类成本在其中，这是可以理解的。

问：女性农民工的劳动安全和人格尊严在政策中怎么落实?

答：你看，这个东西是有成本的，大部分老板尤其是私营老板都是以赚钱为目的的，你让他们掏钱给员工弄这些?可能吗?能保证有吃有住，工资按时发就算不错的了。有的老板好些，过年过节会多发上几百块钱，那就啥事都好说了。

法律援助中心的LSG也认为，这种劳动安全保护太过空泛，真正执行是有困难的。

你说的这些没有具体的规定，我们也没办法。而且，我们也没有遇上过这种情况，都是造成实际的伤害以后才过来的，没有觉得会有危险就来的。而且像劳务用工这类事处理起来还要看具体的情况，不一定能调解的。

女性农民工由于其弱势地位，很容易遭受人格尊严的漠视。在马斯洛的需求层次理论中，被尊重的需求仅次于自我实现的需求。同时他将尊重分为内部尊重和外部尊重，内部尊重指人的自尊，外部尊重则是社会对其行为和成就的认可。作为女性，她们在职场上被男性肆意地剥夺话语权，遭受禁锢，遭受管理者随意粗暴的对待。晋升受到来自自身性别的限制。作为工作者，她们被要求没有加班费的加班。还要承担不属于她们分内但被认为是女性应该做的工作。在“四期”中没有休息的时间，甚至会被辞退。[①] 在遭受边缘性性骚扰时也只能忍气吞声，怕被别人说闲话。在面对政府、社会和媒体时，赋予她们的称谓以及对她们的困难的强调也体现着人格尊严的被漠视。[②] 而新生代的女性农民工由于受教育程度以及个人素质都比原来的女性要高，因此她们对人格尊严受到侮辱或伤害要更为敏感，对被尊重的要求也就越高。可以说，现代的女性农民工无论在内部尊重还是外部尊重上的要求都高了。

(4) 政治权益得不到保障

在本文中，女性农民工的政治权益只讲最基本的选举权和被选举权、言论权与罢工权。在笔者看来，要先保证最基本的民主权利，才能谈后面的事情。而女性农民工的政治权益是最为空谈的一项。

法律援助中心的 LSG 认为，对于女性农民工来讲，政治权益已经是一种非常高级的权益需求了，在温饱都不能解决的时候谈政治权益显然没有什么立场。

问：您遇到过要求政治权益的女性农民工吗？

答：政治权益已经算是一种高级的权益需求了。我们尚且不敢

① 王小春：《女性农民工劳动权益保护研究》，《石家庄经济学院学报》2012 年第 6 期。

② 苏映宇：《女性农民工劳动权益受损状况研究》，《人文杂志》2016 年第 6 期。

说我们的政治权益完全得到了保障和实现，你想想女性农民工吧。她们还处在解决温饱的时期，家里的开销，小孩上学，老人看病等。这时候谈政治权益就有点空了。她们还注意不到这个东西。不要说农民工了，就是他们的老板都不一定知道这个政治权益是什么，怎样去实现。他们的政治权益都不一定得到保障呢。

相比于其他权益，政治权益是她们最不重视的。她们工作的第一目标就是赚取酬劳，其他的都不是很重要。她们知道工资怎么算，年终分红怎么领，但是不知道政治权益是什么。

有人质疑："我们需要这个做什么？我只是一个女人，能让我操心的事情就是我的家庭和孩子，让我选举了谁，谁又不给我钱，我也不认识他，你问的这个政治权益能给我带来什么好处呢。"面对这样的质疑，我不知道怎么解释，只能讪讪地笑了笑。

政治权益得不到重视的后果就是女性农民工丧失了向社会管理层反映诉求的渠道，伴随的还有接受培训，提升技能的权利被剥夺，她们也就被剥夺了通过提升技能而增加收入进而提升社会地位的晋升权利。女性农民工受条件所限，只能注重眼前可获得的利益，而对影响较大的政治权益则不屑一顾，从而丧失了更多的权益。

（5）易遭受家庭暴力

女性由于其生理上的弱者地位，在生活中遭遇家庭暴力的事件屡见不鲜。女性农民工更是如此。有的在婚姻内，有的则是处于同居关系期间。AN 区妇联的 LNS 认为，在婚姻内的家暴事件中，女性更容易受到连续的暴力侵害。

像结了婚的，跟着丈夫出来，不会轻易就说离婚的。孩子、财产都是要分割的。而且，她们大部分在经济上都要依附于男性，离婚了她怎么生存。我们的工作还是以调解、警告为主。除非女性自己提出离婚的要求，这样我才会给她介绍律师什么的，否则，我们也不能干涉她们。现在出台了新的反家庭暴力法①，公安部门可以出具告诫书，这也是一种办法。但是生活在一起，哪会说不打就不打了，很多女的都是实在受不了了才找妇联调解的。调解完了是个什么情况，人家不说我们也无从得知。

有一部分女性考虑到“面子”问题，会选择忍耐。这就使施行家暴的一方更加肆无忌惮了。

像有的女的，就是说“面子”上过不去，能忍就忍了。像你说的女农民工，她们有的就是同居关系，遭受家庭暴力，能忍就忍了，觉得说出去不好听。而且有些男的不懂法律，不知道这是犯法的，直到女的受不了找到我们或者公安部门。但是警告什么的有时候是没用的，他知道女的不会随便就去告状，会更加肆无忌惮，死缠烂打。

在同区妇联的工作人员的交谈中得知，妇联现在的工作重点在于保护妇女免受暴力侵害，尤其是免受家庭暴力的侵害。从理论上讲，妇女的劳动权益受到损害也可以向她们求助，但是根据区妇联 LNS 的说法，“近几年都没有这方面的求助”。市妇联的工作人员说：“最近五年都没有女性农民工维护劳动权益的案子。”

2. 女性农民工遭受权益侵害的成因分析

（1）女性农民工维权的引发机制——哪种权益最被看重

维权的引发机制在本文中具体指女性农民工最看重哪种权益，即哪种权益不能被侵害，否则就会触发维权行为。女性农民工所维护的权益大部分都是关于劳资冲突的，有一小部分是男女关系中的财产或

① 2016 年 3 月 1 日起实行。

子女的分割。

在中国裁判文书网以“女性农民工维权”为关键词进行检索，所找到的文本都是关于劳动纠纷、薪水支付以及工伤赔付的，问题都聚集在钱财上。笔者所访问的女性农民工也一致认为，能够迫使她们采取行动去维权的事件，应该是关于钱财的。也就是说，当生存权受到严重的侵害时，她们与资方的冲突才会放到明面上来解决。

> 我有一次在外边时，他们拖了我们三个月的工资。怎么要都要不来，不是说“款没要来”，就是说“款来了，就是现在取不出来”。我们着急啊，没办法，就商量说闹一下（罢工）吧。当时决心挺大的，大家都说肯定会支持的，其实也没有人组织，想着说好了就成。可是到了时间，大家又磨磨蹭蹭地去了（上班），只要有一个走，其他人就跟上了，最后我也没背（忍）住，也去上工了。

法律援助中心的LSG也表示，寻求帮助的女性农民工的诉求基本上集中在讨要工资与工伤赔付这两块上，剩下的就是在男女关系中的财产分割或子女扶养。

> 问：您所遇到的女性农民工案子中，主要诉求集中在什么方面？
>
> 答：劳资问题还是最主要的。你要说别的，应该是有的。但是她们也有可能私了，也有可能直接就上诉了，没有经过我们这里。我在中心的这几年里，遇到的女性农民工的案子不是讨要工钱、工伤赔偿就是男女关系中的财产分割与子女的扶养。当然多数还是关于劳动权益的。

（2）女性农民工遭受权益侵害的成因分析

1）女性农民工的沉默态度

别人对待我们的方式在很大程度上取决于我们对他们的行动所采

取的反应。在遭受合法权益侵害时，女性农民工所采取的默认与忍耐的态度使她们更容易遭到权益侵害。

①默认用人单位的工资克扣

> 我来之前老板就跟我说了有这（种事），我都把剩下的拿上了总不能再去找他了。而且她们干了好几年的也都是这（样），她们说就是这样的，去别的地方也是（这个情况）。
>
> 我都干了好几年了，哪里都一样的。有的说是有分红，工资都发不上，哪里还敢想分红。我知道老板有（钱），但是他就是不发，唉……
>
> 给私人干就是这样，大家都想着挣钱，老板也一样嘛。能扣就扣，我这么多年也遇见过不少。没有几个老板是能发够的。给我们发够了，他们的挣头从哪里出。但是不能欠太多，这些年也有人管他们了，大家相互让一步，日子也就能过了。

这些女性农民工对自己遭遇的克扣或者与说好的不一样的报酬采取了默认的态度。她们觉得到哪里都会有克扣，那就是正常的，只要没有人比她们多拿，在心理上大家就都是平衡的。在问到其他的保障（比如住宿环境、健康检查）时，她们的态度倒比较一致，认为只是一个打工的，没有这些很正常。她们认为，只有公家的单位才有这些。

②对既成事实的无可奈何

> 我一个女人家能有什么办法？我男人又不在这里，你让我怎么办嘛？能拿到这么多就好得很了，听说还有人没给，我也不知道。
>
> 他们（男性农民工）都没有办法，我有什么说的。总不能打官司……这里没有免费的那种，大城市可能有吧。我没听过……
>
> 这个我也不好说，我本来就是看面子才给干的（工作），拿

多少就是多少，不敢再要了。

从她们的态度里可以看出，她们知道自己的工资被克扣是一件遭受不公平对待的事，但是身为女性的弱者意识让她们不敢去抗争，只能依赖男性或者自己安慰自己接受这个状况，大家都是以“聊胜于无”的心态勉励自己。第一种态度与第二种态度的不同之处在于她们是否承认有这种克扣。

2）用人单位追求利益与规避风险

女性农民工遭受权益侵害，用人单位追求最大利益与规避风险是一个很大的原因。如劳工社会学所讲，资本家的财富积累最大的来源是对生产力作为商品的压榨，即剥夺“剩余价值”。在现代社会，马克思的这种理论仍然适用。女性农民工是典型的商品生产力，她们通过身体的劳作换取报酬，然而过低的报酬是难以实现劳动力的再生产的。这会使劳动者陷入一种难以为继的生活里。通过这种剥削，资本家实现了其财富的累积与运转，而劳动者却享受不到其劳动所创造的所有财富。市场经济都存在着这种悖论，而我们的社会面对这种悖论也只能无可奈何。

女性农民工由于劳动力市场的挤压，在与老板或用人单位谈判时处于劣势地位，根本不能争取自己的权益。而且由于全球化的市场经济体系的扩大，中国的生产模式发生了很大的改变。农民工的出现就是一个证明。他们半工半农，既是农民工又是工人。全球化的市场经济体系要求生产的供应是一种分层承包的模式，不得不说这种分层承包模式一度给中国带来了爆发式的就业浪潮。到了现在，这种分层承包模式越来越成熟，每年都有大批的年轻人奔赴生产第一线。在这种分层承包中，农民工是处于最底端的。用人单位为了最大限度地降低成本，获取最大利益，只能在劳动力方面压缩支出。这种做法同样适用于其他行业或盈利体系，相对于一定的成本支出，工人的工资的确是最具弹性的。女性农民工在这个体系中的地位显而易见。在最底层的获取体系中，她们是最容易被剥夺的，而且容易压制因此引发的不满，规避生产过程中所引发的罢工或怠工等风险。①

ZS 是一位小包工头，用他的话来讲就是："无论是男人还是女人，总有工作适合他（她）做。那我作为中间的一环，挑选的不是最会做的，而是会做的人里最便宜的。虽然我也想让带出去的人都赚大钱，但是社会就是这样，我也没办法。大老板要扣，小老板要扣，到我这里，不扣就相当于我白干了。我也要养家糊口啊。"

3）女性农民工的依附地位

区妇联的 LNS 认为，无论在婚姻内还是同居关系中，女性农民工在经济与生理上都处于从属与依附的地位。由于女性农民工在经济上不能独立，在生理上确实又弱于男性，她们既容易遭到家庭暴力，也易受到外部的剥夺。

问：您这里遇到的案例都是家暴的吗？

答：我们能看到的，或者说遇到的，都是这种情况。本来家里的顶梁柱就是男的，女的呢，是跟着出来算人头的，或者就是他们有这个同居关系。那有时候就得受这个男人的气，你靠着人家养活啊。打两下，骂几句，都是有的。那这种情况，一般的女的也不会找社区或街道，能忍就忍了，说出去也不好听。

同样地，法律援助中心的 LSG 认为，女性农民工的弱势地位也是其易遭受权益侵害的一大成因。

问：您认为女性农民工容易遭受权益侵害的成因是什么？

答：女性本来在生理上就处于弱势地位，而且女农民工也没有什么好学历，找的工作都是靠力气的，那这时候男的确实是有优势的，待遇什么的不一样也不能说什么，得过且过嘛。而且有

---

① 宋圭武：《女性农民工问题研究与思考：以甘肃为例》，《2010 年中国社会学年会"社会性别视野下的中国道路和社会发展"论坛论文集》，哈尔滨，2010 年 7 月。

的女的遇上这类事件自己也不知道正确的解决途径是什么，要么忍要么就是选择一些错误的方式。

3. 女性农民工维权的制约因素

（1）户籍制度

中国的户籍制度将人们划分为“城里人”与“乡下人”，这种二元划分引发了很多问题。我们所讲的科教文卫就是指城市的科学、教育、文化、卫生，我们的所有措施或者政策都是在推进城市化，这是社会进步的必然趋势，同时也带来了城市人面对农村人时的心理优势。因此，农民工在城市里劳动却进入不了城市的制度体系，就难以获得合法对等的权益。

在这种户籍制度的影响下，女性农民工的很多方面都受到来自城市的挤压。除了融入城市困难外，还有来自劳动力市场的挤压。根据二元劳动力市场分割理论，户籍因素在很多时候都影响着农民工的工资水平，没有本地户口或城镇户口的农民工只能进入较低级的劳动力市场。[①] 女性农民工更是如此。除了户籍条件外，她们还有诸多限制，比如性别、年龄等。而且，女性农民工在政治权益上的缺失使得她们难以表达诉求，丧失了追求合法权益的渠道。因此，女性农民工的维权很容易进入一个“灰色地带”。

妇联 LNS 在谈到帮助对象时也不免强调，一定要有本地暂住证。

> 女的如果遭遇了相关的问题或困境，到社区或街道，他们解决不了再到我们这里，都是可以的。前提有一点，必须要有我们这里的暂住证，能够证明她现在是我们辖区的居民。

体制内的阻碍因素反映的正是我们国家在政府职能转变中所凸显

---

① 何芸：《二元分割与行业收入不平等——基于二元劳动力市场分割理论的分析》，《经济问题探索》2015 年第 1 期。

的真空地带，这个真空地带造成了体制内保障的流动性缺失，这需要我们以更加积极的态度面对这种体制内因素。

（2）相关部门之间缺乏合作

女性农民工既是女性又是劳动者，因此维护女性农民工的权益应当是劳动监察部门、劳动仲裁部门以及妇联三方的责任。而就笔者所去的行政区的这三个部门来看，三个部门是各自为政的，只埋头于自己的工作领域。

在笔者寻找政府工作人员受访者时，当提及想找女性农民工的案例时，工作人员的回答是：

> 我们这里是监察部门，你说的情况是不是应该找妇联。女性农民工就不来我们这里，我们近几年的对象都是男性。
>
> 我们在各个节点发放册子，都是关于反家庭暴力的。如果有需要，我们就会给她推荐律师。如果关于劳动权益的话，我不太清楚，是不是应该找监察……

从监察部门与妇联工作人员的回答中可以看出，他们之间没有什么联系，对对方部门的职能模棱两可。而我们现在的社会管理需要的是相关单位的合作，这样才能使事件的解决更有效率，并且能够有效遏制部门之间相互推诿的情况。

（3）调查取证困难，执行难以落实

仲裁办的HZR认为，女性农民工维权的主要制约因素表现在这样几个方面。

> 女性农民工要想维护其劳动权，主要的制约在于：第一，没有合同。没有合同就要先做劳动事实认定。有的老板承认，但有的老板不承认。也不是说不承认就没有办法了，但总归是要仲裁就比较困难。第二，取证困难。比如被无故辞退了。你没有办法提供你是被无故辞退的证据，而且一般女的也不会留心去保留相

关证据，有时候就是没办法。或者少发加班费了，加班费怎么算，你加了多少班，得提供考勤记录是不是，但是这个东西一般在老板手里，女性劳动者拿不到。第三，做工伤认定与劳动等级鉴定的时间长。有的女的过来要求工伤赔付，那就得先做这个工伤认定与劳动等级鉴定，这大概得要一年。你想这个时间一般人能耗得起吗。第四，就是我们的执行也是有条件的，就是人必须得找到。像有些小单位经营不善，拖欠工资了，老板跑了，那我们也就没办法了。

可以看出，由于女性农民工自身无法提供有利的证据，而相关的执行部门又缺乏有力的操作，女性农民工的维权还是有很大的桎梏的。

（4）女性农民工对维权法律不了解

女性农民工学历偏低是一个不争的事实，因此，她们对法律条款知之甚少。HZR 认为，在维权过程中，女性农民工错过维权时限或过于心急都是制约因素。

有的女的找过来，不知道有仲裁，这是需要过程和时间的，她以为来了就能办理。还有的人又在错过维权时限才来，可能是回去想了一下，觉得不甘心才过来的，但是时限都过了，我们也没办法。

女性农民工对法律的不明就里也使得她们在进入工作场域时没有权益意识，到了维权时又难以提供证据或资料，给维权工作造成很多阻碍。

LNS 也认为，在维护妇女权益时，一些女性农民工本身不懂法，其实也给她们自己带来了很多不必要的伤害。

比如说这个家暴。有的简直太可怕了，但是女的也不敢报警，也不敢跑，就生生受着，这就让男的越发猖狂了。还有一些女的，都是学历偏低的流动人口，想脱离也不知道怎么脱离，被人家缠着也不知道报警，就自己偷偷地躲啊，跑啊，这些都让她们受到很多不必要的伤害。

近年来，女性农民工整体的文化水平是呈现上升趋势的，尤其是新生代女性农民工，整体比老年女性农民工学历高，对于法律的了解也更多。

（三）女性农民工维权策略

女性农民工的维权自有其特点，相较于男性农民工，以及在女性农民工内部，有策略与诉求的不多。要廓清女性农民工的维权策略就要先对其维权的特点做出阐述。

1. 女性农民工维权的特点

（1）劳资问题集中于工资讨要与工伤赔付上

在女性农民工关于劳动权益的诉求里，无论是从官方得到的资料还是女性农民工自身的经验，都将维权的重点集中在工资讨要与工伤赔付上面，对于额外的福利与权益则是意识非常低的。

仲裁办的HZR认为，女性农民工学历偏低，基本上没有权益意识，即使有工伤赔付的案子，女性农民工所讨要的赔偿也是非常少的。

问：您这里有女性农民工来讨要额外权益的案子吗？比如各种保险、奖金以及工伤赔偿中的额外费用。

答：女农民工没有寻求这种帮助的，一个是只有大一点的企业、公司才能负担得起这些东西，再一个是女农民工学历偏低，基本上就没有这种意识。而且，你看，有的是因为工伤过来的，有的是女的有文化，在提要求的时候就可能会有什么精神损失、误工费之类的，女农民工都没有这些的，就要求承担全部或者一部分医药费，相对来讲，对赔偿的要求也是很低的。

就女性农民工自身的经验来讲，不知道是一个方面，另一方面，她们觉得这些诉求不能被满足也是一个原因。

问：您在工作时有相关权益保障吗？就是有没有保险、奖金或者额外的休息时间。

答：你说的权益，其实我也知道一点，但是我们是小户买卖，过来连合同都没有签就开始工作了，人家能给我这些东西吗！再说了，也是看亲戚的面子才让过来帮忙的，我一开始就要求太多也不好。

答：我是年龄大了，也不太懂你说的，我就想说好的工资能发够就行了，他给我买了保险，我也说不好有没有用，还要让我缴钱，不如把现钱发到我手里，我能给家里买点米面呢。

（2）利用生理弱势维权

相较于男性，这个特点尤其鲜明。我们经常见到，男性农民工会在劳资冲突中使用“以暴制暴”、聚众闹事等维权方式，但是就女性来讲，这些方式过于“硬”了。女性农民工会利用自己生理上的弱势来维权。

受访者 LZ 17 岁就开始工作了，她遇到那种看她年纪小就想拖欠工资的老板就一个办法，耗在她上班的地方，不远不近地站着。她在一个小饭馆打工时，干了一个半月，老板觉得她做事情不利索，就克扣了她半个月工资让她不要再来。但是，她觉得自己应该得到这半个月的工资，就用这种方式讨要自己被扣的薪水。

我就是站着不走，在门口站着。有人来我给他让开，没人我就在门口杵着。我听见有人问老板我是干吗的，怎么老在门口站着。我听见老板特别嫌恶地说不知道。站了四天，到第四天下午的时候，老板甩给我 450 块钱，说别让他再看到我。

而法律援助中心的 LSG 认为，女性农民工采用这种方式维权，其实不是一种理智的行为。

问：您怎么看待她们通过哭闹、静坐或者妨碍经营这样的方式维权？

答：很明显，这是一种错误的示范。我们国家如果要这样维权，那就真坏了。女的能哭能闹一般看的是男的不会对女的动手，但是这样能维权吗？现在人都不吃这一套了。而且你太过分了，人家反倒有理由报警或者告你，很不理智的。对于社会的影响其实很不好。

本文认为，利用生理弱势维权与男性农民工的身体维权不同的地方在于，女性农民工是利用一种非制度的、感性的方式维护权益，其中还要包含对方有对女性无可奈何的态度才能成立。而男性农民工的身体维权是在制度中进行的，比如 2009 年的“开胸验肺”事件、孙中界事件等。他们都是要在制度内求得认同，因而不惜损害自己的健康来维权。

（3）维权以个体行动为主

由于我国国内生产环境与生产关系的特殊性，女性农民工的社会关系是分散的。因此，在女性农民工的维权中，集体维权一直都处于缺失状态。① 现在，女性农民工的权益意识有所提高，在维权时还是要依附于男性群体，即使是与自己切身相关的，也是以个体行动、个人诉求为主的。

① 苏映宇：《女性农民工劳动权益受损状况研究》，《人文杂志》2016 年第 6 期。

问：您遇到的女性农民工维权案子里团体多还是个体多？

答：两个人以上就算团体了吧。这样结伴而来的人一般是有男有女的，有些是女的陪着丈夫来的，有的就是一起来的。女的好几个一起来的，我是没见过。女的一般是自己来的。你要说大企业的女职工，还是有结伴而来的，女农民工没有。

仲裁办的 HZR 就自己的工作经验对团体还是个体维权做出了论证。究其原因，笔者认为，其一是女性农民工的依附状况比其他的女性更严重，丈夫既是工作伙伴又是生活伙伴，与其他女性几乎没有社会性交往。其二是女性农民工工作较为分散，维权中的诉求也不尽相同，难以找到维权的伙伴。

（4）年轻女性比年长女性更注重以后的发展

法律援助中心的 LSG 认为，相较于年长的女性农民工，年轻的女性农民工更注重以后的发展，无论在劳资冲突中还是在家庭冲突中。

问：您认为年长的女性农民工与年轻的女性在维权时有什么区别吗？

答：一般年纪较大的女性对利益看得比较重，如果是离婚，就比较重视财产的分割；如果是讨薪的，态度比较强硬，薪资不能少。年轻一点的我感觉就比较重视时间，差不多就可以了，如果有离婚的，就是只要能离就行，当然有孩子则另说了，没孩子的话就是能离了就行，财产不是那么重要的。

2. 维权策略

出于生存的需要，女性农民工有时候不得不维护自己的权益。她们有一套自己的行动策略，这套策略既有自身社会资本的使用，也有无可奈何的协商、求助与抗争。本文中的维权策略基于女性农民工的维权特点，根据访谈资料，集中于劳资方面。

（1）社会资本的使用

社会资本在本文中采用法国社会学家布迪厄的概念。社会资本指当一个人拥有某种持久性的社会关系网络时，这种社会关系便成为他实际或潜在拥有的资源。[①] 社会资本是农民工在维权时非常重要的资源，对女性农民工尤其重要。女性农民工由于其对性别弱势的认同，遭到权益侵害后最先寻求的帮助是来自于其认识的人而非组织。这些帮助不仅有实际的信息、人力等资源，也有一定程度上的精神支持与安慰。

1）直接的维权帮助

女性农民工在维权时能够动员的社会资本主要有两种：一种是老乡，一种是工友。有时二者是同一种人。女性农民工也认为多帮助别人，在自己有需要时别人才会帮助自己。这是一种相互的帮助。而有时候有些社会资本还可以提供直接的维权帮助。

受访者 DTQ 在其家乡的县城做会计，由于其丈夫在新疆工作，在县城没有房子。2015 年，她的孩子到了要上小学的年纪，她不知道应该怎么办。后来她找了她娘家哥哥的关系，让孩子入学了。

> 娃到了要上学的时候，说是没有本地户口和本地房子的不能在跟前上学。家里再没人照看他了，我们也没钱在城里买房子。后来他舅舅说，他有个同学是老师，看能不能想想办法，就让他舅舅买了点东西帮忙说了一下。过了几天，说是先让跟（其他人）上（学）去，后面的再说。现在就先这么上着（学）。

JL 在一家街边商场专卖店当导购，她跟笔者讲了她 2012 年受工伤的始末。后来这件事得以解决，其中一个重要的原因是有亲戚帮她找到了劳动局的关系。

---

① 侯钧生：《西方社会学理论教程》，南开大学出版社 2001 年版。

三年前我在一家美发店打工，烧热水时被开水烫了，一整条腿就那么灌下来。现在也不能穿裙子，我夏天都要穿裤子。被烫以后老板带着其他人到医院看过我一次，就一次。带了些牛奶、水果什么的，然后给了我一万块钱，说是治疗费，让我好好养身体，我当时还挺感动，觉得老板挺好的。但是，后来老板就再没有来过了，我知道这是工伤，老板即使不出全部（医疗费）也应该出大部分吧。我当时的医治费比较高，我的积蓄还有向家里亲戚借了些，她（老板）给的医治费早就花光了。最后没办法，硬是在家休养好的，也没有植皮。在家的时候，我越想越觉得不对，我这是工伤，而且现在在家待着也不能出去工作，当时也没有对象，这件事肯定要影响我以后找对象的。她就给那么一万元跟打发什么似的。我就给老板打电话，准备要钱。她接了电话，刚开始态度还挺好，可是一听我要钱就不行了，说是已经给了一万元了，而且是我自己烫的，不能赖给她，还说我跟她没有签合同，告到法院也不管用，就挂了我的电话。后来我好了一点就去店里找她，她一看是我就躲了，我瘸着腿也没法找她。最后实在没法子，我找了我一个亲戚，他在检察院工作，看能不能有什么办法。我那亲戚说起诉代价太大，划不来，可以找劳动局，他给说说。最后我这个亲戚找的不知道劳动局的谁，让老板又赔给我六万元。我也就算了。

在以上案例中，都是女性农民工利用自己的社会资本所提供的帮助来维权。类似于这种社会资本，可以在女性农民工维权中提供直接的帮助，而且免去许多当事人的弯路，但其实也是社会不平等的体现。

2）提供情感支持

有些社会资本则可以提供非常大的情感支持。女性属于依赖型人格，遇到事情非常需要他人的陪伴，否则很容易陷入不安与绝望的情绪中。在面对权益受到侵害时，是否要维权，维权时会遇到什么问题，都是她们在初期需要考虑的。如果有工友或者是有经验的人能给予她鼓励或者与她商讨对策，女性农民工的消极情绪就会减弱很多。

有的受访者虽然不是维权者，但却是权益受侵害者。受访者 JC 结婚比较晚，婚后一直跟着丈夫在外打工。一次小小的意外使她失去了第一胎，在她调养身心的阶段，就是邻居家的一位女性一直陪同、照顾着她。

> 我刚结婚就跟着我老公出来了，我们在一个地方打工。我在前面的小饭桌给娃娃做饭，他在工地上当工人。当时年龄小，刚怀了孩子，不知道。有天早上出去的时候让一根钢筋给绊倒了……到医院才知道怀孕了，但是不行了……回家后一直哭，眼睛都肿得不行了。过了两天，隔壁也是跟着老公过来的女的来看我，听我说了事情以后跟我说，“你应该找工地上，让给你点钱，那条路是消防通道，不能放钢筋的。”我说等会儿跟我老公说说，看他怎么想……后来那女的经常过来跟我说话，我们一起做点活儿，我慢慢也就好了起来。

这个案例中真去维权的其实是受访者的丈夫。但是，受访者在遭遇权益侵害时，充斥在她内心的悲伤与愤怒使她不能够好好地养身体。而这时候她隔壁的女性给她提供了非常大的情感支持，笔者认为这也是她身体得以恢复的一个重要因素。

3）提供相关信息

在维权时社会资本除了能给予直接的帮助与情感支持外，还能在一定程度上提供相关信息。对于女性农民工来讲，也能免去许多麻烦。

受访者 YYP 在遇到老板拖欠工资，不知道应该怎么办时，是亲戚家的大学生替她找到仲裁机构，帮她拟了材料，她的问题才得以解决。

老板欠了工资不给够，我不知道到哪里申冤。去找他又进不去门，在门口站着也不是个事。后来我们亲戚家的孩子，一个大学生，告诉我可以找劳动监察，我也不知道劳动监察在哪里。这孩子就帮我打电话问，劳动监察说要找仲裁，还给了我仲裁的电话。孩子又帮我打电话问，那边说要带上身份证，让过去，我就找过去了。劳动监察帮我找到老板，当面商量的，事情很快就解决了。

还有一些人认识有相关经验的工友，在遇到权益侵害时能够提供非常实际有用的信息。

我们一起的工友原来在广州那边时在什么机构干过志愿者，知道得很多。我后来有事就去问他，他也能给我们说到点子上，包括到哪里找人，哪里有免费的律师，都有。

（2）正式与非正式的抗争

本文认为，女性农民工在维权中应该有抗争的一面。她们的抗争包括正式的抗争与非正式的抗争。

1）正式的抗争

正式的抗争指女性农民工在遭受权益侵害后，根据制度所采取的合法的权益维护策略。本文中的正式抗争包括公开的抗争与非公开的抗争两种。

①公开的正式抗争

公开的正式抗争在本文中指女性农民工在遭遇权益侵害后，根据相关的法律法规，寻求正式组织或政府部门的帮助。包括寻求工会调解、劳动仲裁，到法院起诉以及上访等，这些也是农民工维权的主要途径。这种维权策略是站在法律的角度寻求体制内的保护，是最常规的维权途径。

个案：女性农民工 ZBL，90 后，接受过大专教育。2015 年 6 月因为单位单方面的解雇而提交了劳动仲裁申请。而她光是给劳动仲裁办递交材料就去了好几次，每一次都有需要修改的地方，终于受理了，就让她回去等消息。她等了一个月都不见回音，自己又跑去问，仲裁办回应说，正在处理，请耐心等待。后来她基本上一周去一次，终于在10月收到了裁决书。裁决认为，单位没有提供与她之间劳动关系终止的书面证明，劳动关系至今仍存续，应该向她支付剩余工资两万余元。ZBL认为，这样就可以拿到钱了。但是单位方却一直都以“领导出差”“正在处理”为借口不给她这笔钱。后来ZBL咨询了律师，律师告诉她，打官司确实划不来。如果裁决生效两年还未履行，她可以向法院申请强制执行。现在ZBL就在等两年期到，不知道到时候她又将面对什么情况。

个案：女性农民工ZSF，2015年初在超市打工。第二天就被货架砸伤，导致无名指骨折。她向老板索赔400元，但是老板不愿支付。后来找到仲裁办。由于没有劳动合同，先做劳动关系鉴定，接着做伤情鉴定，鉴定为十级伤害。仲裁办依此与超市老板做出调解，判他赔偿ZSF两万元损失，案件得以解决。

在这个案件中，ZSF是2015年年初受的伤，所有的鉴定结果是在2015年年底拿到的，2016年才立案，直到2016年3月撤诉，本案得以完结。

这两个个案是劳动仲裁的案例。通过案例可知，劳动仲裁等待的时间较长，需要有足够的耐性。

区仲裁办的HZR也知道这种情况，但是他们必须按程序走，这也是无可奈何的事情。

> 说句实话，这个时间就是非常长，因为做鉴定是需要很长一段时间才能出报告的，家里条件不好的真的等不起。

总的来讲，在体制内寻求权益维护，对女性农民工来说需要比较大的时间成本。公开的正式抗争在具体的维权中还是有比较大的作用的，但是其中的付出却不仅仅是女性农民工或相关单位，一项调查的结论认为：为了索要拖欠农民工的1000亿元薪资，整个社会需要付出至少3000亿元的成本。①

②非公开的正式抗争

本文中非公开的正式抗争主要指女性农民工以团体形式跟资方协商。由于双方没有使用法律作为“交战”的工具，而是使用一种相对来讲比较平和的方式去协商，因此笔者将其称为非公开的正式抗争。在协商之前，女性农民工团体内部会做出一种决策，来商讨她们可以妥协到什么地步。由于团体内的成员诉求一致，往往可以有比较高的解决效率。女性农民工会找一位或几位代表，最好有男性，去跟资方协商。

案例：HYD服装厂的一批女工由于年龄较大，遭到解聘。同时，她们的医保也断了。她们多次找到服装厂，但服装厂让她们找国资委，国资委又让她们找单位，两处各自推诿，事情迟迟不能解决。后来女工们经过商量，找几个中间人带着女工代表去跟企业谈判，如果得不到解决就集体上诉。最后，在一帮人的斡旋下，她们的医保以补偿的形式发放，问题算是得到了解决。

> 大家在一起商量好了也有个底，找人去跟他们说说，让先发一部分，剩下的明年再给也行。主要是到年底了要回家，大家谁不想带点钱回去，一年忙到头就空着手回去了，觉得对不起家里的老人和娃，连件新衣服都没有给娃带回去。好歹先发上点，能回去过年。再说了，其实他们也怕着呢，到了这个时候，都是狼等羊的，万一闹起来，他们的年也过不好。
>
> 我们那里都是女的，男的就那么几个，平时也有点来往。到了关键的时候就得求人家帮忙。女人们太麻烦了，拿不定主意，

---

① 张燕、石毅：《民工维权成本调查报告出炉 讨薪成本三倍于收益》，人民网，2005年6月21日，http：//npc. people. com. cn/GB/14840/3483963. html。

商量也商量不出个什么结果。有个男的，就能给我们说说，还能带我们去要钱，还是比较管用的。

这种非公开的正式抗争能够保证女性农民工在不受其他因素的影响下拿到自己的部分酬劳，在她们眼里，是一种比较好的讨薪方式。而这种维权策略也只能在维权需求的人数较多，且诉求基本相同时使用。

2）非正式的抗争

①理性的非正式抗争：罢工和流动

本文中理性的非正式抗争指女性农民工在有组织、有领导的情况下所采取的具有规模性的策略，一般包括罢工、流动与寻求援助。

罢工：依据《中华人民共和国宪法》，工人有罢工表示抗议的权利。很多农民工包括女性农民工会在需要的情况下，根据有组织的安排实行罢工来争取自己的合法权益。这种罢工最关键的是参与者的态度要一致，否则从内部出现不同意见，罢工很容易失败。其实形成有规模的罢工对组织者的煽动力与领导力都是一个很大的挑战，只要有参与者受到影响而离开或者停止罢工，难免会影响到其他参与者。而女性在被影响的程度方面显然要大于男性，因此，组织女性农民工罢工，其难度也大于组织男性农民工罢工。这个过程是一场博弈，博弈双方用对方的利益互相做筹码，看哪一方更经不起利益损失。

案例：SFP 在 2014 年参与过一场罢工。那时候她是某个大学的清洁人员。该大学要求她们一天打扫学生宿舍楼两次，周末也要打扫，但是给的薪水却非常少。她打听过隔壁学校的薪水，跟她们一样，但是人家有补贴和奖励。所有的清洁人员都觉得自己的工作量与薪水完全不对等。她们找领导反映，想加薪，领导一直都用“正在沟通”搪塞她们。于是她们经过商量，在 5 月开始罢工。这场罢工持续了两周半。学生宿舍楼的垃圾都溢出了垃圾桶，甚至半个楼道都堆满了垃圾。后来，学校的后勤公司与她们协商，每个月增加全勤奖一百元，节假日发放的福利与正式员工一样。她们觉得这样也可以，就结束了罢工。

流动：本文中所讲的流动指女性农民工在遭遇权益侵害后转而寻找其他就业地点，并且呈现出具有一定规模的迁移，从一个地方迁移到另一个或几个地方。这种劳动力的流动势必会对当地的劳动力市场形成一种压力，这种压力来自于劳动力的短缺。近几年来，针对农民的政策有了很大幅度的完善，资源分配比过去相对趋于公平，再加上中国大学的扩招，使很多农民选择在家务农，坚持子女的教育不中断，农民工劳动力市场出现了相当程度的短缺，女性农民工的就业选择相比原来有了很大的改善。在遭遇权益侵害后，她们选择到其他地方就业，那么用人单位原有的劳动力肯定会出现短缺，这种短缺会促使女性劳动力的商品价格上涨。

DSH 是一位女性农民工，同时她也会组织人员去新疆、青海等地打工，她认为“民工荒”不是没有原因的。

> 近几年里人确实不好招。现在大家都上学，出来打工的人少了。你看原来出来打工的姑娘也就十七八岁，现在哪有。农村家庭即使再穷也要让孩子读书，哪怕是高职、大专，出来能考试啊。而且现在政策紧，人难招，我们摘棉花、枸杞现在都是按天结算的，生怕不满意就不干了。因为错过那个时间，摘下来也不好了。女工们也知道，反正就是今天干着，说不定明天就不来了，有时候一走一大波，老板干着急也没办法。
>
> 前些年有的老板抠得太紧，年年也都有人去，老板就觉得没事。直到有一年，原来合作的人都不来了，突然就招不上人了，才开始着急。那时候大家都定了，而且老板就没留过好印象，谁愿意去。最后我也不知道他怎么办的。

这种抗争是一个过程，而且很多人选择流动的原因没有这么深层次，她们主动的迁移是因为自己的权益没有得到保障，想找一个合法权益有保障的单位，并没有想通过自己的行动去影响劳动力市场。同时，这几年里单位时间内酬劳的支付有非常大幅度的提升也是不争的事实。

②非理性的非正式抗争

非理性的非正式抗争是在维权策略中比较极端的现象。主要包括由维权引发的自虐事件与农民工的自救式犯罪。很多农民工在生存受到威胁且讨薪无望时，会采取自残、自杀的方式讨薪，这种方式并不少见。有些女性农民工在遭遇重大的权益侵害，如重大工伤得不到赔偿、大额酬劳被拖欠等时，同样会采取这种方式来维权。这种维权策略通过自虐的方式，一方面可引起社会关注，另一方面则包含了维权者在绝望中对自己的不满与发泄。

法律援助中心的LSG认为，自救式犯罪近年来有下降的趋势，主要原因是近些年来的农民工权益相对有了保障，以及外出务工的农民工素质有所提升。

> 农民工的自救式犯罪行为现在已经少很多了。一个原因是相比原来，他们的权益保障还是比较可靠的，另外一个原因是现在农民工的素质也有所提升，比原来要好很多。

但是自救式犯罪行为在维权中并不是被放弃的一种策略。农民工的自救式犯罪行为很多是当生存权受到威胁以及受到雇主行为的影响时发生的。从最近的农民工刑事案件研究报告里可以知道，犯罪的女性农民工所占犯罪的农民工的性别比相当低，其中大部分是自救式犯罪。犯罪的女性农民工表现出法律意识淡薄、学历较低以及容易受到情绪的影响等特点，都是因生存或在维权中引发的冲突而犯罪。

> 女的也有，但是很少，情节也都不严重。都是些小偷小摸，严重一点的就是聚众吵架、打架，影响社会治安。都是法律意识淡薄，学历也比较低，要是她们知道到哪里寻求帮助，这种麻烦也就会少很多了。

采取非理性的非正式抗争对于女性农民工本人或社会来讲都是非常危险的，在通过正式途径维权失败时，她们比较容易采取这种非理性的方式来表达不满。而这种抗争并不是目的，只是女性农民工期望通过这种手段直接或间接达到目的或解决问题，而最终问题的解决还是要通过正式正当的维权途径。

（3）弱者的抗争

如果说上文讲到的策略是有目的指向性的，那么弱者的抗争则是无目的指向性的，指女性农民工在工作的过程中所采取的一些隐秘的、边缘性的策略来间接地维护自己的权益。这种权益维护策略不能说是合法理性的，然而也不能说是非法的。在笔者看来，就是女性农民工在遭受了权益侵害，但是这种侵害又不至于让她采取激烈行动时所采取的策略。

美国耶鲁大学教授詹姆斯·斯科特在1986年提出了“弱者的武器”这一概念。他通过研究东南亚地区的农民对不公正势力的反抗问题，提出了社会底层进行抗争的新视角，即“弱者的武器”。这为我们分析农民工维权提供了可供参考的经验。“弱者的武器”表现为个体的抗争，避免与权威势力直接对抗。斯科特同时指出，对于大部分生活在社会底层的人来说，大型的有组织的政治性行动并不适合他们。他总结了几种对抗形式：偷懒、装糊涂、开小差、假意顺从、偷盗、装傻卖呆、诽谤、侮辱、纵火、怠工等。[①] 后来学者李连江与他的导师欧博文一起在1996年提出了“依法反抗”的概念。他们考察了中国20世纪80年代末到90年代以来的农民抗争，认为在中国农村出现了一种新型的抗争形式，他们称之为“依法抗争”。指农民能

① 甘满堂：《“工荒”：高离职率与无声的抗争——对当前农民工群体阶级意识的考察》，《中国农业大学学报》（社会科学版）2010年第4期。

够积极使用国家的法律政策与法规来维护自己的权益。[①] 与“日常抵抗”不同，这种活动通常是公开的，制度化或半制度化的。于建嵘则将农民的抗争按时间分为三个阶段。他认为，在1992年之前，农民的抗争是不与权威产生正面冲突的“日常抗争”，1992年到1998年则是“依法抗争”的阶段。[②] 应星则从草根动员的角度拓展了“依法抗争”的概念，认为作为草根的行动者在表达方式的选择上具有权宜性，在组织上具有双重性，在政治上则具有模糊性。[③]

后来的学者在研究弱者抗争时，都把弱者身份与抗争联系起来，很多时候，弱者的身份就是一种武器。那么女性农民工作为一种弱势群体，在维权时难免会利用自己的弱者身份，而且这种弱者的抗争比较隐秘，易于实施。

个案：女性农民工LJP，“60后”，经自己的弟弟介绍，到弟媳姐姐的丈夫开的养猪场帮工。在帮工期间，她觉得自己的工资受到了亲戚关系的影响而比别人低，遂在工作中，将养猪场的铁锹、麻袋、绳子等物偷偷带回家，甚至将食堂的面粉、粮油等物装在袋子里用自行车运到家中。在工作中也将该自己干的打扫猪圈等事推给别人，即使自己做也是马马虎虎。后来，养猪场老板实在忍无可忍，多付给她三个月工资后以她年纪太大为由将其辞退。

这个案例是典型的弱者的抗争，不论其做法正确与否，LJP采取的这种做法是在弥补她因为工资比别人少而带来的不平衡感。而且这种策略实施起来确实成本低廉，回报直接且兼具情感弥补功能。

法律援助中心的LSG表示，有时会遇到女性农民工的哭诉，认为自己是农村来的，又是女的，应该受到帮助。但是，法律不是看谁可怜就会对谁有利的。

---

① 谢婧：《弱者的有限抗争》，学位论文，厦门大学，2007年。

② 于建嵘：《当代中国农民的“以法抗争”——关于农民维权活动的一个解释框架》，《文史博览（理论）》2008年第12期。

③ 董海军：《“作为武器的弱者身份”：农民维权抗争的底层政治》，《社会》2008年第4期。

遇到这种事情我也没办法，能躲就躲了。我们专门有女同志来处理这种事件。就是劝她想开点，再没别的办法。她们觉得自己是女的，生活十分辛苦，到城市里还被人欺负，我们也不能为她们做主。一再问就没有一点办法了吗？我们确实也是没办法。都是按法律程序走的，法律可不是看谁可怜就会对谁有利的。

（四）结论

女性农民工的维权过程是一部漫长的发展史。从“打工妹”时代开始，女性农民工就在为自己的权益而战，她们不断经历着权益侵害，又在遭受打击后再次奋斗前行。身为女性、农民和工人的结合体，她们在社会与家庭的压力中积极地生活着。到现今为止，她们的维权策略层出不穷，而她们遭受合法权益侵害的原因也值得我们吸取教训。

1. 女性农民工的权益为什么得不到合法的保障

综上所述，女性农民工的合法权益得不到保障的原因有三个。其一是女性农民工自身沉默与默认的态度；其二是资方为了追求利益与规避风险，对女性农民工进行经济上与身体上的剥削；其三是女性农民工在生活与经济中处于依附的地位。同时，文中所讲的维权中的制约因素也是她们的权益得不到保障的一个重要原因。

2. 女性农民工使用什么策略进行维权

根据上文所述，女性农民工的维权策略分为社会资本的使用、正式与非正式的抗争以及工作中的抗争三类。

社会资本即我们的人际关系网络，这个网络就是我们在社会中可资利用的资源网络。正式的与非正式的抗争主要依据女性农民工所采取手段的不同而划分。正式的抗争包括公开的正式抗争与非公开的正式抗争。公开的正式抗争指女性农民工在制度内寻找维权办法，如工会调解、劳动仲裁、法院起诉以及上访等。非公开的正式抗争指女性农民工以团体的方式与用人单位协商，是一种在妥协中抗争的策略。弱者的抗争则是指女性农民工利用自己的弱者身份，在维权中的一种无目的指向性行为，类似于美国学者詹姆斯·斯科特所提出的“弱者的武器”。女性农民工也是通过这种弱者的抗争方式实现自己的目的的。通过在工作中偷懒、小偷小摸、假意顺从等方式，以一些小手段维护自己的权益，这样不仅维护了自己的权益，而且弥补了自己心理上的不平衡或不痛快。这种维权策略带有不道德的痕迹，但不失为女性农民工维护权益与达到心理舒适的一种手段。

五 女性抑郁症问题研究*

王虹茹

（一）研究概述

抑郁症是一种以心境低落为重要特征的精神类疾病，发病时常伴有焦虑、激越、无价值感、自杀观念、各种躯体症状及生理功能障碍，严重危害人类的身心健康。并且，抑郁症的发病率很高，13%—20%的人一生中有过抑郁体验，其终生患病率为6.1%—9.5%。① 根据2017年世界卫生组织发布的关于全球抑郁症与其他常见精神障碍的最新数据，全球有逾3亿人罹患抑郁症，约占全球人口的4.3%，近十年来其增速约为18%，其中，中国有5400万名患者。早在2012年世界卫生组织就发布，抑郁已成为中国第二大负担疾病，预计在2030年将上升至世界疾病负担首位。由此可见，抑郁症已成为危害个人和社会的一个严重的公共卫生问题。在抑郁症患病群体中女性占比远超男性，美国国立精神卫生研究所的流行病学调查显示，在全球范围内，女性抑郁症的患病率高达8%，是男性抑郁症发病率的1.5—3.0倍。② 这是由于女性生理和

---

* 本章作者王虹茹，工作单位是陕西环保产业集团有限责任公司。

① 杨功焕：《中国人群死亡及其危险因素流行水平、趋势和发布》，协和医科大学出版社2005年版，第183页。

② A. W. Calkins, M. W. Otto, L. S. Cohen, et al., "Risk for New Onset of Depression Luring the Menopausal Transition: The Harvard Study of Moods and Cycles," *Arch Gen Psychiatry*, 2006, 63 (4): 385-390.

生殖结构的特殊性，容易产生压力，若压力未被正确控制和释放，就会引发抑郁。[①] 抑郁症不仅在女性中的患病率较高，且比男性抑郁程度更严重、更容易复发[②]，因此女性抑郁症急需社会各界更多的关注及研究。

要想实现女性抑郁症患者的康复需要建立一个完整的康复体系，从生物、心理及社会三个层面进行相关治疗，才能有效恢复女性抑郁症患者的生理、心理及社会功能。而社会工作的专业方法和理念可以帮助女性抑郁症患者通过科学的、正确的、有效的康复治疗摆脱抑郁情绪的困扰，提高抑郁症的治愈率，降低抑郁症的整体发病率和致残率，这意味着精神健康领域的社会工作是帮助女性抑郁症患者实现康复、回归正常生活的一种有效策略。本文将对女性抑郁症患者的抑郁表现及引发抑郁的原因，影响女性抑郁症患者康复的因素及女性抑郁症患者的需求，个案社会工作介入女性抑郁症康复的具体方法三方面问题进行个案研究。

在查阅文献时，笔者发现，我国研究女性抑郁症患者康复的文献众多，然而研究角度多集中在女性抑郁症的临床诊断、护理及药物治疗等方面，从社会工作的角度出发进行研究的文献相对较少。并且笔者认为，停留在对女性抑郁症患者的饮食指导、运动指导、监督患者用药及保障患者安全等方面的康复护理工作研究并不能从根本上解决女性抑郁症患者的康复问题。早在1977年，著名的美国精神科医生恩格尔就已明确提出，世界生物医学模式已向生物—心理—社会医学模式结构开始转型。[③] 所以，今后抑郁症的治疗将采取一种各学科综合性的联合治疗模式，这是由精神科医师、心理治疗师、研究者三方联合展开的治

---

① 王宝梅、田静彬、柴胡加：《龙骨牡蛎汤辅助治疗老年女性抑郁症的疗效及对患者血清细胞因子水平的影响》，《山东医药》2013年第47期。

② M. Miyazaki, A. Yoshino, S Nomura, "Diagnosis of Multiple Anxiety Disorders Predicts the Concurrent Comorbidity of Major Depressive Disorder," *Comprehensive Psychiatry*, 2010, 51 (1): 15-18.

③ G. L. Engel, "The Need for a New Medical Model: A Challenge for Biomedicine," *Science*, 1977, 196: 129-135.

疗模式。也只有通过联合治疗的方式才能在提高抑郁症的治愈率、降低抑郁症的整体发病率及致残率等方面有真正意义的进展。

因此，本文将在结合心理学、社会学以及社会工作相关知识的基础上，从精神健康的角度出发，综合将优势视角、社会支持理论以及新情绪疗法的部分技巧应用到女性抑郁症患者李女士的康复工作中，并详细记录案主的治疗过程，争取为社会工作介入精神健康领域的研究提供鲜活实例，并完善精神健康社会工作机制，促进社会工作在精神健康领域的不断发展壮大。

目前临床使用的治疗女性抑郁症的方法主要包括医疗康复治疗和心理康复治疗。这两种临床治疗方式虽然具有一定的治疗效果，但还是存在抗抑郁类药物副作用较强、心理康复疗程较长、单独使用其中一种疗法效果并不明显等方面的缺陷。如果单纯针对患者进行治疗，在康复后很容易再次复发，因此，有必要研究其他可行的治疗策略。社会工作作为要在我国建设文明社会、和谐社会中发挥重要作用的专业，介入女性抑郁症康复治疗也具有极为重要的现实意义。社会工作者可以运用专业理论知识和服务技巧，整合药物治疗、心理治疗以及社会支持等方面的资源，共同为治疗女性抑郁症做出贡献。

本文案主自患病以来，时常被抑郁情绪所困扰，自我价值感低，不愿参加社交活动，甚至已经影响到她的正常工作生活。笔者希望通过本次个案社会工作帮助案主减轻抑郁情绪，激发案主潜能，培养案主理性思维模式，营造良好的家庭氛围，最终使案主回归到正常的社会生活当中去，这也是本文最大的现实目的与现实意义。

1. 关于女性抑郁症的相关研究

流行病学研究证实，在成年抑郁症患者中，女性抑郁症的患病率远超男性，大约是男性的 2 倍。[①] 出现这种现象，主要与女性特殊的

---

① 赵晓川、金圭星、王学义：《女性抑郁症相关危险因素的研究进展》，《中国健康心理学杂志》2012 年第 8 期。

生理和生殖结构有关，再加上所承担的多重社会角色对女性造成了较为沉重的家庭及社会压力，也在一定程度上增加其罹患抑郁症的概率。[①] 通过查阅文献，笔者发现，国内外专家学者对于女性抑郁症的研究主要有两个方面。

（1）女性抑郁症的致病因素研究

通过查阅相关文献可将女性抑郁症的致病因素总结为：第一，遗传因素。抑郁症的发病有家族聚集现象。刘晓华等对107例首发抑郁症患者及其Ⅰ、Ⅱ、Ⅲ级亲属的研究显示，首发症者和各级亲属中女性患病率均高于男性。[②] Kendler等对双生子抑郁症终生发病情况的研究表明，女性患抑郁症的遗传因素为42%，比男性高出13%。[③] 祁曙光等针对男、女性单相抑郁症患者的遗传学研究[④]表明，女性单相抑郁症的平均遗传率比男性高出26.7%。

第二，心理因素。赵晓川等认为女性在遇到负性生活事件时，倾向于极端性地考虑问题，情绪反应比较强烈，并且对发生的大部分事件总是做出负性归因、解释和推测[⑤]，所以相较男性而言更容易引发抑郁。

第三，社会因素。赵晓川等认为在社会生活中，女性需要扮演更多的社会角色，例如母亲、妻子、职业女性等，每种社会角色都会带来不同程度的压力，并且角色间的转换也会带来巨大的心理压力，使得女性更加脆弱。调查显示，单身母亲患抑郁症的概率比在婚母亲高出三倍以上。

---

① 温天明：《帕罗西汀治疗抑郁症早期合用小剂量奥氮平临床观察》，《四川医学》2013年第1期。

② 刘晓华、徐一峰、江开达等：《首发抑郁症遗传效应及方式的初步研究》，《中华精神科学杂志》2005年第4期。

③ K. S. Kendler, M. Gatz, C. O. Gardner, N. L. Pedersen, "A Swedish National Twin Study of Lifetime Major Depression," *Am. J. Psychiatry*, 2006, 163 (1): 109-114.

④ 祁曙光、董小惠、张云彪等：《单相抑郁症遗传效应的性别差异》，《中国神经精神疾病杂志》2007年第9期。

⑤ 赵晓川、金圭星、王学义：《女性抑郁症相关危险因素的研究进展》，《中国健康心理学杂志》2012年第8期。

(2) 女性抑郁症的治疗方式研究

第一，药物治疗的相关研究。抑郁症的临床疗法多采用药物治疗，艾司西酞普兰、度洛西汀、利培酮、帕罗西汀、文拉法辛缓释片都是临床治疗抑郁症的常用药物。[①] 刘义等认为，治疗抑郁症的多种药物各有优缺点，医师需要根据患者的药物耐受程度进行择优使用。[②] 中医认为，抑郁症属于“郁证”范畴，其发病多为情志不舒所致，并且在治疗方面也有很大的成效。[③] 杜晋峰等对疏肝解郁胶囊与文拉法辛缓释片合用进行对照研究，发现将疏肝解郁胶囊与文拉法辛缓释片合用可优势互补，临床证实效果较为显著。[④] 根据患者的具体情况，有针对性地选择适宜的药物，能够显著提高临床治愈率和患者的生活质量，避免患者难以耐受的不良反应，减轻患者的痛苦。

第二，心理治疗的相关研究。药物治疗虽然是治疗抑郁症的主要手段，但药物治疗也具有明显的毒副作用，且治愈率并不高[⑤]，所以心理治疗仍然是临床中不可或缺的一部分。在阅读大量文献后笔者发现，针对女性抑郁症治疗使用的心理疗法多为认知行为治疗。认知行为治疗是对抑郁症患者的错误认知倾向进行治疗，能够有效改善抑郁症状并降低复发率。[⑥] 但心理治疗单独使用的文献较少，更多的是结合药物治疗一起进行。

第三，联合治疗的相关研究。一方面，药物治疗联合心理治疗。

---

① 陈丽萍、许崇涛：《重性抑郁症患者药物治疗前后前扣带回代谢物水平与执行功能的相关性》，《中华行为医学与脑科学杂志》2013 年第 9 期。

② 刘义、张永华、金曼等：《针刺 SSRI 类抗抑郁药治疗抑郁症伴慢性疼痛临床增效作用研究》，《中国针灸》2013 年第 8 期。

③ 周仁义、李淑英：《解郁活血法治疗抑郁症 45 例临床观察》，《中医杂志》2011 年第 1 期。

④ 杜晋峰、江华、张华庆：《疏肝解郁胶囊联合文拉法辛缓释片治疗女性抑郁症的临床分析》，《中国社区医师》2014 年第 36 期。

⑤ 瞿伟、谷珊珊：《抑郁症治疗研究新进展》，《第三军医大学学报》2014 年第 11 期。

⑥ 王娜、李占江：《认知—行为治疗对抑郁障碍疗效的循证研究》，《中国临床心理学杂志》2006 年第 4 期。

药物治疗和心理治疗都有各自的优势和缺憾，所以越来越多的学者倾向于将二者联合使用，希望能达到更好的治疗效果。朱艺[①]、杨大梅等[②]、张桂平等[③]认为，心理治疗对于减少患者对药物的依赖、巩固药物治疗作用、控制和降低复发率等方面都有不错的效果。褚菊莱等认为，采取联合疗法比单纯的药物疗法在治疗的周期上有着较大的优势。[④] 中医在药物联合心理治疗方面也有相关研究。陈陆松研究发现，将疏肝行气、安神养心的中药汤剂配合认知疗法共同使用，可以提高女性抑郁症患者的临床治疗效果，改善预后。[⑤] 另一方面，药物治疗联合物理治疗。卓子禄等研究证明，无抽搐电休克治疗联合 SSRI（五羟色胺再摄取抑制剂）对于治疗女性抑郁症急性期的效果比单独使用 SSRI 治疗更好，并且起效更快。[⑥] 祝源隆认为，中药配合针灸治疗女性抑郁症能够显著提升治疗效果，并且副作用较小，同时改善女性性激素水平。[⑦]

2. 概念界定

(1) 女性抑郁症

抑郁症是一种情感性精神障碍，它又分为单相抑郁及双相情感性障碍。单相抑郁是指只有抑郁情绪发作的抑郁症。双相情感性障碍是指既有抑郁发作，又有狂躁发作的抑郁症状。本文研究的对象为城市

---

① 朱艺：《抑郁症研究进展》，《实用中医药杂志》2008 年第 1 期。

② 杨大梅、魏秋菊、闫玉秋：《以人为本的健康教育对抑郁症患者的效果观察》，《临床军医杂志》2007 年第 1 期。

③ 张桂平、刘勇、王精：《健康教育对抑郁症患者生活质量的影响》，《中国实用医药》2009 年第 1 期。

④ 褚菊莱、戴喜玲：《自我管理教育对缓解期抑郁症患者的影响研究》，《护理与康复》2010 年第 1 期。

⑤ 陈陆松：《中医联合认知疗法辅助治疗女性抑郁症临床观察》，《中国乡村医药》2014 年第 14 期。

⑥ 卓子禄、陈莲：《无抽搐电休克联合抗抑郁药物治疗女性抑郁症急性期的临床疗效研究》，《临床合理用药杂志》2014 年第 5 期。

⑦ 祝源隆；《中药配合针灸治疗女性抑郁症的疗效观察》，《中国中医基础医学杂志》2014 年第 5 期。

单相抑郁症女性患者。

（2）康复

康复的定义非常丰富，有的学者描述它是一个过程，而有些学者视其为一个结果或视角。康复这个概念主要用于精神疾病领域，也适用于成瘾，这两个领域共同的目标是“通过减少损伤和残疾，提高生活质量”，帮助受到影响的人。G. Sands 指出：精神健康康复是治疗和转变的过程，使一个有精神健康问题的人在他或她所选择的社区过着有意义的生活，同时努力实现他或她的全部潜能。[①] 本文中所提及的康复主要关注消除案主抑郁情绪，改变不正确的思维模式，提高案主自我价值感和社会交往能力。

（二）需求评估与个案服务设计

1. 个案的基本资料

本次个案服务的案主是李女士，女，汉族，52 岁，在某银行上班。李女士是一位单身母亲，离婚后独自抚养女儿 24 年，未再婚 。

（1）个案的抑郁情况

李女士是 2009 年被确诊患了抑郁症的，此后的 2012 年和 2015 年分别复发一次，2017 年 6 月第三次复发。李女士从 2015 年 10 月申请了长期门诊治疗后，一直服用抗抑郁药物，但在 2017 年 5 月中旬，李女士未经主治医生许可自己停止服药，因为觉得自己服药时间过长并且近一年多来也没有再复发，所以就想尝试着停止药物。2017 年 6 月案主抑郁复发，到医院就诊。

笔者向案主的主治医生了解到，李女士抑郁主要表现为时常伤心落泪，不愿出门，食欲减退，入睡困难，工作时很难集中注意力（抑郁复发两天后已向单位告假），常处于消极悲观状态，敏感多疑，尤

---

① Roberta G. Sands：《精神健康社会工作》，余潇、许俊杰译，华东理工大学出版社 2015 年版，第 19—20 页。

其是到了晚上会产生焦虑紧张情绪。就诊后医生让案主按时服用盐酸舍曲林和氨磺必利两种抗抑郁药物和佐匹克隆一种安眠类药物。但案主服药半月后情况并未得到明显的好转，虽然可以入睡，但是睡眠浅，容易惊醒，惊醒后又很难继续入睡，一般一天只能保证 5 个小时左右的浅睡眠。因为晚上睡眠质量很差，所以白天情绪变得更加烦躁低落。主治医生告诉案主的女儿小颖（化名），药物干预只是治疗抑郁症的一个方面，如果要想更加有效彻底地进行抑郁康复还需要心理疏导，所以小颖就通过医生联系到了正在实习的笔者，希望笔者可以运用所学专业知识为她的母亲做心理疏导。

（2）研究者对个案的印象初断

第一次与案主面谈时她的情绪十分低落，觉得自己的人生非常失败，谈话过程中案主几度伤心痛哭。案主喜欢和女儿待在一起，但因为女儿的工作很忙，时常还要去外地出差，所以也很少有时间和她相处，这让她觉得非常孤独。通过和案主的初次面谈，笔者能够感受到她非常在意别人对她的看法，想法较多，常常自责。

笔者对案主进行了两份量表的测试，伯恩斯抑郁状况自查表（BDC）和焦虑自评量表（SAS）。其中伯恩斯抑郁状况自查表得 58 分，属于严重抑郁；焦虑自评量表得 68 分，属于中度焦虑。

（3）个案的个人经历

案主的父亲退休前是某国企的领导，母亲是事业单位公务员，案主原生家庭环境比较优越，从小就是别人羡慕的对象。成年后案主顺利进入银行工作，因为细心踏实也很快适应了工作环境，并且多次被评为先进工作者。案主 25 岁时经人介绍与前夫（以下简称“范先生”）结婚，结婚后一年生下女儿小颖，第四年与范先生离婚，之后一直独自抚养孩子。独自抚养女儿非常辛苦，亲友曾经多次劝她再婚，但案主因为担心继父会对女儿不好，一直不愿考虑个人问题，坚持自己带着年幼的女儿生活。案主告诉笔者，抚养女儿长大的过程中大小事务都是她一个人亲力亲为，又当爹又当妈，其中的艰辛很难与外人道。

离婚带给案主的不仅是独自抚养女儿的辛苦，李女士因婚姻失败所受的创伤远比想象中要严重。案主与范先生婚后不久，就发现两人想法差距巨大，生活习惯也非常不同，常常发生争执，并且案主与男方母亲的关系一直不太融洽。婚后一年案主怀孕，在怀孕期间案主也未得到范先生的细心照料，直到生下小颖，案主与范先生的矛盾尖锐化。范先生和他的母亲非常重男轻女，认为案主没能生下男孩，就是没有尽到人妻的义务，两人常常因为孩子而吵架，案主的母亲为了让女儿能够好好调养身体，将李女士与外孙女接到自己家中生活了半年。半年后，范先生承诺不会再为此事与案主发生争执并将案主接回家中，但是没过多久，范先生在酒后以没能生下男孩为由对案主进行家暴。自此之后，范先生又多次对案主实施家暴。案主因为不想让小颖失去父亲而一直咬牙忍耐，但是范先生对她的施暴越来越严重。一年后，案主对这段婚姻心灰意冷，决意离婚。但是离婚的过程长达一年之久，范先生为了得到更多的财物，一直不愿与案主协议离婚，范先生提出的离婚条件是除了女儿的抚养权外其他的一切财物都要归他所有。案主及家人不堪忍受范先生的纠缠，最终案主选择只要女儿的抚养权，而其他的所有财产包括婚房（婚房是由案主的父母亲提供的，房产属于李女士的父亲）在内都归范先生所有，离婚后的 24 年里范先生甚至没有给过案主任何抚养费。

以上的经历是案主产生抑郁情绪的直接根源，从小在幸福优越的家庭环境中长大的案主，第一次重大的人生挫折就是自己的婚姻不幸，离婚后一直独自抚养女儿，尝尽了人生的辛酸。这种经历让原本洒脱开朗的案主变得敏感脆弱，缺乏自信，自我价值感低。婚姻的失败给案主的心理留下了难以磨灭的阴影，给案主造成的打击让她给自己贴上了“失败者”的标签，她甚至将婚姻不幸的原因都归罪于自己，认为都是自己不够优秀才会吃尽苦头，女儿才没能得到父爱，父母亲才会一直为她担忧，认为一切都是自己的错。

（4）个案的家庭情况

良好的家庭环境对于抑郁症患者的康复有着至关重要的作用，抑郁症患者最主要的临床特征就是持续的心境低落，悲观厌世，能够给予抑郁症患者关爱和支持的主要来源就是家庭。案主的家庭情况为：李女士离婚后一直和女儿生活在一起，女儿大学毕业后在一家公司从事测绘工作，经常出差和加班，能和李女士相处的时间越来越少。李女士的父母都已年过八旬，近两年也常常住院需要李女士照顾。李女士有一个弟弟，但是弟弟在外省工作生活，一年通常只能相聚一次。

李女士的家庭情况比较简单，除了远在外省的弟弟以外，能够经常见面，沟通交流的亲人只有女儿和父母亲。父母亲年事已高，越来越需要李女士的照顾，而女儿刚工作不久，主要将精力放在工作上，对母亲的关心比较少。下面是李女士的家庭结构图（见图5－1）。

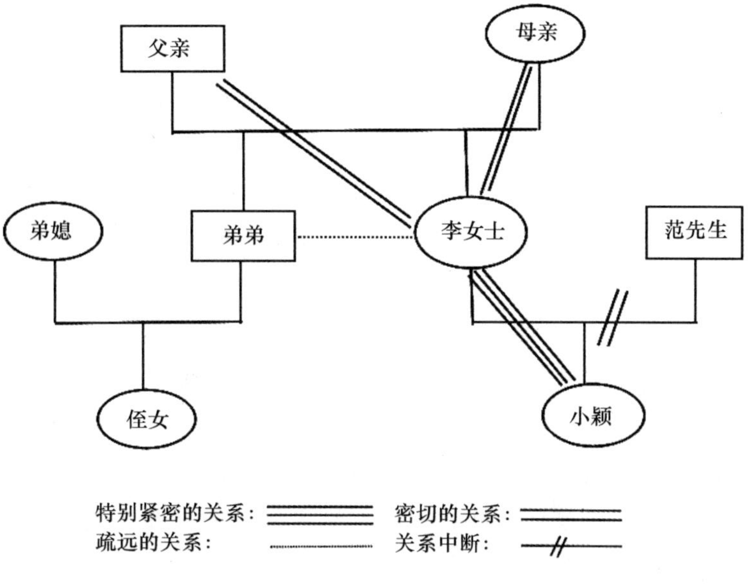

图5－1　李女士的家庭结构

（5）个案的朋辈环境

通过与案主的访谈，笔者了解到与案主交往比较密切的朋友只有两位，平时也都忙于自己的生活而很少联系，通常是两个月左右会见面聊聊天。在工作单位，案主并没有关系亲近的朋友，平时也很少参加同事的聚会，由此可见，案主的朋辈支持系统相当薄弱。

2. 个案的需求评估

通过分析收集到的案主相关资料，笔者认为，案主抑郁情绪的产生是多方面因素共同作用的结果。案主的问题主要有以下几个方面。

（1）改善睡眠障碍

在抑郁症给案主带来的负面影响中让她最为迫切想要改变的还是睡眠问题。

研究者：阿姨，您的睡眠情况怎么样？

案主：发病后刚开始完全睡不着，后来吃了医生给的安眠药可以睡着了，但是一晚上要惊醒三四次，而且会一直做梦，醒来后觉得非常累，就像没有睡一样。因为晚上睡不好，白天总是觉得昏昏沉沉的，就像脚下踩着棉花。小王，别的先不说，我现在最希望的就是能够好好睡一觉。

研究者：阿姨，那您晚上睡不好，有没有尝试在白天睡一下？

案主：白天虽然我觉得很晕，整个人都是木木的，但是如果真的躺下睡觉还是睡不着的。而且可能因为睡不着，到了晚上我就会焦虑，会觉得紧张、害怕，手也会发抖，吃了睡眠的药以后就好了，很快就会睡着，就是睡不踏实。

研究者：那您尝试过在睡前泡泡脚，喝杯热牛奶，或者听一些舒缓的音乐吗？

案主：泡脚和听音乐我都尝试过，但也没有什么帮助，还有没有其他的方法？

研究者：有，还有很多方法可以帮助睡眠，您不要过于着急，而且不要给自己压力，就像您说的每天晚上您都会觉得焦虑，是因为睡眠问题已经让您的心理形成了负担。您越是想睡得好，越是担心会失眠，反而在无形中给自己形成了睡眠的压力。我会告诉您一些放松的方法，这些方法对睡眠有帮助。另外您到目前为止都是服用西药，其实，中药对于治疗睡眠困难的效果也很不错，如果有必要我们可以尝试一下。

案主：好的，希望我能尽快好好地睡一觉。

案主的睡眠问题非常困扰她，入睡困难和睡眠质量差甚至让她产生焦虑情绪，虽然医生给她开的助眠药物能够帮助她入睡，但是多梦浅眠的情况却一直没能改善。晚上不能好好休息，案主白天会觉得头脑昏沉发晕，没有精神，思维混乱，如果长期处于这种状况对案主的身心会带来巨大的伤害。除此之外，案主的女儿告诉笔者，因为睡眠问题，李女士时常会烦躁不安，焦虑易怒，常常为了一点小事就发火，但是事后又会后悔内疚，这也是产生抑郁和焦虑情绪的原因之一。所以帮助案主恢复睡眠质量，是缓解和消除抑郁和焦虑情绪的前提。

（2）改善药物的副作用

案主2015年10月开始长期服用抗抑郁药物，一年多后开始产生副作用，最为明显的就是健忘和肥胖。

研究者：阿姨，您为什么会突然停药呢？是医生嘱咐的吗？

案主：不是，是我自己把药停了。

研究者：为什么要停药呢？

案主：因为这些治疗抑郁症的药物副作用太大了，我从2015年10月开始每天早晚按时服用这些药，今年（2017年）3月开始，我就发现自己的记忆力越来越差，工作的时候还好，但是生活中经常都是丢三落四的，我有好几次都把包落在单位，回家以后才发现。而且我因为有贫血和肠炎一直都是个瘦子，饭量也不大，2016年的时候我只有100多斤不到110斤（案主身高165cm），但是今年开始大概也就是一个多月的时间，我就突然开始发胖，一个月的时间就胖了 20 多斤。周围的人见了我都问我怎么突然胖成这样了，我觉得就是药物副作用导致的，所以我就自己停药了。自从得了抑郁症，每次发病我都非常痛苦，这病已经毁了我的精神，我不能让它把我的身体也给毁了。

研究者：嗯，抗抑郁类药物长期服用都会产生副作用，但是抗抑郁类药物的种类也有很多，有些药物副作用会大一些，有些会小一些，并且这和服用药物的剂量也有关系，所以我们并不一定要通过停药才能避免药物副作用。换药或者控制药物用量也可以避免产生副作用。

所有治疗抑郁症的抗抑郁类药物都会产生各种各样的副作用。案主自 2015 年起一直使用的抗抑郁类药物是盐酸舍曲林，通过查阅资料和询问医生，笔者了解到这种抗抑郁药物的确会对脑神经、肾脏和肝脏等产生不良影响，但是停药并不是控制副作用的唯一方式，换一种副作用较小的药物或者调整服用剂量都可以达到减少副作用的效果。

（3）改变认知扭曲

案主的抑郁表现看似由抑郁的情绪所导致，但实际上情绪的变化并非抑郁症的根源，所有的坏情绪均源于扭曲的认知，即消极的思维方式。案主所有的抑郁症状之所以一直得不到有效改善，就是因为案主的认知出现了扭曲，她用消极思维代替了理性思维。根据新情绪疗法中的十大认知扭曲清单，可以清晰地了解案主的认知问题。

案主：我觉得自己很失败，年轻的时候没有处理好自己的婚姻问题，结果我的女儿从出生开始就没有得到过父爱，还要被别人歧视，我觉得非常对不起她，这一切都是我的错，我是个彻彻底底的失败者，也是个失败的母亲。

研究者：阿姨，您不要过于否定自己，我和您的女儿也聊过几次，她给我的感觉是特别开朗阳光的。她也和我说过自己虽然没有得到过父爱，但是从来也没有觉得自己的人生有遗憾和缺失。因为从她小时起您就对她无微不至的关怀照顾，她的姥姥、姥爷也对她非常好，就连远在外省的舅舅每年回来都要给她买各种好看的衣服，全家人都在用自己的方式关爱她，她一直都觉得自己的家庭非常美满幸福。而且您并不是失败者，更不是失败的母亲，您是一位伟大的母亲。婚姻问题只是人生的一小部分，并非全部，您不能以偏概全，以一个点否定整个面。

案主：是吗？

研究者：当然。您一直以来独自抚养女儿，如果您觉得自己是一个失败的母亲，那说明您认为自己对女儿的教育是失败的，那么您可以告诉我您的女儿有什么不好的方面吗？

案主：（沉默几秒）没有，她从小就很听话，虽然学习算不上非常优秀，但也考上大学顺利毕业了，毕业后也找到了不错的工作，现在也工作得很好，去年年底还给了我一万块钱，说是年终奖，真的是很懂事的孩子。如果非要说不好的方面，那就是都27岁了还不找对象。

研究者：是啊，您看，其实您说自己是一个失败的母亲完全不准确，您的女儿是您一手拉扯大的，如果您认为自己是失败的母亲，就是说自己对女儿的教育是失败的，可是您的女儿非常开朗优秀，这说明您的教育很成功，所以失败的母亲是您给自己贴上的消极标签，完全与事实不符。

案主：消极的标签？

研究者：对！您用错误的判断给自己树立了一个完全负面的自我形象。还有您说自己是个失败者，那么我想再问问您，您在工作上有什么问题吗？

案主：没有，我自从进了这个单位就一直兢兢业业，工作上的那些业务我早就非常熟练了，闭着眼睛都能干，从来没有出过错。

研究者：是啊！第一次到您家来的时候我就能感觉到您是一个非常能干的人，您把家里收拾得井井有条、一尘不染，女儿也培养得非常优秀，工作上也从没出现过问题，那您为什么一直说自己是个失败者呢？

案主：（沉默几秒）我就是觉得自己不够好。

研究者：阿姨，您说都是自己导致女儿受到了歧视，是真的发生过类似的事情吗？

案主：（叹气）没有，至少我的女儿从来没有和我说过有这样的事。但是，前阵子我看一个电视节目，是一个相亲节目，父母带着自己的孩子去相亲，里面就有一个单亲家庭的女孩，节目一开始就有一个家庭的父母明确表示接受不了单亲家庭的孩子。看了那个节目以后我就一直很难过，害怕我的女儿以后也会碰上这样的情况。

研究者：阿姨，我能理解您的心情。的确，社会上有各种各样想法的人，当然也有对单亲家庭的孩子存在偏见的人，但是偏见之所以被称为偏见，就是因为它不公平、不客观，这样的人毕竟是少数。大部分的人还是会通过长时间的接触和了解去判断一个人的，而您为了这种还没有出现的情况就把责任全部归在自己身上，其实根本没有必要，是徒增烦恼啊！

案主：你说得对，我的确是在自寻烦恼，可我控制不了我自己，会不停地胡思乱想，我该怎么办？

研究者：阿姨，您不要着急，我有一些方法也许可以帮到您，只要您愿意配合我，我们一起努力，您一定会康复的。有很多抑郁症患者通过药物干预和心理治疗的配合都康复了，我相信您也一定可以康复。

案主：好的，我会配合你，希望真的有用。

在与案主对话的过程中，首先可以感受到她的思维方式非常负面，就是因为婚姻的失败她常常将自己全盘否定，并且认为自己处理不好婚姻问题，那么在孩子的教育、工作等其他方面也一定是失败的，这就是以偏概全的扭曲认知。其次，案主用高度情绪化和充满感情色彩的语言来描述自己，给自己贴上“失败者”“失败的母亲”这样消极的标签。这种乱贴标签的行为就是一种极端的以偏概全的方式。除此之外，案主还会不自觉地进行罪责归己和妄下结论，即使“女儿成长在单亲家庭这件事会被别人歧视”这个消极事件根本不是她的责任，甚至还没有发生，但她就是会用消极的理解方式下结论。即便没有确切的事实，她也会坚信导致这一切的都是她的责任，认为自己是罪魁祸首。最后案主否定正面思考，坚持以各种消极的想法暗示自己，即使自己聪明能干，工作优秀，对女儿的教育也十分成功，但她还是选择忽略这些正面的事实，选择相信与现实完全不符的消极方面。

以上这些负面的认知就是导致案主产生抑郁情绪的罪魁祸首，但是笔者相信，只要能够转变案主的思考方向，引导案主向着积极正面的方向思考，案主就能比较客观地看待自己，抑郁情绪也能得到缓解。

（4）改变对抑郁症的不正确认识

案主自2009年被确诊患有抑郁症以来，2012年和2015年复发过，2017年是第三次复发。对于抑郁症的复发和需要长期接受药物干预，案主觉得非常痛苦，仿佛根本看不到治愈的希望，这也是案主产生抑郁情绪的一个主要原因。

案主：小王，抑郁症真的能够完全康复吗？

研究者：当然啊，抑郁症是可以通过治疗完全康复的，您一定要相信这一点。

案主：可是，我完全看不到希望啊，在这之前我已经复发过两次，而且从2015年底开始我一直坚持服药，结果只是停了一个月药就又复发了，这是不是意味着我以后只能靠吃药来控制病情？只要停药就会复发？

研究者：阿姨，首先呢，我可以向您保证抑郁症是可以完全康复的，但是实现抑郁症的康复需要过程，需要药物治疗和心理治疗的共同配合，也需要您亲朋好友的支持和鼓励，当然最重要的还是需要您自己心态的调整和认知的转变。抑郁症的特点就是比较容易复发。您从2015年开始长期服用抗抑郁类药物，但是从来没有接受过心理疏导，是吗？

案主：是的，每次发病就是去医院开药然后回来休息一段时间，每次去门诊的人都很多，医生也就是问问情况，然后就给开药了，从来也没有像现在这样坐下来慢慢聊天。其实，每次我去医院都想多说一点自己的病情，可是医生也都很忙，后面还有很多人等着开药，办公室也会一直有人进进出出，根本没有办法好好地说说自己的情况。

研究者：嗯，我之前也去医院了解过门诊的情况，每天人都挺多的，医生也确实很难做到给每位病人做心理疏导。所以虽然您觉得自己已经治疗了很久，但其实只是服药而已，药物治疗只是缓解一些抑郁症状，而导致您产生抑郁情绪的其实是认知问题。药物治疗没办法改变认知，所以服药也只是治标不治本，只有将药物治疗和心理治疗结合才能彻底治愈抑郁症。但是心理治疗的主导者不是医生也不是我，而是您自己，我们能做的只是告诉您一些方法和技巧。

案主：我？我能做到吗？

研究者：当然！通过和您的对话其实我可以感觉到您有彻底康复的决心，也有实现康复的能力，您远比自己想象中有能力，只是您一直选择忽略它们而已。我会尽我所能帮助您，也希望您能配合我，一起实现康复。

案主虽然被抑郁症困扰多年，但是通过和她的对话可以了解到，她对抑郁症的了解并不多，对于抑郁症的治疗方法和过程也没有正确的认识。每次发病只是依靠药物缓解抑郁症状，但案主并不了解，其实所有的抑郁情绪都源自认知和思维，思维决定情绪，只有从改变错误的认知着手，才能彻底改变抑郁情绪。不仅案主对于抑郁症治疗的认识有误，笔者通过与案主的女儿访谈了解到，案主的女儿和父母对于抑郁症及治疗方法也知之甚少。

研究者：小颖，你了解母亲的病情吗？

小颖：我妈妈很少和我说她的病情，我只知道她这两年一直在服药。

研究者：那你知道母亲服用的是哪些药？都是什么时间服用？服用量是多少吗？

小颖：（沉默）不知道。

研究者：母亲去医院就诊，你有陪同过吗？

小颖：这次妈妈发病好几天睡不着，我陪她一起去了医院，平时都是妈妈自己去。

研究者：那你对抑郁症有哪些了解呢？

小颖：（沉默）我只知道抑郁症是一种心理疾病吧，还有就是妈妈每次发病心情都会特别低落，常常流泪，不想吃饭，就是呆呆地坐着，到了晚上她就会紧张、失眠，吃了药以后就会好一些。

研究者：那你有询问过母亲每天都在想什么吗？

小颖：问过，但是她不愿意详细地告诉我，只说是一些无所谓的小事，让我不要担心，她很快就会好了。

研究者：那你知道怎么治疗抑郁症吗？

小颖：我以前觉得靠吃药就可以治疗，但是医生告诉我，如果要想彻底治疗，只靠药物还不行，还得进行心理疏导。

研究者：嗯，那你的姥姥、姥爷对于抑郁症有所了解吗？

小颖：他们知道的和我应该差不多吧。

抑郁症是一种容易多次复发的，需要长期治疗的精神类疾病。因为治疗期较长，所以患者家属的陪伴与协助非常重要，帮助案主及其家属正确了解抑郁症，以及抑郁症的治疗方法和过程，纠正过去对抑郁症的错误认知，有助于案主康复。

(5) 强化社会支持系统

抑郁症患者在康复期间非常需要家人和朋友的支持和陪伴，良好的社会支持系统对抑郁症患者的康复有着至关重要的作用，但李女士的社会支持系统却非常薄弱。

以下是研究者和案主的访谈记录：

研究者：阿姨，您如果有烦心事都会和谁交流呢？

案主：一般就是和我的女儿吧，但她是在外地上的大学，所以她上大学的四年我基本上也是一个人在家，没有说话的人。大学毕业后她回来工作其实也是为了陪着我，但是她的工作很忙，经常加班、出差，再加上又是刚参加工作没多久，工作压力比较大，所以如果有事我也尽量自己消化不想告诉她，不想让她分心。这次发病如果不是一直拖着没好，我其实也不想让她知道。

研究者：那您会和父母说吗？

案主：我的父母都已80多岁了，身体也一天不如一天，我怎么敢再和他们说我的病，他们现在只要照顾好自己，我就觉得很好了。

研究者：您的父母不知道您的病情吗？

案主：知道，第一次发病就是我的母亲带我去医院的，但是他们其实和我一样也不是很了解抑郁症到底是怎么回事，我的母亲就是劝我要放松心情，多想想开心的事，不要钻牛角尖。我的父亲一直觉得，抑郁症都是我自己心眼小造成的，所以还经常批评我，唉，所以渐渐地我也就不和他们说这件事了，一是怕他们为我操心，二是不想听他们唠叨。

研究者：那您也可以和朋友说说。

案主：年轻的时候我一边要工作，一边要照顾女儿，根本没有多余的经历去交什么朋友。这几年女儿工作了，我也比较清闲，就和以前的两个同学联系上了，但是她们也都有各自的生活，我们也就是一两个月见一面聊一聊，但是我没有告诉她们我生病的事，总觉得，得了这种精神病也不是什么光彩的事，不想让别人知道。

研究者：阿姨，抑郁症是一种常见的精神疾病，我更愿意把它形容成精神感冒，就像我们的身体会感冒一样，我们的精神也会感冒，但是我们不会因为身体感冒而感到丢人，却会因为精神感冒而觉得见不得光，这其实也是对抑郁症没有正确的认识造成的。（案主点头）那您还有其他的社交活动吗？比如跳跳广场舞？（微笑）

案主：没有，其实我们家小区旁边每天晚上都有人跳广场舞，我路过的时候也想过要参与，但是真的准备去了又觉得一个认识的人都没有，去了也很难融入，最后还是没去。

研究者：那您还有其他社交活动或者兴趣爱好吗？

案主：除了工作和做家务以外，周末我会去父母家一天，有的时候单位会组织聚餐，如果有空我也会参加，其他时间都是在家待着看电视或者听听音乐。

以下是研究者和小颖的访谈记录：

研究者：小颖，你平时和阿姨聊天吗？

小颖：不经常聊，因为工作以后我一直都比较忙，经常要加班，有时还要出差，所以和妈妈在一起的时间也变少了。

研究者：那你能够及时了解阿姨的心情变化吗？

小颖：（沉默）好像不能，她很少和我说自己有什么不开心的，应该是怕我担心吧。这次她发病比较严重，好几天没睡着，眼睛周围都黑了，脸色特别不好，精神恍惚，我觉得情况比较严重就马上陪她去医院了，这才从大夫那儿知道了一些情况。

研究者：阿姨平时除了工作以外还有什么社交活动吗？

小颖：好像就是偶尔参加单位聚餐或者婚宴什么的，其他就没有了，都是待在家里或者去我姥姥家。哦，我妈妈还有两个关系比较好的阿姨，但是好像也不是经常联系。

案主离婚后一直独自抚养女儿，其中的艰辛可想而知，但是这么多年来案主内心的酸甜苦辣却连倾诉的人都没有，尤其是在患抑郁症之后内心的苦闷更是无人可以分担。除了工作以外，案主几乎没有其他的业余爱好、社交活动。案主社会支持系统的薄弱和生活轨迹的单一，都会对抑郁症的康复产生不利影响。

在案主的社会支持网络中，案主最为重视的是她的女儿小颖，小颖是她生命中最重要的人，是她的精神支柱。如果小颖能够更加关心案主，给予案主更多的支持和鼓励，一定能够激发案主产生更多康复的信心和动力。除此之外，帮助案主培养兴趣爱好，鼓励案主多参加户外活动，认识更多的新朋友，也能够强化案主的社会支持系统。

3. 行动方案设计

（1）服务目标

通过整理和分析所收集到的资料，笔者将服务目标分为以下几条。

1）帮助案主克服睡眠障碍，控制药物副作用

案主抑郁症复发后一直难以入睡，服用助眠药物后依旧浅眠多梦，难以保证睡眠质量，白天昏沉晕眩，心情烦躁难安，无法正常工作和生活，长此以往对案主的身心健康都极为不利，所以克服案主睡眠障碍是帮助案主实现康复的第一步。案主从2015年底开始长期服用抗抑郁类药物盐酸舍曲林。这种药物使案主产生了健忘、

肥胖等不良反应，如果继续服用还有可能伤害肝脏和肾脏等器官。药物所产生的不良反应已经对案主的正常生活产生了负面影响，需要尽快与李女士主治医生沟通更换药品或者调整药品用量。对于已经产生的健忘、肥胖等不良反应也需要制定改善计划，帮助案主恢复健康的身体机能。

2）矫正案主认知扭曲，发掘案主潜能

案主婚姻的失败和被家暴的经历对她的心理产生了巨大的负面影响，婚姻的不幸不仅让案主难以释怀，而且让案主对自我的认知产生了极大的扭曲。案主认为自己失败、无能，将身边发生的一切消极事件都归罪于自己，并且否定正面思考，长期沉浸在自责自卑的情绪里，这些都直接导致了案主抑郁情绪的产生。所以纠正案主的错误认知，引导案主正面思考，并激发案主的自身潜能，发觉案主的优势，培养案主抗逆力，是个案服务的主要目标。

3）协助案主及其家属正确认识抑郁症，建构有利于案主康复的家庭环境

案主的家庭支持系统薄弱，内心的负面情绪长期得不到宣泄，自身及其家人对于抑郁症的认识不正确，都在某种程度上阻碍了案主的康复。家庭环境是李女士实现康复的主要场所，家人的包容、支持和鼓励是案主最强大的动力。李女士及家人对抑郁症的了解不清及案主过于封闭自己，不愿和家人分享自己真实的想法，是直接导致案主及家人不能形成良性沟通的主要原因。改变案主态度，让李女士及家人对抑郁症有一个清晰、正确的认识，形成良好的家庭氛围，让案主和家人更好地沟通，都是帮助案主恢复的重要条件。

4）强化案主朋辈支持系统，丰富案主业余生活

案主生活轨迹单一，缺少朋辈群体的支持，几乎不参加社交活动，很难结交新朋友。这些都不利于抑郁症的康复，需要重新建构和强化案主的朋辈支持系统，帮助案主培养兴趣爱好，认识更多新的朋友，鼓励案主多参加户外活动，提升案主的社交能力。

（2）行动计划

表 5 - 1　　　　行动计划具体方案

	服务名称	服务内容	服务目的
第一阶段	与案主建立信任关系	1. 引导案主宣泄情绪 2. 取得案主的信任	引导案主适当宣泄负面情绪，通过陪伴案主运动拉近与案主的距离，逐步取得案主的信任，为以后的服务建立良好的信任关系
第二阶段	帮助案主恢复身体机能	1. 改善睡眠问题 2. 控制和改善药物副作用	帮助案主改善睡眠及抑郁药物所产生的副作用，通过恢复身体机能缓解案主焦虑情绪
第三阶段	矫正案主认知偏差	1. 识别扭曲认知 2. 构建正确认知 3. 寻找抑郁的深层原因	引导案主明确自己产生抑郁情绪的认知根源，通过“三栏法”学习构建正确认知。在认知问题得到初步解决后通过功能失调性态度问卷（DAS）寻找案主抑郁的深层原因，让案主了解自己的心理优势和劣势，重获自信和自尊，预防抑郁复发
第四阶段	建构有利于案主康复的家庭环境	1. 帮助案主及其家属正确认识抑郁症 2. 实现案主与其家人的良性互动 3. 案主及小颖的反馈	协助案主及其家人正确认识抑郁症，并通过实现案主与其家人的良性互动建构有利于案主康复的家庭环境
第五阶段	激发案主潜能	1. 聚焦案主优势，提升案主自我价值感 2. 激发案主抗逆力，强化案主自我效能感	根据优势视角理论，在服务过程中不断发掘案主自身优势，提升案主自我价值感。聚焦案主积极发展的可能性，逐步提高案主解决问题的能力，利用积极期望的驱动力量，激发案主的抗逆力

续表

	服务名称	服务内容	服务目的
第六阶段	强化案主朋辈支持系统	1. 鼓励案主参加集体活动 2. 鼓励案主培养兴趣爱好	通过鼓励案主参加集体活动和培养兴趣爱好，让案主有机会认识更多的新朋友，感受更多的生活快乐，提升案主的社交能力，丰富案主的业余生活，强化案主朋辈支持系统

（三）行动方案实施

1. 个案行动过程中研究者的角色界定

研究者在抑郁症患者康复过程中扮演着非常重要的角色，从理论上说，笔者在李女士康复过程中承担了服务者、使能者和倡导者的角色。但在实务操作过程中，研究者的角色并非如此简单，有时可能会出现角色冲突。因此，笔者需要确定研究者的专业角色。

（1）服务者角色

研究者根据收集到的资料分析案主所面临的主要问题，制定具体服务方案，利用专业服务方法和技巧，整合各方资源，协助案主恢复受损社会功能是研究者的主要任务。研究者在具体服务过程中，不仅要为案主做心理疏导，而且要整合一切可以利用的社会资源为案主营造更有利于恢复功能的社会环境，不断激励和发觉案主的自身潜能，最终实现助人自助。

在具体实施服务方案时，研究者要时刻关注案主的反应，不断调整服务技巧和方案。例如，研究者最初与李女士建立信任关系时，她被睡眠障碍所困扰，思维混乱，悲伤易怒，面对面的深度访谈实施起来很有难度，所以研究者决定陪着李女士去户外散步。阳光、微风、流动的新鲜空气和开放的视野都有利于缓解案主的焦虑和抑郁情绪，也能增加案主与研究者的亲近感。在散步的过程中随意地和案主聊聊生活中的琐事，让案主分享更多的想法和感受，逐渐建立信任关系，为之后的个案服务创造有利条件。

（2）使能者角色

研究者在为案主服务的过程中要始终明确，能够让案主摆脱抑郁困扰的关键不是研究者而是案主自己，案主有足够的潜能战胜抑郁实现康复。研究者要做的就是帮助案主发掘这些潜能，恢复案主的自信，提升其自我价值感。在康复过程中，案主不能只是被动地接受改变，而要通过研究者的引导主动地发挥能动创造性。作为使能者，研究者要鼓励案主充分表达自己的内心感受，为案主提供情感宣泄的渠道，并运用自己的专业知识和技巧帮助案主积极面对自己的问题，从而促进案主的积极发展。

抑郁症患者普遍存在低自尊、自卑、自我价值感低、挫败感强等感受，这些感受让案主觉得自己只能依靠医生、药物或他人的帮助才能康复。如果不能引导案主正确地认识到其自身才是康复的关键力量，就会让案主对药物产生依赖性。这种依赖性不仅不利于抑郁症患者的恢复，还有可能对案主产生二次伤害。所以在服务过程中一定要明确自身角色，整合案主身边资源，培养案主抗逆力，激发案主潜能，让她自己解决问题。

（3）支持者角色

对于抑郁症患者，他人的理解、接纳、鼓励和支持无比重要，这些不仅能够激发他们战胜抑郁的决心，还可以成为他们坚持治疗的动力。研究者必须成为案主最坚强的后盾，不断鼓励案主，给予案主心理上的理解与支持。除此之外，在一个家庭中，如果有家庭成员患有抑郁症，其他家庭成员也会变得焦虑，破坏温馨和睦的家庭氛围，这对于患者的康复本身也是一种阻碍，所以帮助案主家人正确认识抑郁症，并给予他们支持和鼓励，让患者家属积极理性地面对案主的抑郁症，为案主的康复创造良好的家庭环境，是研究者的重要角色之一。

2. 行动过程

（1）与案主建立信任关系

1）引导案主宣泄情绪

因为受抑郁情绪的影响，案主比较激动，在面谈时经常控制不住地流泪。案主告诉笔者，她伤心想哭都是因为想起了离婚的情况和这些年抚养女儿的不易，只要一想到自己经历过的苦难，案主就会悲伤不已。笔者认为，哭诉虽然不能从根本上解决问题，但适当的宣泄有利于缓解案主的抑郁情绪。

2）取得案主信任

要想达到理想的介入效果首先需要得到案主无条件的信任，笔者决定通过陪伴她在户外散步，让案主对笔者产生亲近感，同时也通过每天步行 3 公里的身体锻炼，帮助案主提高睡眠质量。和案主一起在户外步行一周后，案主和笔者的沟通越来越顺畅自然，案主的配合度也越来越高，这为之后的介入打下了良好的基础。

（2）帮助案主恢复身体机能

1）改善睡眠问题

笔者通过以下四种方法缓解案主的睡眠问题。

第一，调息法。这种方法非常有利于缓解案主紧张、焦虑、不安的情绪，而且简单易学，就是在每天晨起和每晚睡前做五次深吸气、屏息、深呼气的简单深呼吸运动。

第二，肌肉放松训练。肌肉放松训练要求案主想象最令人松弛和愉快的情景，使全身肌肉得到深度松弛，每天练习两次，第二次在睡前进行，每次 10—15 分钟。肌肉放松训练包括对手臂、肩膀、颈部、脸部、胸部、腹部、背部、腿部、臀部和脚部等部位的肌肉训练。开始训练时，笔者带领案主及小颖一起进行训练，之后笔者用语言引导案主做训练，小颖在旁学习如何引导，案主及小颖都学会训练方法后由小颖引导案主每天练习两次。这两种办法有助于案主通过机体放松，达到心理放松，缓解焦虑情绪，提高睡眠质量。

第三，每日步行三公里。案主待在家中，心烦意乱，胡思乱想，非常不利于情绪的疏解。每日步行3公里，不仅可以帮助案主缓解焦虑、抑郁情绪，也能通过锻炼身体提高睡眠质量。

第四，服用中药调理睡眠障碍。案主服用安眠类西药也有一段时间了，虽然有助于入睡，但是多梦和浅眠的情况并没有好转，如果长期服用安眠类药物也容易形成药物依赖，所以笔者取得案主主治医生的同意后，陪同案主咨询中医，通过服用副作用更少的中药来缓解睡眠问题。

通过以上四种方法，两周后案主的睡眠障碍基本缓解，除偶尔还会做梦以外，入睡困难、浅眠和多次惊醒的症状已经完全消失。睡眠障碍被克服后，案主精力充沛，食欲增加，能控制自己不乱发脾气，焦虑症状基本缓解，不会再觉得紧张难安，抑郁情绪也缓和了很多，整体精神面貌焕然一新。

2）控制和改善药物副作用

为了控制抗抑郁药物对案主产生的副作用，笔者和李女士的主治医生沟通，向他说明了药物副作用对案主造成了记忆力下降和肥胖的副作用，询问医生是否能更换抗抑郁药物或改变药物服用量。医生了解情况后决定使用副作用更小的草酸艾司西酞普兰代替盐酸舍曲林，并将原来案主在入睡困难时服用的助眠药物佐匹克隆换成阿普唑仑。佐匹克隆依赖性强，停药后有可能发生撤药反应，而阿普唑仑依赖性小，安全性更高。医生也告诉研究者，李女士记忆力下降是因为抗抑郁药物对脑神经造成损伤所致，所以服用一段时间的益脑片有利于缓解记忆力减退症状，对于李女士的肥胖问题，医生建议增加体育锻炼慢慢恢复。

抑郁药物的调整可以从根本上减少副作用产生的可能性，服用益脑片可以缓解记忆力减退症状，案主每天3公里的步行只要继续坚持就可以慢慢减轻体重，恢复身体机能。调整抗抑郁药物和改善睡眠问题后，案主重新回到了工作岗位，每天下班后继续坚持步行。

(3) 矫正案主认知偏差

强烈的消极思维常常会伴随着抑郁发作，同时还会产生与之相关的痛苦情绪，所以消极思维才是产生抑郁情绪的根源。在真实的世界里会发生一系列积极事件、中性事件和消极事件，在解读所发生的事情时，人们会运用脑海中不断闪现的一系列思维，这就是“内部对话”，我们的感受来自于思维，而不是真实发生的事件。所有的感觉都必须先由头脑赋予主观意义，之后才会产生情绪反应。所以思维作用的“内部对话”是情绪产生的必经之路，对于抑郁症患者而言，对真实发生的所有事件，他们都有办法通过扭曲的认知，即消极的思维方式进行“加工处理”，然后产生让自己整日郁郁寡欢的痛苦情绪，无论真实发生的事件是否真的如此消极。归根究底，消极的思维方式才是抑郁情绪产生的真正元凶，只要改变消极的思维方式，就能从根本上抑制抑郁情绪的产生。

1）识别扭曲认知

为了帮助案主学习正确积极的思维方式，研究者向案主解释了抑郁情绪产生的过程，让案主了解并不是生活中发生的真实事件让她如此痛苦，而是她自己的错误认知导致她产生抑郁情绪。

研究者：阿姨，您认为自己产生抑郁情绪的主要原因是什么？

案主：就是因为我不够优秀不够好，因为我很失败所以不能像别人一样拥有一个幸福美满的家庭，离婚就是我得这个病的主要原因吧。

研究者：阿姨，其实让您产生抑郁情绪的根本原因并不是生活中发生的真实事件，而是您自己的一些消极思维，我给您画一个图（见图5-2），您就会明白思维和情绪之间的关系了。

研究者：通过这个图您可以看到情绪完全源自于您看待事情的方式，在感受任何事情之前，您都必须运用思维将它诠释一番，然后再下定义。对于所有发生的事情，你必须先理解，

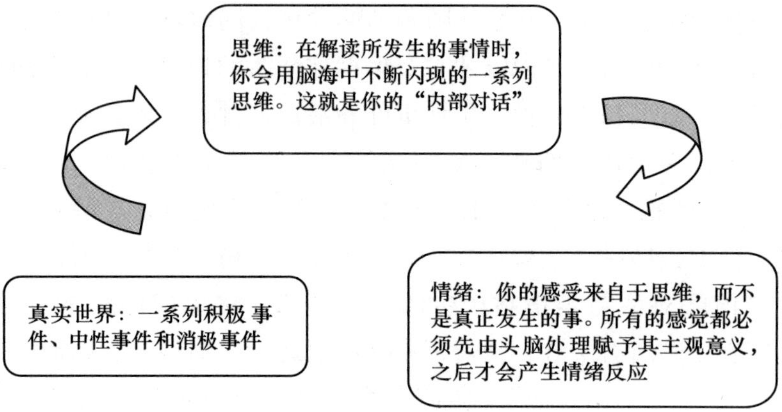

图 5－2 思维和情绪之间的关系

然后才会产生相应的感觉。如果您对现实世界的理解准确无误，那么您的情绪反应就是正常的；如果您的认知存在某种程度的扭曲，那么您的情绪反应就是不正常的。抑郁就属于这个范畴，它是一种心理上的干扰、曲解的产物。您一直认为自己婚姻失败是患抑郁症的原因，是自己发病时被痛苦的情绪压得喘不过气的罪魁祸首。您甚至把婚姻失败的原因都归结到自己身上，认为自己不够优秀不够好才会离婚，才会让女儿没有父亲，让父母为自己担忧，才会独自带着女儿经历那么多的艰辛。其实，离婚这件事虽然是一个消极事件，但并不是离婚就一定会得抑郁症，您之所以被抑郁症困扰主要还是您自己的内部对话也就是思维方式出现了问题。现在让我用积极的思维方式帮您分析一下这件事，您听后看转变一种思维方式，您的心情会不会好一点。

案主：好的。

研究者：我认为导致您婚姻失败的原因，第一是您和范先生是通过相亲认识的，认识时间也不长就结婚了，所以对于范先生您没有了解清楚他的性格、家庭环境、人品和三观是不是和您适合；第二，范先生在您生下女儿后表现出极度的重男轻女现象；第三，范先生对您使用暴力。这些才是导致您婚姻失败的主要原因，而不是您所说的因为自己不够优秀不够好，相反，您为了自己也为了女儿能在更好的家庭环境中长大，选择了离婚，开启新生活，是非常勇敢和坚强的决定。离婚并不能说明您很失败，反而说明您是一位伟大的母亲。离婚后您又独自抚养小颖24年，为了避免她再次受到伤害，您甚至放弃了再婚，一直努力工作以抚养小颖，让她接受良好的教育，找到理想的工作。对您的父母您也常常去探望，在他们生病时细心照顾。把自己的生活打理得井井有条，工作也完成得很出色。虽然您因为遇人不淑有过一段失败的婚姻，但是这并不是您的错，离婚后这些年您也一直努力积极地生活，把身边的家人都照顾得很好，您在我的眼中是一位伟大的母亲，是一位善良坚强，各方面都很优秀的长辈。这就是我对您过去经历和对您个人的看法，我是用和您不同的理性思维方式去分析的，听完之后您有什么不同的感觉吗？

案主：（沉默）听你这么一说，我感觉心情好了很多，也许我一直以来真的太消极了，但是如果没有你帮我分析，我还是很难改变自己的想法。

研究者：那是因为您的消极思维方式已经形成条件反射，几乎成为一种“下意识思维”，想要改变并不容易，需要长时间的练习和坚持才能改变，但是您现在已经能够意识到是自己的思维方式出了问题，就已经迈出了成功的第一步。只要您愿意配合我，我有信心帮您彻底改变消极思维，您愿意和我一起努力吗？

案主：当然！

研究者：好的，那我们今天先了解一下有哪些错误的认知方式吧。

案主：（点头）

研究者：已经有学者将错误的认知方式总结成了十条，我给您列了一张清单，您看一下。这张清单中的认知扭曲就是您所有抑郁情绪的罪魁祸首，请您仔细阅读，我们需要利用这张清单，一一改变您错误的认知方式。

案主：好的。

在帮助案主详细了解十大认知扭曲清单之后，研究者开始分析案主的认知扭曲。

研究者：您已经了解了这些认知扭曲的定义，那么现在我们可以依据这张清单，分别对应您的具体问题。就您刚才对自己婚姻问题的看法，您认为有哪些认知扭曲？

案主：我觉得这个以偏概全很符合我的想法，我一直觉得自己因为婚姻失败，导致我之后的人生都变得很糟糕，不管是在工作还是生活上都发生了很多不好的事。

研究者：嗯，您分析得很好，还有别的吗？

案主：还有这个乱贴标签，我好像记得你给我说过，是吗？

研究者：对啊，您的记忆力不错嘛，（笑）还记得我具体说了什么吗？

案主：（微笑）你说我不该说自己是个“失败的母亲”，不该说自己是个“失败者”，对吧？

研究者：对，其实您总是因为婚姻的问题就否定自己的全部，不仅是乱贴标签，也是一种非此即彼的错误思维，婚姻不是人生的全部，不能因为一点不完美就否定其他方面的成就，这是一种错误的极端思维。您还能分析出别的吗？

案主：这个罪责归己，我是不是也有点……

研究者：没错，您一直把婚姻的失败全部归罪到自己的身上，就是错误地将罪责归己，还有您跟我提到的认为小颖有可能会被有单亲偏见的人歧视这个想法，不仅是毫无理由的罪责归己也是妄下结论，因为这件事根本还没有发生，也不代表一定会发生，可是，您还是为此过分担忧，这就是犯了先验错误。

案主：嗯，看来我的认知真的很不正确啊！

研究者：阿姨，您能认知到自己的问题已经是一种极大的进步了，也不要因为这些扭曲认知而觉得自己犯了很大的错。其实不仅是你，我也一样常常会有这样那样不正确的消极思维，只要我们找出它们并学会用积极正确的思维方式去取代它们，就能战胜自己的问题。在分析您的问题之前，我也分析了自己的一些消极思维，其实我是和您一起在不断进步呢！（微笑）

案主：（微笑）好，我们一起改正吧！

和案主一起分析她的错误认知，是重建正确认知的前提，只有案主能够意识到自己认知上的偏差，才能通过理性回应构建积极的思维方式。

2）构建正确认知

在案主掌握识别扭曲认知的方法后，笔者采用“三栏法”（见表5－2）帮助案主构建正确认知。左边的一栏，写下脑海里出现的所有消极的下意识思维；中间一栏，根据十大扭曲清单，找到相应的扭曲认知；右边一栏，是最关键的一步，写下自己相信的理性客观想法。案主如果在思考某个消极思维时，想不出理性回应，可以把它先空着，慢慢想，如果绞尽脑汁还是想不出，可以让家人或者研究者帮她回答。下面是案主通过“三栏法”练习构建理性思维的记录（见表5－2）。

表5－2　李女士“三栏法”练习记录表

下意识思维	扭曲认知	理性回应
1. 婚姻失败后，我的人生都失败了	以偏概全	并不是这样的，除了婚姻问题我没有处理好以外，工作、教育孩子、孝顺父母、打理家务，这些事我都做得很好

续表

下意识思维	扭曲认知	理性回应
2. 我是个“失败者”，是个“失败的母亲”	非此即彼 乱贴标签	婚姻不是我的全部，生命中的一点缺憾并不代表我整个人生，我对孩子的教育很成功，我是个好妈妈，在其他方面我也都做得不错，我虽然不完美，但我并不是失败者。我只是和大多数人一样，是有缺点的普通人
3. 婚姻失败都是因为我不够优秀不够好	罪责归己	婚姻失败有我的原因，但并不是全部，我只是遇人不淑
4. 我的孩子会被别人歧视是在单亲家庭长大的，别人会觉得她肯定在性格上有缺陷，这都是因为我	先知错误 罪责归己	我担心的这件事还没有发生，也不一定会发生。而且我的孩子很健康很开朗，并没有什么缺陷，别人和她相处之后会知道她是个好孩子，我对她的教育很成功

“三栏法”是一种可以改变抑郁症患者思维方式的方法。在生活中遭遇消极事件时，抑郁症患者头脑中会下意识地产生一些不合逻辑的、苛刻的自我批评，而“三栏法”的目标就是让患者学会用更客观的理性思维来取代这些有害的消极思维。

3）寻找抑郁的深层原因

在消极思维得到一定程度的改变后，案主觉得自己的抑郁情绪已经得到了控制，感觉抑郁症基本痊愈了，但其实“感觉好转”和“实际好转”之间还是存在差距的。想达到“实际好转”还需要帮助案主找到自己抑郁的深层原因，即“隐性假设”。隐性假设非常重要，它可以解释案主一开始为什么会抑郁，也能预测什么时候抑郁会复发。所以，找到隐性假设并相应地克服它们，是预防抑郁复发的关键。笔者通过功能失调性态度问卷（DAS）寻找案主的隐性假设（见表5－3）。

表 5－3　　　　李女士功能失调性态度问卷得分

价值体系	题号	各项得分	总分
1. 认同	1—5	－1、＋1、＋1、－1、＋1	＋1
2. 爱	6－10	－1、－1、－1、＋1、＋1	－1
3. 成就	11－15	－1、－2、－1、＋1、＋1	－2
4. 完美	16－20	＋1、＋1、－2、－1、＋1	0
5. 资格	21－25	－1、－1、＋1、＋1、＋1	＋1
6. 全能	26－30	＋1、＋1、－1、－1、＋1	＋1
7. 自主性	31－35	－1、＋1、－1、＋1、－1	－1

功能失调性态度问卷中的每五项分为一组，一共七组，与七项价值体系相对应。每一组可衡量一种价值体系。每一组的总分介于－10和＋10之间，笔者根据案主七项价值体系的总分画出坐标，形成李女士的个人理念曲线（见图5－3）。

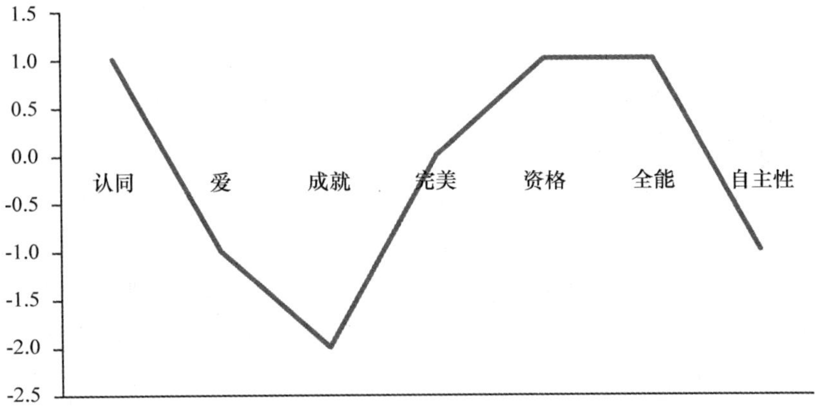

图5－3　李女士个人理念曲线图

如果得分为正，则表示案主的心理在这方面处于优势；如果得分为负，则表示案主在情绪上处于劣势。根据功能失调性态度问卷的得分说明，笔者找到了李女士在爱、成就和自主性三方面所存在的隐患：

案主在“爱”这个价值体系中的得分为－1，这说明案主依赖爱，但是情况并不严重。李女士之所以在这个价值体系中的得分是负值和她婚姻失败有直接的关联，也和她对女儿的依赖有直接关联。案主自离婚后，女儿小颖就是她生活的中心，她所做的一切努力都是为了给小颖提供安稳的生活条件，同时也为了弥补小颖缺失的父爱，非常疼爱小颖，时刻关心照顾，可以说女儿是她的全部。她爱小颖也依赖小颖。如果能够帮助案主找到生活中更多的兴趣爱好，丰富案主的生活，适当地转移案主对女儿的关注，关于“爱”的隐患就能逐渐消除。

案主在“成就”这个价值体系中的得分为－2，表示案主认为自我价值和快乐取决于自己的成就。在案主所有情绪问题里都有这个价值体系的影子，李女士之所以患抑郁症，并且不断复发，都是因为案主认为自尊和快乐都源自婚姻家庭的幸福和快乐，这种错误的认知导致一系列问题的产生。案主的原生家庭环境非常优越，自己在工作方面也做得很出色，所以在结婚之前李女士的自我价值感非常高，内心很有优越感，她认为自己的人生应该永远都是这样顺风顺水、快乐幸福的。但是，婚姻失败给了她巨大的打击，也彻底改变了她对幸福美满家庭生活的向往。案主认为，作为女人，婚姻才是一生中最重要的部分，婚姻的成败决定了人生的成败，也正是因为这种偏激的想法，案主才会因为离婚就彻底否定了自己的价值，从而产生抑郁情绪，导致抑郁症的发生。所以帮助案主改变错误的认知，形成积极理性的思维方式非常重要。

案主在“自主性”这个价值体系中的得分为－1，表示案主仍然错误地认为快乐和自尊来源于外界。李女士非常在意外界的评价和看法，这对她非常不利，因为外界的一切都是她无法控制的，如果情绪被外部因素所左右，那么抑郁情绪随时都有可能复发。只有彻底摆脱这种态度，将自己释放出来，明确地意识到的所有的意义和感受都只能从自己的头脑中创造出来，只有自己能为自身的情绪和感受负责，渐渐拥有自主性并懂得个人责任的意义时，抑郁情绪才会得到根本的控制。这部分也可以通过理性回应的练习，慢慢改善。

案主在被抑郁情绪困扰时，最突出的心理状态就是自我价值感低，而以上三方面就是导致案主自我价值感低的罪魁祸首。李女士错误地认为自我的价值和快乐来源于被爱，来源于婚姻幸福美满的成就感，来源于外界的评价，但她却忽略了自我价值和快乐其实都来自于自我的认知和肯定，自我价值只源自于“自我”。所以，案主只有调整心态、矫正错误认知、客观评价自己才能从根本上提升价值感，获得快乐。练习“三栏法”可以有效矫正案主的扭曲认知，帮助案主养成理性思维方式，除此之外，还能帮助案主调整心态，学会用更加积极阳光的态度看待身边事物。

（4）建构有利于案主康复的家庭环境

1）帮助案主及其家属正确认识抑郁症

案主及其家属对抑郁症及其治疗方式的认知不清，非常不利于案主抑郁症的康复，所以笔者将收集到的抑郁症资料整理后让案主及其家属阅读，让她们清楚正确地了解抑郁症的临床表现和治疗方法，还通过一些成功康复的案例提升李女士及其家人对康复的信心。

2）实现案主与家人的良性互动

案主的家庭支持系统薄弱，内心的负面情绪无处诉说，家人对李女士的关心、包容不足在很大程度上阻碍了案主的康复。在案主的家庭支持系统中，对李女士影响最大的就是她的女儿小颖，小颖不仅是案主身边最直接有力的支持者，也是促使案主康复的最大动力。

研究者：小颖，这些年阿姨为了抚养你吃了不少苦，也受了不少委屈，如今阿姨的年纪越来越大，身体和精力都不如年轻的时候，以前经历过的一些不开心的往事也容易回忆起来。阿姨逐渐老去，而你已经长大成人，需要肩负起更多的责任，比如经常和阿姨聊天，了解她内心的一些想法和痛苦，帮助她走出过去的阴影，引导她更加积极正面地应对生活中的一些负性事件。花更多的时间陪伴她，不让她觉得孤独，鼓励她，给她更多的信心积极治疗抑郁症，这些都是你现在必须承担的责任。你知道吗？

小颖：（点头）我以前做得确实不好，一直以来都是妈妈自己去医院看病，吃药也是她自己吃，平时我也忙着自己的工作，很少陪她聊天，她每天都在想什么，为什么觉得不开心我都没有关注过，以后我都会改正的。

研究者：以前的事都不重要了，只要你从现在开始更多地关心照顾阿姨，一切都不迟。我和阿姨聊天的过程中可以明显地感受到，在她的生命里没有人比你更重要，万事她都是以你为中心，只要是为了你，让她做什么她都心甘情愿。虽然过分地依赖你也是有问题的，但是这也让我了解到，你是能给她最大动力的人。抑郁症患者如果要想彻底康复，除了自己调整心态外，家人朋友的关怀和照顾更加重要。阿姨的朋友不多，能够说知心话的人更是没有，你的姥姥、姥爷年事已高，没有更多的精力去照顾阿姨，现在只有你是阿姨身边最亲近、最有力的支持者。我之前给你看的那些关于抑郁症的资料，你有认真阅读吗？

小颖：有，我都认真看过了。

研究者：阿姨2009年被确证患有抑郁症，之后又复发过两次，这是第三次复发，前不久为了控制药物副作用，医生给阿姨换了抗抑郁的药和助眠药，又增开了益脑片，这些情况你都了解吗？

小颖：妈妈换药我知道，但是具体换了什么药我还不是很清楚。

研究者：医生给阿姨写了服用药物的清单，上面有药名、每日服用的次数和计量，我抄写了一份，现在给你。因为抗抑郁的药物有一定的危险性，所以以后请你务必要监督阿姨吃药，次数、剂量都要谨遵医嘱，如果再产生药物副作用也要及时和主治医生取得联系。

小颖：好的，我知道了。

研究者：除了药物外，阿姨的心情变化也需要你及时了解关注，我让阿姨练习的“三栏法”你也知道吧？

小颖：我知道，妈妈都和我说了。

研究者：嗯，以后每天下班回家后希望你能抽出一点时间和阿姨聊一聊，如果阿姨在做“三栏法”时遇到什么困难，也希望你能够帮她一起解决，再有什么不清楚的你可以直接问我。抑郁症患者要想实现康复需要很长时间的努力，在这个过程中也有可能出现反复状况，这个时候家人的鼓励是最有效的。我和阿姨聊天的时候发现，你的姥姥、姥爷对于抑郁症的认识也不十分正确，尤其是爷爷常常因为这件事责骂阿姨，是吗？

小颖：是啊，姥爷一直觉得是我妈心眼小才会得这个病，只要一提到这件事就会说妈妈。

研究者：爷爷奶奶年纪大了，我也不方便直接去拜访两位，希望你能够将关于抑郁症的资料拿去给爷爷奶奶看看，也告诉两位老人，抑郁症是一种精神类的疾病，如果已经患有这种疾病，就更加需要家人的支持和理解，一味责骂不仅不会有任何正面效果，反而有可能加重阿姨的病情。阿姨抑郁症最明显的一个临床表现就是自我价值感低，缺乏自信，常常带有无端的自责感，如果家人还常常指责她的话，阿姨的抑郁情绪就会更加严重。阿姨已经患病了，再去追究患病到底是谁的责任已经没有什么意义，我们能做的就是帮助她鼓励她快点恢复。爷爷和奶奶如果能够改变一下对待阿姨的态度，那么阿姨就有可能更快恢复健康，小颖，希望你能够转述这些话给你的姥姥、姥爷。

小颖：我知道了，这周去见他们时，我一定会转达到的。

3）案主及小颖的反馈

案主的反馈：

研究者：阿姨，小颖最近和您有更多的交流吗？

案主：(点头）有，小颖最近几乎每天都和我聊聊，特别关心我，以前我们单位发生了什么，她都不怎么关心，除非我主动说，最近每天下班回来就问我心情怎么样，有没有什么事发生。还监督我吃药，我要去医院时她也说要请假陪我，不过我没让，不想耽误她上班。

研究者：嗯，其实小颖已经长大了，您可以把一些心里话告诉她，让她帮您分担一部分，家人之间本来就是互相支持的，您不要总是怕影响到小颖就什么都不说，她也非常希望能够帮您疏解情绪，如果您一味瞒着她，她会更担心。

案主：最近和你，和小颖说了很多，其实我已经感觉轻松了。这些年我确实太压抑自己了，以后有什么不开心的我会和小颖说，及时地发泄情绪我也能好过一些。

研究者：嗯，是的。除了小颖外，您的父母亲最近对您的态度有没有好一点？

案主：有，变化最大的就是我爸爸了，他没有再批评我了，还和我说了很多他年轻时候受的挫折和坎坷，告诉我每个人都会遇到一些伤心难过的事，但是要坚强，让我多向他和妈妈学习。以前父亲总是很严厉，少言寡语，很少和我说这么多话，我也不知道原来父亲心里有这么多的遗憾和伤心，和他聊过以后我觉得我们彼此都更能理解对方了。

研究者：是啊，家人之间有时也正因为感觉没什么距离就很少和彼此说心里话，但是无论距离多近，也需要及时沟通才能更加理解对方。

案主：没错，以前我总觉得身边没有人能理解我的痛苦，但最近我感觉其实是我自己太过于封闭了，我不告诉身边的人我真实的想法，所以他们才不知道如何帮我分担。

小颖的反馈：

研究者：最近阿姨有什么变化吗？

小颖：有，最近妈妈的心情明显好了很多，我和她说话的时候她也比较能集中注意力，不会经常发呆。

研究者：和阿姨有经常聊天吗？

小颖：有，我现在每天回家都会抽空和妈妈聊一聊，不管是开心的还是不开心的，她也都会跟我分享。关于以前的一些事妈妈也愿意和我说了，都这么多年了，我才知道妈妈心里有那么多的委屈和痛苦，说出来之后我觉得她的心情也好了一些。

研究者：是，适当宣泄内心的苦闷，对于疏解情绪很有用。听阿姨说你最近也有陪着她出去运动？

小颖：（微笑）嗯，看到你和妈妈一起散步，我才发现自己都没有陪她散过步，真的很愧疚，所以只要不加班我都会陪她一起去走路。

研究者：你做得很好，小颖，我们一起努力，阿姨慢慢就会康复了。

案主和其家人实现良性互动后，负面情感得到宣泄，感受到了来自家人的温暖，也加强了彼此的理解，抑郁情绪得到很大程度上的缓解，在家人的帮助下案主也更容易建立理性的思维方式，纠正扭曲的认知。除此以外，构建和谐的家庭氛围也有利于预防抑郁症的再次复发。

（5）激发案主的潜能

1）聚焦案主优势，提升案主的自我价值感

随着个案服务的开展，研究者对案主李女士越来越敬佩。李女士是一位非常伟大的母亲，她从29岁开始独自抚养女儿，一路走来无比艰辛，但为了给女儿小颖创造安定温暖的成长环境，坚强地应对所有的磨难，从不抱怨、退缩，永远独自承受所有苦难，将爱和温暖留给女儿。李女士坚强、果断、努力、细腻，这些都是她内在最强大的优势，除此以外，她渴望彻底摆脱抑郁的困扰，这将成为她康复的巨大动力。李女士原生家庭条件优越，有良好的教育背景，自己、父母和女儿都有稳定的收入，没有经济压力，研究者在服务期间她的配合程度高，沟通无障碍，这些都是李女士的潜在能力。

以上这些优势都是案主战胜病魔的重要资源，只是她暂时性地忽略和隐藏了它们，研究者只要能引导案主聚焦自己的优势，发掘自身潜能，就能增强案主的自信，提升案主的自我价值感，调动案主解决问题的积极性，最终解构案主的负面语言、情绪问题，重建案主优势语言。

研究者：阿姨，抚养小颖一定很辛苦，您是怎么坚持下来的？

案主：是很辛苦啊，但是作为一个母亲我既然把她带到了这个世上，我就有责任好好地抚养她教育她，让她长大成人。为了让她健康快乐地成长，吃再多的苦我也不怕，无论多么辛苦，只要看到她开开心心的，我也就心满意足了。

研究者：阿姨，银行的工作是不是需要非常细心才能干好？

案主：是啊，干财务工作一定要细致，弄错一个数字就很麻烦，再回过头去找就不容易了，所以要认真细心。

研究者：那您工作这么多年有没有失误的时候？

案主：也有啊，但是没有出过什么大错，我刚参加工作的那些年还是手工记账，也没有什么计算机，都是用算盘，那时候工作量真的挺大的，现在有了电脑、计算机，轻松多了。

研究者：听小颖说您拿过好几年单位上的先进呢！

案主：（笑）都是年轻时候的事了。

研究者：阿姨，抑郁症是一种精神疾病，医生、药物还有我都只能起辅助作用，只有您自己才是康复的决定性因素，能让您彻底战胜病魔康复起来的其实只有您自己。

案主：我自己肯定做不到，我需要你帮助我。

研究者：我当然会帮助您，只要您有需要随时都可以联系我，我会一直支持您，用我知道的一切帮助您。但是能从根本上解决问题，调整心态，纠正错误认知的只有您自己，这些内心需要改变的部分我帮不了您。

案主：我知道，但我自己很难做到，不然，这么多年了，为什么我还没有康复？

研究者：因为您忽略了自己的能力。通过与您对话和对您的观察，我认为您很坚强，做事果断不犹豫，工作能力强，细心而且努力。抑郁症不是器质性的疾病，它完全可以通过自我调节实现康复，您可以独自抚养小颖这么多年，同时又将自己的工作完成得很出色，说明您有足够的解决问题的能力，只是这些能力被您隐藏起来了而已。因为抑郁情绪的干扰，您将所有的注意力都集中在自己的遗憾和缺失上，已经忘了自己有多优秀，但是遗忘并不代表不存在，现在您可以回忆一下在过去的生活中，您遇到的那些困难和问题，您是怎么处理的？是不是都依靠别人的帮助才能解决？

案主：（沉默）当然不是，虽然也需要别人的帮助，但最终还是要靠自己。

研究者：没错，所以抑郁症也和您遇到的其他问题一样，我可以帮您但是最终还是要靠您自己，而且抑郁症绝对不是不治之症，就像您解决其他问题一样您也能解决它。每次抑郁复发您都很痛苦吧？您难道不想彻底摆脱它？

案主：当然想，每次发病有多痛苦我根本没办法用语言告诉你，一次又一次的折磨我已经受够了，再也不想经历了。

研究者：阿姨，我虽然不可能完全体会您的痛苦，但我也看到了您被抑郁折磨的样子，而且您一直服用的这些抗抑郁药物对身体也有伤害，小颖、您的父母还有我都希望您尽快康复，每天开心地生活，不用再吃这些药，我们的希望和您自己的渴望也都是您战胜病魔的动力。您有能力也有动力解决问题，我希望您对自己一定要有信心。

案主：嗯。（点头）

研究者：通过前段时间的努力，我们已经逐步解决了一些问题，距离康复越来越近，您自己也感觉到了吧？

案主：是啊，这段时间我觉得自己好多了，基本上已经可以控制心情，有时候遇到想不通的事我就用三栏法写下来，然后自己找问题理性地回应。刚开始，我觉得这个办法特别幼稚，但是写了两次就发现把一些想法写出来然后回应还真挺有用的，比在心里想有效果。

研究者：是，您可以把它当作日记，每天写一会儿，长期坚持您就会养成理性思维的习惯。

案主：还要谢谢你教给我的好方法。（微笑）

研究者：我告诉您方法，您也要积极配合才能有效果。为您服务的这段时间里，您能完全信任我，积极配合，和我沟通如此顺畅，也是您的潜在能力。

案主：（笑）这是什么能力？

研究者：您接受过良好的教育，理解力强，这样我们才能实现有效沟通啊！如果您一直不能充分理解我说的内容，那么我的服务效果一定会减弱。

案主：你不说我都不知道自己还有这么多优点呢。

研究者：不止如此，您的父母身体健康，生活可以自理，不需要您太过操心，还有您的父母和小颖都有稳定的经济收入，不会给您造成经济上的压力。这些都是您潜在的资源和优势。

案主：是啊，我其实也挺幸福的，父母和孩子都健健康康的，也不需要我操心。

研究者：没错，您以前太过关注自己的劣势了，虽然婚姻没有处理好，的确会带来很多其他方面的隐患，我们不能忽视这些问题，但一直纠结于过去，永远活在阴影里绝对不是最好的选择。在生活中每个人都会有各种各样的遗憾和缺失，没有人能做到完美无缺，不留遗憾。同样地，每个人既有优点也有缺点，如果我们总是将目光聚焦在自己的缺点和遗憾上，那么无疑是生活在地狱里，一定会痛苦难安。我并不是让您完全无视您自身的遗憾和缺点，而是希望您可以谦逊低调地看待自己的所有长处，坦然地承认自己的所有错误和缺点，不带一丝自卑或自轻的情绪，完全接受自己，然后转变看问题的角度，调整心态，将注意力更多地聚焦在自己的优势、生活中的快乐和满足感上。

案主：你说得对，我要向前看才能彻底好起来。

研究者：嗯，关注日常生活中的满足感和快乐，多学习，培养一个自己喜欢的兴趣爱好，多和别人沟通，调整心态，养成积极理性的思维方式，就能真正地获得快乐。

2）激发案主抗逆力，强化案主自我效能感

抗逆力是一种反弹的力量，它并非对个人困难和伤痛人生经验的漠视，也并非对生活中痛苦的忽略，它是一种面对磨难抗争的能力。对于案主的生活经历，笔者认为，伤害已经发生了，情感和身体的创伤已经见证了这一切，但在这些磨炼中，案主也具备了忍受和承受生命之重的能力。虽然案主至今仍然受到过去的影响，即使她不再带着伤疤，她依然活在过去的阴影下，但李女士希望改变现状，她有走出阴影向前出发的决心，她在为此抗争。抗争的人是具有抗逆力和资源的，即便是在痛苦之中，她也期望优势被认可和发挥，期望自己能够拥有解决问题的能力，从而激发出积极性去改变和成长。

研究者：阿姨，婚姻问题一直是您心中的一根刺，过去它曾让您痛苦，给您的身心留下难以忘却的创伤，但是也激发了您作为一个母亲最强大的爱。现在时过境迁，您和小颖已开启了新生活，本该到了您放下重担轻松快乐生活的时候，但您却依然活在过去的阴影里。每当触及这根心头刺的时候，您就又被抑郁情绪困扰，痛苦不已。您难道不想摆脱过去的阴影，彻底走出来？

案主：我当然想，可是回忆总是自己跳出来，我控制不了。

研究者：也许您可以这样想，痛苦的回忆已经毁了您的过去，您不能也不该再让她毁了您的现在和未来。您的身边还有很多关爱您的家人和朋友，每当您被抑郁困扰时，他们也很痛苦，看到您受抑郁的折磨，他们该有多担心！就算是为了小颖，为了年过八旬还要为您担心的父母，您也应该下定决心和过去抗争，拼尽全力走出阴影，就算不能完全忘怀，也要试着将它们搁置，不要再让它们轻易地影响到你。

案主：我也非常希望自己能够做到。

研究者：您可以，在为您服务的过程中我感受到了您有这个潜能，您有足够的坚强和毅力可以和过去，和抑郁症抗争，它不过是思维上的“拦路虎”，您有能力赶走它。而且您也不是一个人在做抗争，小颖、您的父母、医生、朋友还有我，我们都会竭尽全力帮您，您不孤单。

案主：那我要怎么做？

研究者：我们不能忽视精神的力量，它异常强大，可以让您抑郁，也能完全治愈您，只是要看您如何选择了。在您的生活中90%的回忆都是快乐温馨的，但是您就是抓着那10%的痛苦不放，让自己不安难过，同样地，对您自己所拥有的优势和能力，您都选择忽视，而将所有的注意力都集中在自己的劣势和缺点上，这无疑是自寻烦恼。现在，我们要通过不断的学习和坚持，与消极思维和过去的回忆抗争，拒绝它们继续掌控您的心情和想法。具体来说就是继续做理性思维练习，如果遇到一些负性生活事件，不要自己胡思乱想，要写下来，用三栏法予以回应。不要禁锢自己，要多和家人朋友沟通，即使是家人也需要交流才能更加了解彼此，只有了解了您心中所想，他们才能帮您梳理，为您分忧。还要多参加户外活动，坚持每天锻炼身体，争取认识更多的朋友。培养一种兴趣爱好，并且坚持下去，丰富自己的生活。

最重要的是，养成积极理性的思维方式，将自己的注意力更多地聚焦在自己的优势和身边的美好事物上。

案主：嗯，这次我一定坚持下去，彻底把这病治好。

研究者：就像被雨水冲刷过的土地会变得更加结实一样，只要您能够不放弃，坚信自己可以康复，并为之付出努力，等您彻底康复后，您的内心会变得更加强大，您身边的所有资源也会得到扩展。

（6）强化案主朋辈支持系统

1）鼓励案主参加集体活动

案主作为单亲母亲，年轻时将所有的精力都投入工作和抚养女儿中。随着女儿大学毕业和顺利工作，案主的闲暇时间也越来越多，待在家中无事可做，就越发变得多思多虑。增加户外社交活动，多和同龄人相处，可以认识更多的新朋友，填补空闲时光，丰富案主的生活，让案主变得更加阳光开朗。

对于案主这个年龄段的人来说，广场舞无疑是最具人气的户外活动，李女士家小区旁边的花园里每天晚上七点都有许多人聚在一起学习舞蹈，所以笔者也鼓励案主参与其中，跳广场舞既可以锻炼身体，也能拓宽社交网络。

研究者：阿姨，最近天气变凉了，天黑得也早了，下班后再去散步不安全，不如去小区旁边跳跳广场舞怎么样，跳舞能锻炼身体，听着歌运动也比较有趣，说不定还能认识几个聊得来的新朋友。

案主：我倒是想过去参与参与，但是那些人我一个都不认识，还是算了吧。

研究者：阿姨，每个人都是从陌生到熟悉的啊！我们俩原来不也不认识吗？现在也相处得很好啊！我看那些跳舞的阿姨和您的年龄差不多，就在小区旁边的花园里，应该也都是周围的居民，用不了几天您就认识了。阿姨，多出去参与一些集体活动，对您的康复也有好处，不要整天闷在家里，多出去走动走动吧！

案主：是啊，待在家里我就容易胡思乱想。

研究者：而且您这几个月一直坚持步行，你看都瘦了不少呢！锻炼身体贵在坚持，天冷了，在小区旁边和大家一起锻炼，我也比较放心，而且您不是很喜欢听歌吗？这些阿姨每天也都是放着歌跳舞呢，您不想去试试吗？

案主：想啊，我们这个岁数的人都喜欢这个。（笑）

研究者：那就好，如果您觉得没有认识的人去了会尴尬，今天我陪您一起去，等您和大家都认识了，以后就自己去，怎么样？

案主：（笑）你陪我去？好啊，虽然你还小，提前感受一下也不错。

研究者：（笑）没错！

案主患抑郁症后，社会交往能力有所减退，不愿参加集体活动，独自待在家中就很容易回想一些不开心的往事，不利于抑郁症的康复。长期缺乏社交活动，案主也很难认识新朋友，很难扩展朋辈群体，所以研究者鼓励李女士积极参加户外活动，强化案主朋辈支持网络。

研究者：阿姨，最近跳舞感觉怎么样？

案主：（笑）我已经学会三支舞蹈了，以前觉得自己协调能力不太行，结果还可以嘛！挺有意思的。

研究者：阿姨真厉害，看来您在舞蹈方面也有天赋呢！（笑）除了学会三支舞蹈外，有没有认识一些新朋友啊？

案主：有，就是我们隔壁那栋楼上有个李阿姨，跳舞的时候觉得有些眼熟，一聊就认识了，人特别好，性格特别开朗，每天都是乐呵呵的，我和她特别聊得来。

研究者：嗯，这个小区里应该有很多阿姨都去那跳舞的。

案主：是啊，都是在一个小区，有时候也会在院子里遇到，最近去跳舞认识了好几个我们小区的人，休息的时候我们聊聊天，人都挺不错的。

研究者：都是和您年龄相仿的阿姨，一定有很多共同语言。

案主：没错，哎，早知道能认识她们，我应该早点去跳舞。（笑）

研究者：现在也不迟啊！

案主：嗯，前几天我还去了李阿姨家，她家种了很多绿萝，养得特别好，绿油油的，她给我了两株，你看在这呢，我给种上了。好不好看？

研究者：好看，养得真好。

案主：现在还比较小，等长大了我也送你一盆。（笑）

研究者：好的，谢谢阿姨。（笑）

案主在参加了小区旁边的广场舞活动后认识了新朋友，整个人都开朗了许多，也更愿意和他人交流，社交能力逐渐恢复。

2）鼓励案主培养兴趣爱好

案主生活轨迹单一，缺乏生活乐趣，照顾女儿就是她的生活重心，但随着女儿长大成人，案主也觉得越来越孤独，没有了生活的主心骨。并且案主还有两年就要退休了，到时可能会有更多的时间、空间、心灵上的空白，如果要帮助案主彻底康复，控制抑郁症不再复发，那么鼓励案主培养一个长久的兴趣爱好，丰富业余生活，增加生活乐趣，分散集中在小颖身上的精力，就变得十分必要了。

研究者：阿姨，您的字写得真好看，是怎么练的啊？

案主：我从小就练习毛笔字，后来又练了一段时间的钢笔字，都是小时候的基础打得好。

研究者：阿姨，你从小就喜欢书法啊？

案主：是啊！我特别喜欢写毛笔字。小颖小的时候也练过一段时间毛笔字，现在家里还有毛笔和砚台呢！

研究者：哦，那您有没有想过现在继续练书法呢？

案主：现在？

研究者：嗯，您现在工作也不是十分繁忙，小颖也要上班，没有那么多时间陪您，像周六周日，休假的时候，您都可以重新练练书法，以后退休了，还可以报个书法班系统地学习一下，生活中有个兴趣爱好，也能更充实不是吗？

案主：嗯。

研究者：您家里也有毛笔、砚台，只要买点宣纸就能练了啊，每天写几个字也不需要多长时间。我以前旅游的时候看到有老人家专门帮人写扇面的，都是一些退休了的爷爷奶奶，但是字写得可好了，每天都有很多人慕名去求字，我觉得您的字写得一点都不比那些爷爷奶奶差。

案主：（微笑）是啊，小时候练得很好，工作以后太忙了，也就没再继续练，你这么一提醒，我也觉得可以重新拾起来。

研究者：没错，您现在还在上班，肯定没有大量的时间去练习，但是每天都可以写几个字熟悉一下，等退休以后，您就有大量的时间，到时候再系统地练也完全可以。

案主：嗯，你说得对，我的生活一直都是围着小颖围着工作转，现在小颖也工作了，我工作也没有那么忙了，也应该给自己找点事情做。你的意思是我马上就开始吗？

研究者：嗯，如果有了想法，工具也都有，这周末就开始吧，您觉得呢？

案主：也行，好久没练了，先熟悉一下吧！（微笑）

案主在开始练习书法后，每天生活得更加充实了，她告诉笔者练习书法的时候注意力全部集中在书写上了，绝对不会有其他多余的想法产生。而且从小到大，因为字写得好，她常常受到夸赞，现在重新开始练习，她信心十足，觉得自己有一技之长，自我价值感得到提升。

（四）评估与反思

1. 介入效果评估

为了确保本次个案社会工作服务效果的评估能够做到客观、全面，研究者采取案主评估、亲属评估、案主医生评估和研究者自我评估四方面结合的综合模式进行评估。

（1）案主评估

案主经过个案服务后表示，自己的抑郁状况得到控制，恢复了正常的工作和生活，与家人的互动交流变得更加积极顺畅，自己的业余生活也变得丰富起来，通过户外活动认识了新朋友，有了自己喜欢的兴趣爱好，生活也变得多姿多彩，不再觉得空虚孤独了。

（2）亲属评估

小颖反映自己母亲的精神状态越来越好，以前除了工作外就是在家里待着看电视，现在下班以后会去跳广场舞，也会写写毛笔字，还和小区里的许多阿姨成为朋友，每天都忙忙碌碌的，但是心情却变得越来越好，人也开朗起来。对于工作生活中所遇到的一些负性事件，也愿意用更积极的方式去应对，抑郁情绪基本得到缓解。

（3）案主医生评估

案主医生反映，案主的抑郁情况得到了有效控制，情绪反应趋于正常，入睡困难情况完全消失，体重明显下降，记忆力减退症状得到控制，总体精神状态良好，但是抗抑郁药物还需继续服用，没有医嘱不能私自停药。

（4）研究者自我评估

1）通过六个阶段的个案介入，服务目标基本达成

首先，案主睡眠障碍基本得到克服，药物产生的副作用也得到了有效的控制。案主共服用六个疗程益脑片，记忆力减退症状有所

缓解，除此之外，案主在三个半月内坚持每日步行 3 公里，共减重 6 公斤，之后参加广场舞运动，持续进行有规律的身体锻炼，肥胖情况有所好转。

其次，研究者在优势视角理论基础上配合使用新情绪疗法中的三栏法技巧，帮助案主矫正扭曲认知，并使用功能失调性态度问卷（DAS）寻找案主抑郁的深层原因，之后聚焦案主的优势，提升案主自我价值感，并通过研究者的访谈技巧激发案主抗逆力，强化案主自我效能感。目前，案主已经掌握了改变扭曲认知的方法，并持续练习，消极思维已经得到一定程度的改变。案主也知道了自己抑郁的深层原因，并相信自己有能力彻底解决问题，逐渐将注意力集中在自己的优势和生活中的乐趣上，抑郁症状基本缓解。

再次，案主及其家属通过阅读抑郁症的相关资料，已经能够正确认识抑郁症及其治疗方法和过程，小颖和案主的父母也逐渐转变态度，用更加温暖和包容的心态接受了案主的病情，能够和案主进行良性互动。案主不再独自承受抑郁的痛苦，愿意和家人分享自己的想法和情绪，这为案主彻底康复，防止抑郁复发创造了有利的家庭支持。

最后，案主的社交能力得到恢复，能够积极参加户外活动，和新朋友进行良性互动，强化了朋辈支持系统。除此之外，案主找回了自己年轻时就喜欢的书法爱好，丰富了业余生活，为自己的心灵找到了更多的支点和依托。

2）通过量表前后测量数据的对比，案主抑郁情况得到有效控制

研究者针对个案服务效果进行了量表测量，发现案主的变化十分明显。在个案服务前，案主伯恩斯抑郁状况自查量表得 58 分，属于严重抑郁；焦虑自评量表得 68 分，属于中度焦虑。在个案服务结束前，研究者再次对李女士进行了测量，案主伯恩斯抑郁状况自查量表得 10 分，属于正常范围；焦虑自评量表得 48 分，也恢复到了正常范围。

2. 反思

完成六个阶段的个案服务后，研究者认为，案主的主要问题已经

得到解决，各项服务目标也已达成。在最后一次面谈时，研究者带领案主回顾个案服务的整个过程，并讨论在此过程中案主所取得的收获。当本次服务临近尾声时，案主表示会继续坚持训练理性思维，坚持锻炼身体，继续练习书法，关注自身优势和生活中的美好，积极地生活。虽然抑郁症的多数病例都有反复复发的倾向，但是只要调整心态，养成理性思维惯性，并配合药物治疗，案主抑郁不再复发，彻底康复一定会实现。通过各项评估，研究者认为，本次个案服务已经达到了预期的目标，决定结案，并开展了追踪服务。由于抑郁症存在复发倾向，研究者在结案后与李女士及小颖保持着联系，并约定每个月到案主家中回访一次，持续关注案主的情绪变化，预防抑郁的复发。

第一次回访是在结案三周后，研究者到案主家中回访。案主的精神状态良好，热情开朗，身体锻炼效果明显。

第二次回访是在 2017 年 12 月 21 日，研究者到案主家中回访。案主为研究者准备了饭菜，研究者与案主和小颖共进晚餐，度过了愉快的时光。通过观察，案主状态良好，家庭氛围温馨，小颖也告诉研究者，母亲和小区的几位阿姨交往密切，每天过得都很充实，情况稳定。

六　流动妇女婚姻暴力问题研究*

梁　舟

（一）研究概述

由全国妇联、国家统计局共同开展的第三期中国妇女社会地位调查显示，在整个婚姻生活中曾遭受配偶侮辱谩骂、殴打、限制人身自由、经济控制、强迫性生活等不同形式家庭暴力的女性占24.7%，其中，明确表示遭受过配偶殴打的已婚女性为5.5%，农村和城镇分别为7.8%和3.1%。[①] 这说明家庭暴力在我国不仅是一个严重的社会问题，在其表现特点上也显著呈现出城乡二元差异。然而，伴随着改革开放以来城市经济的飞速发展以及城市化进程的稳步推进，流动人口逐渐成为城市中的新成员，规模庞大的流动人口也进入学术界的视野，成为社会学、经济学等学科共同关注的焦点。流动人口作为外来者，其生存状况、权益保障、流动原因是学界等社会各界经常讨论的问题，但对于该群体婚姻与家庭的研究却很少。我们知道，流动家庭是指夫妻双方至少有一方在户口所在地的县、市以外的其他地区工作、居住半年及以上的家庭，其性质与该群体本身的性质是分不开的。就像生存在城市夹缝中的流动人口一样，流动家庭更多的时候也像社会学家齐美尔所谓的“今天来并且要停留到明天的漫游者”一

---

* 本章作者梁舟，工作单位是北京市朝阳区康乐颐年社会工作事务所。

① 《第三期中国妇女社会地位调查主要数据报告》，《妇女研究论丛》2011年第6期。

样，生存在城市家庭与农村家庭二者之间。流动家庭受到城市家庭现代性文明的影响，同时也受到农村家庭传统文化的规制。然而，现实经验和学术研究都表明，在城乡二元化的背景下，讨论城市家庭婚姻暴力问题与农村家庭婚姻暴力问题显然是不同的，因此，研究流动家庭的婚姻暴力问题有其重要性。同时，研究表明，在流动家庭中，妇女受到其配偶所实施的身体、精神等的侵害更多。

笔者作为一名女性，出于对婚姻暴力问题以及流动妇女的关注，希望发挥社会工作的专业优势，为受婚姻暴力侵害的流动妇女提供帮助。另外，通过对兰州市妇女维权中心的调研，笔者了解到向该维权中心反映婚姻暴力并申请心理咨询、法律援助、政策咨询的妇女又以流动家庭妇女占多数，故确立了社会工作介入流动妇女婚姻暴力的实务类选题。

1. 研究意义

我国学者对家庭暴力问题的研究是随着联合国 1994 年“国际家庭年”的倡议和 1995 年在中国召开的第五次世界妇女大会而兴起的。[①] 在此之前，学术界、公众对这一领域的关注很少。20 世纪 90 年代后，法学、心理学、社会学等不同学科从各自的研究视角出发，对我国家庭暴力的现状、成因及其防治措施等展开了大量的研究。而社会工作专业是同期（20 世纪 90 年代）在中国得以恢复与重建的学科，其对家庭暴力问题的相关研究起步略晚。并且，受中国传统文化中“家丑不可外扬”、不干涉他人家务事等观念的影响，社会工作专业对家庭暴力问题开展的实务工作较少，对社会工作介入家庭暴力问题的研究更是少之又少。近年来对家庭暴力问题的社会工作专业实务类研究，依旧更多地着眼于较为宏观的层面，没有聚焦于某一群体的家庭暴力问题，也很少聚焦于某一类具体的家庭暴力。因此，本文对

---

① 罗萍：《中国家庭暴力的现状、原因及法律措施浅议》，《新疆大学学报》（哲学社会科学版）1997 年第 4 期。

流动妇女婚姻暴力问题的研究是具有创新性的。同时，笔者在对家庭暴力、婚姻暴力与亲密伴侣暴力等相关概念进行厘清后，具体选择对家庭暴力中的婚姻暴力展开研究，对受婚姻暴力侵害的流动妇女予以个案介入的研究也是具有理论意义的。

2. 概念界定

（1）婚姻暴力

婚姻暴力是家庭暴力的一种，是指发生在夫妻之间的暴力。婚姻暴力既包括肉体上的折磨、伤害和压迫等人身强迫行为，也包括精神上或心理上的暴力行为。① 与之相关，家庭暴力指的是家庭成员之间以殴打、捆绑、残害、限制人身自由以及经常性谩骂、恐吓等方式实施的身体、精神等侵害行为。② 这种家庭成员不仅包括配偶或前配偶，还包括现有或曾有同居关系、家长家属或家属间关系者，现为或曾为直系血亲或直系姻亲，现为或曾为四亲等以内之旁系血亲或旁系姻亲，共四类关系。③ 家庭暴力的范围含亲密关系暴力、目睹家庭暴力、手足暴力、直系血亲间暴力、直系姻亲间暴力等，婚姻暴力只是家庭暴力中的一种。

2016 年 3 月 1 日起正式实施的我国首部反家庭暴力法对“家庭暴力”有了明确的界定，其涵盖主体也包含家庭内共同生活的主体间发生的暴力，如保姆对其所照顾的儿童、老人的暴力。因此，笔者为避免混淆，不再沿用以往学界认可度高、使用频繁的“家庭暴力”概念指称发生在夫妻间的暴力，而采用“婚姻暴力”。

（2）流动妇女

流动妇女指年满 16 周岁，因务工等原因离开户口登记地，生活、

---

① 袁芮：《社会工作介入婚姻暴力中的伦理议题——以案主自决和保密原则为例》，《伦理学研究》2016 年第 3 期。

② 《中华人民共和国反家庭暴力法》，http：//finance. chinanews. com/gn/2015/12—27/7690072. shtml。

③ 李梅容：《论暴力与妇女的易受害性——以亲密伴侣间暴力为研究对象》，《刑法论丛》2016 年第 2 期。

居住于其他地区半年及以上的女性。

（3）流动家庭

流动家庭指夫妻至少有一方在户口所在地的县、市以外的其他地区工作、居住半年及以上的家庭。

（二）受婚姻暴力侵害的流动妇女需求分析

1. 个案所处环境分析

（1）家庭环境

1）原生家庭环境

案主M，38岁，无业，受教育程度为本科（成人自考）。其家乡位于甘肃省P市T县Z村，2004年，案主因打工离开老家来到兰州，现已在兰州生活多年。M原生家庭的主要成员包括母亲、继父、堂兄。如今，母亲与继父生活在老家Z村，堂兄一家及M则居住于兰州。M与其堂兄一家的关系不咸不淡。具体表现在：M在2018年10月10日向维权中心反映的最近一次婚姻暴力事件中（发生于2018年农历八月十五日晚上，即2018年9月24日），受暴时她在第一时间拨打了110报警，后在民警的陪同下离开了与丈夫G共同居住的家，并独自在宾馆过夜一晚。次日，因不堪忍受G所拍摄年幼女儿X号啕大哭的视频，以及担心丈夫会将孩子送至婆婆居住的乡下老家，M于清晨赶回家中看望孩子。但是，回家后M与丈夫沟通无果并再次受暴，M才与其堂兄取得联系，并在堂兄家中暂住一晚。然而，哥嫂在倾听了M的诉说后，仅向G致电，并劝说夫妻二人和睦相处，不要打架。

2）新生家庭环境

案主M与G于2006年在兰州登记结婚。婚后，M放弃工厂工作，改为与丈夫G一起创业，做某品牌汽车轮胎销售代理。夫妇二人结婚十多年无子，2016年通过试管婴儿技术育有一女X，当时两岁多。

由于M与G的老家均不在兰州，二人均系务工经商来兰州并组建了新家庭，因此，M夫妇一家也属于本文所界定的典型的流动家庭。

M与丈夫的关系已有较深裂痕。对M而言，是因为自怀孕以来逐步加深的对丈夫G出轨的怀疑，以及丈夫对她及孩子较少关心与肯定。对丈夫G而言，则是因为M应相识不久的异性朋友邀约见面的行为而对M频繁施暴，以及对M做全职妈妈后不会操持家务感到强烈不满。

M与其婆婆的关系并不融洽，与之相关的是M与G的一些矛盾实则也杂糅着不和谐的婆媳关系。据M诉说，自己与婆婆的矛盾源自生下女儿X后她坐月子期间（2016年8月左右）两人琐碎的口角是非和观念差异。然而，丈夫G又是一个十分听从母亲话的人。因此，在婆婆向G私下反映与儿媳的矛盾后，夫妇俩的信任关系也受到影响。并且，由于婆婆的私下告密，M对婆婆的埋怨也愈来愈深。现在，M与其婆婆的关系依旧不好。

由于M在孕育女儿X的过程中经历了数月卧床注射保胎针等波折，M对X十分疼爱，女儿与M的关系也很亲密。在笔者对M的多次访谈中，M每次都带着年幼的女儿X。通过观察，笔者发现，X时常表现出一定程度的烦躁不安、情绪的反复，但M对此表现得多是手足无措，或选择无视或直接用威胁抛弃X等错误的亲子互动方式回应X。

据M的讲述，丈夫G与X的互动虽然不多，但是互动过程却大都比较顺利。X很喜欢和G玩，G在与女儿极少的互动中也比较专注，女儿对于与父亲玩表现出较强的兴趣。

因为住所距离原因，M作为媳妇与G的原生家庭其他成员的互动不太密切。M坦言，面对G的暴力，她曾多次向G的家人寻求帮助。她曾找到同在兰州生活的G的哥哥评理，但那次求助最终仅以G的哥哥得知家暴后的一次草草慰问而结束。比较了解M夫妻二人关系的长辈是G远在农村老家的三伯。在2018年8月受暴后，忍无可忍的 M 打电话向三伯告状，但在反映问题后，三伯以长辈身份介入劝说、调解，依旧未能奏效。9 月底，G 对 M 再次实施了用电线将 M 捆绑在椅子上、用酒杯砸向 M 头部等更加严重的暴力行为。

（2）社会环境

M 和 G 如今在兰州已拥有一家规模不小的轮胎经销公司和两处房产，其中一套位于某中高档小区的较大户型房产正在还贷。但是，接案时该公司法人与房屋的产权所有人都登记为 G。

M 在兰州的朋友很少，除了曾因公司业务合作结识的一两个同行外，M 十分信任公司里曾与她搭档多年的财务 L。M 怀孕离职后，丈夫 G 因业务发展的需要，聘用了某年轻女员工接手 M 曾从事的会计工作。然而，M 在私下里同公司财务 L 的一次谈话让 M 陷入了对丈夫更深的怀疑里。L 向 M 吐露了对该名新员工处世风格、生活作风等诸多方面的不满，这也让怀孕不久的 M 在尚未掌握实际证据的情况下愈发坚信对丈夫出轨的判断。直到 2017 年，该员工结婚并怀孕，M 依旧对此难以释怀。

已离职在家三年多的 M 如今的就业环境不容乐观。在与丈夫 G 共同经营的公司里，因为近年的快速发展，已没有适合 M 担任的职务。而在就业市场上，M 要从事会计工作又被技术与专业所质疑。

另外，M 作为流动妇女，在兰州的哥嫂一家无法帮助 M 看管孩子，M 的母亲和婆婆又很难来兰州专门帮其带孩子。因此，M 要选择重新就业，也将面临是否雇用保姆照看女儿 X 的抉择。

（3）权能环境

综合地对 M 所处的权能环境进行分析，我们很难不用所罗门提出的“无权”一词做出概括。

已经 38 岁的 M 没有权威认定的过硬的会计专业技术，多年远离职场的背景也为她的工作履历带来一定的阻碍。M 认为，除了回到原公司继续工作外，她别无选择。而事实上，在接案及评估需求阶段，M 甚至从未提及自身有何职业期望，她也没有任何回归职场的计划。

M 认为：“就这一个孩子已把人拴得死死的，从早到晚得跟着。”

她说，女儿 X 一岁多时性格很内向，怯生，也不爱说话。后来，她听说上早教课能锻炼孩子的沟通能力，改善孩子性格，所以报名上了早教课。而丈夫 G 对孩子的这些从未管过，一直是她在家带着孩子，在外陪着孩子。案主丈夫 G 则认为，M 不仅不会料理家务，不工作却很强势，他希望 M 自立门户开公司证明她的能力。

另外，M 认为，她拥有的个人资源和社会资源均寥寥无几。现在，丈夫 G 虽未提出离婚，却已试图注销二人的公司，变更公司法人，重新注册转移公司财产，而这些对 M 的资源状况构成了更大的威胁。通过观察，笔者也发现，M 在说起这些的时候，总是不经意地将自己与丈夫 G 做比较。她认为，G 拥有很多现实或潜在的资源，不论是在物质方面、人脉方面，还是在社会地位方面，“他（丈夫 G）总是人五人六的，也有好多异性朋友”。

在面对婚姻现状的无力感上，M 坦言，由于自己的原生家庭并不完整，其母与继父为二婚，且婚姻道路坎坷，自己不愿再重蹈覆辙，十分期望与 G 的家庭是一个完整的家庭。另外，唯一在 M 身边的哥哥一家也不主张受暴后的 M 与 G 离婚。因此，顶着婚姻关系中受暴的压力，M 依旧愿意选择调解夫妻之间的关系，而非毅然选择结束这段婚姻关系。

2. 案主自身原因分析

（1）经济依赖

笔者在与案主 M 接触的过程中，虽然 M 会轻易地更换手机，甚至在介入中期还能够带着女儿 X 前往海南生活，但她的全部花销均来自客户向公司对公转账的银行卡，她始终处于经济依赖的状况下。在海南期间，案主丈夫 G 甚至曾向 M 发微信说明他已没有义务养活 M，要求 M 将公司最近收到的钱转回给他，并要求 M 主动在客户群中公布公司新的收款码（该收款码所绑定的新银行卡由 G 申办）。

这一经济困境实则始于 2015 年——M 通过试管婴儿技术顺利怀孕，但因其属高龄产妇，且需长期注射保胎针，她主动离开了公司的会计岗位并在家休养待产。现如今，女儿 X 虽已两岁多，M 仍以全职妈妈的身份抚养女儿，无业无收入，全部生活花销都依靠公司经营所得。

笔者通过与其夫 G 的电话沟通得知，在他眼里，M 一直是一名很要强的女性。在夫妇二人创业的初期，M 投资不少，也付出了很多的辛劳。但伴随着女儿的降临，M 也彻底远离了职场，如今在经济上全部依赖他。

（2）性别观念落后

在访谈中，M 介绍其受教育程度为本科。在与 G 结婚时，M 的学历只是高中毕业。在与 G 共同创业的过程中，M 取得了甘肃电大的函授学位。因此，在受教育程度上，M 比丈夫 G 略高一筹。与 M 同龄的大多数人相比，案主的受教育程度并不算低。

但与 M 关于性别角色的讨论，让笔者对 M 受暴的自身原因有了更加清晰的认知。在 M 的心中，一直有着这样一种观念：在女儿 X 出生后，她脱离职场是完全合理的。另外，她为了生育 X 付出了那么多，现在做一名全职妈妈也是应该的。“男人挣钱养家天经地义，但他也不能因此就不顾孩子。”而且，养育一个孩子确实需要耗费很多的精力，G 完全不管孩子，她一个人操心女儿就已然担起了家庭很重的担子。

（3）社会交往单一、匮乏

自 2015 年怀孕后，因悉心保胎，M 大多数时间在家或仅在家附近的户外活动，与本就联系不很密切的朋友的来往渐渐变少。而丈夫 G 那时正处于事业的上升期，M 要遵循严格、规律的生活作息要求，G 则常常是早出晚归，夫妻间的沟通很少。于是，M 的日常交往更多地仅局限在了照料自己饮食起居的娘家母亲身上。

这一交往困境还延续到了生育 X 后。M 的日常交流对象仅有婆婆一人，再到婆媳矛盾发生后仅有保姆一人。M 在怀孕后，其社会交往数年来都呈现出单一、匮乏的特点。在人际沟通中，M 也表现出更关注自我、以自我为中心等特征。

3. 需求评估

（1）伤害评估

表 6 - 1　　家庭暴力受害人伤害评估记录单

		发生时间	身体伤害	心理伤害	是否鉴定
受家暴的历史	第一次	新婚三个月	被掌掴	挫败感、情绪失落	否
	最近一次	2018 年 9 月 25 日晚	撕扯头发、拎着撞墙	精神抑郁、绝望	否
	最严重的一次	2017 年 9 月 24 日晚	头部、小臂、手腕瘀青	恐惧、心慌、	否
施暴情况	施暴方式：丈夫撕扯案主头发并拉案主的头撞向墙壁，用电线捆绑案主，将酒杯砸向案主头部				
	施暴频率：最近两次受暴经历发生间隔约 1 个月				
	施暴前征兆：丈夫言词上的数落、反复质问与激烈的争吵				
其他人	子女受害情况：丈夫对女儿无身体伤害。案主受暴时女儿无长时间的目睹暴力的经历，但孩子大声啼哭				
	其他家属受害情况：无				

（2）危险评估

亲密伴侣暴力危险性预测量问卷（DA-R）[①]

受害人姓名：M　　加害人姓名：G　　双方关系：夫妻

填写日期：2018 年 10 月 10 日　　填写人单位：兰州市妇女维权中心

填写人姓名：梁舟　　联系电话：×××

伴侣相处会有很多冲突发生。我们想了解您和您的伴侣在相处过程中是否有下列情形发生。请按照您的实际情况回答下列所有问题。（下面各题的“他”是

① 中国婚姻家庭研究会：《帮助家庭暴力受害妇女工作手册》，法律出版社 2017 年版，第 95 页。

指您的伴侣，可以用来表示您的丈夫、前夫或同居男友）

请就以下每题在“是”或“否”右边打“✓”

T1 他曾威胁要杀您

A 是　　B 否✓

T2 您相信他能杀您

A 是　　B 否✓

T3 他控制您大部分的生活

A 是✓　　B 否

T4 他曾说，我若不能拥有您，其他人也不能

A 是　　B 否✓

T5 他曾威胁要自杀，或尝试要自杀

A 是　　B 否✓

T6 他是否对您说过“要离婚或分手就一起死”或“要死一起死”

A 是　　B 否✓

T7 他曾威胁您，要伤害您娘家的人，以阻止您离开他

A 是　　B 否✓

T8 您是否认为在未来的两个月内他一定会对您进行身体上的伤害

A 是✓　　B 否

T9 在您与他的关系变得不好后，他是否曾经监视您（如查您手机、电脑或跟踪）

A 是✓　　B 否

以下两项为特别提示题，不计入总分

S1 曾有使您不能呼吸的行为（如勒脖子、压头入水、用枕头闷或开瓦斯等）

A 是　　B 否✓

S2 曾有除了使您不能呼吸以外的其他明显的致命行为（如推下楼、灌毒药、泼硫酸、泼汽油或用器刺入致命部位）

A 是　　B 否✓

计分：回答“是”计 1 分，回答“否”计 0 分。

总分：低危（3 分及以下），中危（4—5 分），高危（6 分及以上）致命危险

特别提醒：不计入总分的两项为特别提示题，若特别提示题中任何一题回答“是”，无论总分多少，均纳入“高危致命危险”。

案主得分：T1（1）+T8（1）+T9（1）=3

因此，预测案主所处亲密伴侣暴力危险性为低危。

（3）具体需求评估

表6-2　　　　家庭暴力受害人需求评估记录表

评估项目	具体情况	解决途径
医疗需求	案主已对受伤部位做了简单的医疗处理，但无医学检查的病案记录	笔者建议案主在受暴后一定要及时到医疗或鉴定机构处理伤情，并注意固定及保存相关证据
庇护需求	案主询问中心是否提供庇护服务，但因其受暴危险性尚不属于高危致命危险，未向其提供庇护场所	建议案主在有暴力发生风险前尽可能主动规避、远离
心理咨询需求	案主一谈及受暴经过就泪流满面，情绪失控并表现出焦虑、抑郁	笔者耐心倾听案主的倾诉，安抚案主情绪并提出合理建议
法律援助需求	案主咨询财产证明等有关起诉离婚手续的法律规定	笔者联络妇女维权中心法律援助律师对此向案主提供权威建议
经济援助需求		
就业安排需求		
申请保护令需求	起诉离婚期间可申请。案主未提出该申请	在案主起诉离婚后，可向中心申请保护令在一定时期内控制家庭暴力伤害
子女就学需求		
安全计划需求	案主询问下次面对家暴应该怎样处理	笔者依照《帮助家庭暴力受害妇女工作手册》推荐案主学习家庭暴力应对“五步法”
其他需求	案主希望得到中心婚姻指导服务	笔者与案主达成口头协定，从社会工作专业视角出发，对案主婚姻生活的改善提出建议

（三）婚姻受暴流动妇女行动方案设计

1. 案主增权的相关分析

（1）可行性分析

在增权理论中，“增权”的主要服务对象就是“无权”的弱势群体。所罗门在《黑人赋权：受压迫社区中的社会工作》中写到，增权对象“缺乏技巧、知识和（或）物质资源以及情绪管理能力，以致无法令自己满意而有效扮演重要的社会角色”。[①] 在本个案中，M在原生家庭中与家人的关系纽带不强，在新生家庭中也面临着因个人能力、个人资源匮乏而导致的无力感与无权感，并因此无法有效扮演母亲及妻子的角色。

M在论及最近最严重的一次受暴经历时，谈到丈夫G曾定论她就像她的母亲一样不安分守己，会走向背叛婚姻的道路，女儿X则会是第三个她母亲。而M向笔者倾诉：原生家庭中这份难以改变的现实本就令她痛心，G由此做出这种武断的论断更让她深感失望、自卑。

综合分析M所面对的因生育女儿在丈夫家威望不高，无业、经济来源全部依靠丈夫，以及哪怕面对婚姻暴力也无力结束这段婚姻关系的现实，笔者认为，对案主个人进行以增权视角、增权理论为依托的社会工作干预具有可行性。

（2）必要性分析

M承认，面对拥有不少异性朋友的丈夫G，她的确感到不公平。也就是在这种失落的心理状态下，她结识了后被丈夫认为存在着暧昧关系的异性朋友，并且，由于共同吃饭被丈夫G发现，最终G对M实施了最严重的一次肢体暴力。笔者认为，这种不公平感背后所隐藏的，实则是案主M因为无权而带来的自卑感，以及极低的自我

---

① ［美］马尔科姆·派恩：《现代社会工作理论》，冯亚丽、叶鹏飞译，中国人民大学出版社2008年版，第319页。

效能感。增权理论作为一种改变案主无权状态、提升案主自我效能感、增强案主权能感的理论工具，极为适合改变 M 所处的权利困境。另外，由于施暴者 G 曾明确向案主 M 提出“有时间与异性朋友网上聊天、会面，却没有时间工作”的质疑（意在指责 M 借口带孩子没有时间而不工作），为帮助案主摆脱婚姻暴力，以增权视角对案主进行个案介入也不失为在 M 拒绝离婚的状况下一种有益的尝试。

（3）制度分析

首先，在法律前提层面。2016 年 3 月 1 日，《中华人民共和国反家庭暴力法》（以下简称“反家暴法”）正式施行，全社会共同反对家庭暴力的决心与立场也通过法律的形式被正式确定下来。“反家暴法”总则第四条就明确规定：“县级以上人民政府有关部门、司法机关、人民团体、社会组织等，应当按照本法和有关法律规定，做好反家庭暴力工作。”因此，笔者以兰州市妇联妇女维权中心实习生的身份对受暴妇女 M 进行社会工作介入是符合妇联妇女维权服务的主旨的，同时也有助于丰富该中心的服务内容。

其次，案主 M 的基本身份为流动妇女，其组建的新生家庭也是流动家庭。在既往有关社会工作介入流动人口的实践中，增权理论就发挥了不可磨灭的作用。正如增权理论的集大成者所罗门提出对黑人群体增权一样，在国内的社会工作实践中，为流动人口群体增权也是老生常谈的话题了。

最后，讨论对 M 如何增权，就要分析我国专门针对家庭暴力的权威法案——“反家暴法”所蕴含的制度逻辑。该法律强调了“反家庭暴力工作应当尊重受害人真实意愿”，即“反家暴法”包含着反家暴工作应尽量避免工作人员夹杂主观意愿，而应以受害人意愿为中心的逻辑。因此，案主 M 虽然受暴，但其受暴危险性经 DA-R 量表显示，为非高危致命危险，且受害人本人无离婚意愿，以增权理论为支撑介入案主 M 是符合法律制度逻辑的，在伦理上也是符合我国道德观与伦理传统的。

（4）比较分析

较之精神分析、行为认知理论或任务中心模式等传统的社会工作介入理论，增权理论更加注重发掘案主的潜能及促进案主的自身发展。在本个案中，案主 M 不仅属于流动妇女这一弱势群体，而且是婚姻暴力的受害者，案主在家庭及社会系统中都存在着权力障碍，处于失权状态。对 M 进行社会工作干预绝不能以一种问题视角着手，笔者应充分相信案主的价值与能力，并最大限度地激发案主自身的潜能，并使其相信自身的价值与能力，最终摆脱无权感、无力感，扮演好令其满意的社会角色。

2. 案主增权服务方案

（1）目的和目标

1）目的

改善案主权能，使其获得摆脱家庭暴力的能力、资源与自我效能感，摆脱无权感。

2）总目标

M 的自我评价与自尊感提高，对自身的性别角色和文化认同形成自我觉察，个人自主权与自我效能感提升，学会自我滋养与关爱，提升遭受家暴创伤子女的能力，主动融入社交活动。并且，在结案 3 个月内，M 受到丈夫 G 婚姻暴力的次数减少。

3）具体目标

①个人增权

个人增权包括个人控制自己生活的能力、对于未来生活的展望两方面。对应齐默曼增权理论中对内在要素的增权，案主与笔者共同制定了以下四方面的目标：第一，学习反家暴相关知识；第二，学会关爱自我；第三，塑造新的性别观念；第四，提升自信心与自尊水平。

②人际增权

同样，对应齐默曼增权理论中对互动要素和行为要素的增权，案主与笔者共同制定了以下两方面的目标：第一，学习亲子互动沟通技巧；第二，社交融入实践。

（2）服务实施甘特表

表6－3 **实施时间规划及分工表**

	十月			十一月				十二月				负责人	协助者
具体目标	第二周	第三周	第四周	第一周	第二周	第三周	第四周	第一周	第二周	第三周	第四周		
学习反家暴相关知识	■	■										笔者	法律援助律师
学会关爱自我	■	■	■	■	■	■	■	■	■	■	■	笔者	
塑造新的性别观念						■	■	■	■	■	■	笔者	
提升自信与自尊水平		■	■	■								笔者	案主的丈夫G、法律援助律师
学习亲子互动沟通技巧		■	■									笔者	
社交融入实践								■	■			笔者	

（3）服务内容

对M开展个案工作介入主要包括以下几部分的服务内容。

1）学习反家暴相关知识

包括引导案主学习家庭暴力应对“五步法”，协助案主识别家庭暴力因子以控制暴力范围，陪伴、指导案主制订安全计划。

2）学会关爱自我

主要指认识情绪，学习怎样摆脱抑郁情绪。

3）塑造新的性别观念

包括借助文章、电影等资源帮助案主多角度地认识婚姻，通过权力与控制之轮帮助案主树立权利意识和职业期望。

4）提升自信心与自尊水平

主要指书写自身能力背景回忆录。

5）学习亲子互动沟通技巧

包括学习依恋类型并判断案主与其女儿 X 的依恋关系，并探索改善亲子关系，以及实践对亲子沟通误区的学习。

6）社交融入

主要指参与一次同辈群体的社交活动。

（四）婚姻受暴流动妇女行动实施过程

1. 第一阶段：接案

2018 年 10 月 10 日，M 领着女儿第三次来到兰州市妇女维权中心咨询与婚姻相关的问题。在此之前，2017 年 8 月、2018 年 9 月 M 已两次来到中心法律咨询室反映婚姻暴力问题并寻求相关的帮助。因为案主前两次来访时笔者并未在该中心实习，所以对当时来访情况的了解主要依靠中心法律咨询室当时的服务接待记录。10 月 10 日，中心的法律援助律师在与 M 进行再次交流后，认为 M 起诉离婚意愿不明确，转介其与笔者进行面谈。

笔者与 M 的第一次面谈在该法律咨询室完成。由于在正式面谈前，笔者已做了侧面了解与观察，对 M 的基本情况有所掌握，确定了 M 属于本文所界定的婚姻暴力受暴的流动妇女；也得知 M 很珍视自己来之不易的女儿，并将生育后几乎全部的时间都投入养育女儿 X 中，M 将在陪同 X 上完早教课程后来到中心。因此，在与 M 正式交流前，笔者先围绕关于孩子早教理念的讨论拉近与 M 的沟通距离，后辅以陪 X 做了一项简单的互动小游戏，安抚孩子初到陌生环境的不安与焦虑感，也试图借此打消 M 对于笔者不了解孩子、不是同龄人的抵触感。之后，笔者向M介绍了自己正在该中心实习，并具有一定专业背景的基本情况，引导M对其基本情况进行了描述。

之后，M对最近一次也是最严重的一次婚姻暴力进行了详细描述。她说：

他不断逼问我是否出轨，以及让我承认出轨。就这样反反复复地质问、打我。先是撕扯我的头发，再是拽着头发撞柜子和墙，最后他找到电线把我绑起来，自己一边喝酒一边把酒杯往我头上砸。我想反驳、反抗，但无论我怎么说，他都会打我。我说什么、怎样说结果都是一样的。

笔者：你的意思是他在矛盾的情绪下打你，对吗？

M：是的。

笔者：那他这几天怎么样？

M：他今早把我的身份证、银行卡全都拿走了。

笔者：那你现在来这边他知情吗？

M：他不知道。手机之前就被他拿走了，我昨天又买了一个。

笔者：那你现在主要是想寻求哪方面的帮助呢？

M：其实我也不知道。

笔者：我先向您简单介绍我们这里能够提供的服务吧。一是像刚才律师与您沟通的那样，我们可以为您提供法律咨询和一定的法律援助，另外就是婚姻调解服务。

M：我刚才向律师问了，现在也不好离婚。

笔者：那您看是否方便填写一下这个登记表。

随后，笔者指导案主填写了“家庭暴力受害人伤害评估记录单”和“亲密伴侣暴力危险性预测量问卷（DA-R）”（具体内容见上文案主需求评估部分的表格），问卷得分显示，M婚姻暴力危险性属于低危（3分及以下），因此笔者建议案主在有暴力发生风险前尽可能主动规避、远离。

M：他把我的银行卡之类东西拿走就是想跟我离婚。你觉得是吗？

笔者：这个还不能确定。你是想知道你丈夫的态度吗？

M：是。我不知道他是怎么想的。

笔者：你看要不我以妇联电话回访的方式试着帮你问问，你觉得可以吗？

M：可以，可以。但是你千万别说家暴的事，就说我来咨询过夫妻感情的问题，看看他怎么说。

笔者：好的。我尽快向他致电，然后给你个答复。您看要是您着急的话方便咱俩添加个微信联系方式吗？

M：可以。你跟他打完电话了就给我微信说，最好是语音说，打字我怕他看见。

笔者：好的。那您如果想由我们第三方介入调解你们夫妻二人关系的话，是需要与我们保持一定联系的。您觉得方便吗？

M：应该可以。

于是，笔者与案主沟通，初步建立起信任关系，并通过口头商定的形式确立了服务关系。

2. 第二阶段：预估

在接案阶段任务目标完成后，笔者以电话回访的方式如约与案主的丈夫 G 取得联系。一方面为听取 G 对夫妻感情的态度，另一方面也为整体把握案主 M 所处的困境做准备。

笔者引导 G 倾诉了他对案主 M 的不满和对夫妻关系的感受。G 说：

M 是一个很要强的人。她不甘服输，也很爱猜疑。她对我很怀疑，也不信任。可能是出于一种害怕、恐惧，她就选择胡作非为，用实际行动（后与案主 M 沟通得知，指案主与相识不久的异性单独吃饭一事）找心理平衡、找平等。我实在是难以理解，也很难包容。我很想回头，很想从头来，但是很难。

致电后，以此电话沟通结果为契机，笔者对案主需求进行预估的第二次访谈也如期进行。这次访谈原定于在案主女儿 X 早教中心附近较私密的茶楼完成。但在笔者于约定时间到达会面地点时，M 告知笔者她与 X 还在某街边餐馆用餐，并以孩子用餐结束时间不确定为由邀请笔者来餐馆同其会面。考虑到还需加深信任关系，餐后，笔者向案主重新建议访谈场所，M 又以考虑 X 需求为由，希望访谈时能让 X 晒太阳、在户外玩，于是，笔者在综合考虑案主及其女儿的需求后，最终更改了访谈地点。

具体的访谈过程如下：

笔者：你觉得你们夫妻二人关系怎么样？

M：其实我感觉他早就出轨了。因为我俩的关系表面上还过得去，再加上女儿生下来了，我就没再深究。X（案主女儿）出生后，他不着家的情况越来越多，对 X 的关心也不够。

笔者：你什么时候怀疑你丈夫出轨的？

M：大概是从我怀孕那时就有。怀 X 不容易，我每天都得喝鱼汤嘛。我妈也在我家照顾我。有天晚上八九点了，正巧就说起明天要熬鱼汤，G 就突然要去买。我和我妈都说超市要关门了，上哪儿去买，外面还在下雨，别买了。可他就是要出去，拦都拦不住。后来很晚了，他也没回来，我和我妈都要睡了，给他打电话，他说他买完鱼被朋友叫去喝酒了。可是，那晚他是彻夜未归。第二天他一副很疲惫的样子回到家，说是昨晚回来的路上被查酒驾在派出所被关了一晚。后来我坐出租车，问司机是不是被查酒驾就关派出所了，师傅说没听说有这回事。我觉得我像个傻子似的被（G）骗了。

笔者：嗯。这也不能完全说明他出轨。

M：从那之后，他几乎每晚都要出去两三个小时，说是下楼在院子里转转。我是过了好久才想明白的，那时候大冬天，他怎么可能就在院子里待着。后来，晚上加班后，公司的微信群里要报平安，我也在那个群里。G在群里说他到家了，问大家是否都到了。而下一秒回复“到家”的就是我离职后新来的“80后”女员工。因为他根本没回家，我就想他俩是不是待在一起才这么同步。毕竟哪儿有这么巧合的事，这两人像在给我演戏。一直到X出生后，一次公司团建，那个我怀疑G出轨的姑娘和他特别亲密，有什么要帮忙的都对G呼来唤去的。大家在闲聊时，G坐在沙发上，那个女的就坐在他沙发的扶手上。我也问过公司其他同事，那是和我搭档过的公司老财务，她对我说大家都看不惯这个新员工的作风。再到后来我就想，他们一起上班，G也说过有时下班顺路送这个新员工，我想他俩的关系肯定说不清……

笔者在听M倾诉的过程中不断记录并梳理出M所处的家庭环境、社会环境以及权能环境。

笔者：您觉得现在除了前面表格里所填写的心理咨询、法律援助、安全计划需求之外，还希望我帮助或者和你共同改善哪些方面？

M：我想知道他再打我我该怎么办？还有现在，其实我很想走，去别的城市生活一段时间。

笔者：接下来我会给你提供一个实用家暴的应对办法。暂时离开兰州是突然决定的吗？有没有计划好？

M：我现在不知道该不该走。

笔者：这个我没法帮你做决定。但是走与不走都应该是为了解决问题。

M：主要就是考虑X，我想带X一起走，但是X还没出过远门。

笔者：这个你要考虑清楚。带孩子去陌生的城市就要做好计划。

M：现在带X都让我头疼。她有时候就像个大人一样好像很能理解我，也会安慰我，但有时真的是一点儿也不听话，惹我生气，但我不能打她，我就得忍着。一岁多的时候她特别内向，怕生，不爱说话，我想着要改变孩子性格才报名上早教班。

笔者：孩子两岁多本来就是一个叛逆期，所有孩子都有这个阶段，X现在这样，其实是没关系的。如果你需要与育儿相关的资料，我可以提供给你。

M：我觉得心理学对育儿还有人际沟通都很有用。你回头能不能给我推荐几本心理学的书。

笔者：当然可以。孩子的事你不要太担心，你们夫妻关系改善了对孩子也好。

M：好的。我也觉得X现在性格挺好的。

笔者对案主进行访谈后，又通过口头问答的形式与案主共同完成了“家庭暴力受害人需求评估记录”，以此做案主需求评估的补充资料。

3. 第三阶段：行动计划

计划阶段，在内在要素方面：笔者引导案主思考以下几方面的问题：第一，想明白影响她对丈夫G消极态度的因素以及她对此还能做什么？（让步还是坚持）第二，决定后要怎么做？第三，认识自己在婚姻关系中的权利以及要不要使用权利？要怎样使用权利？第四，回顾自己有怎样的能力背景，当时又是怎么做的？现在这份能力是否变得更强大了？第五，这些能力是不是能够应用到婚姻关系的相处中？如果能，该怎样应用？

在互动要素的增权方面：笔者与案主共同梳理了之前所讨论的怎

样表达自己的态度、使用自身的权利以及利用自己的能力的办法，并引导案主补充还应掌握、学习哪些有利于帮助自身摆脱压制性的生活以及发展自我、控制自我生活的技巧。

在行为要素的增权方面：笔者提出建议，鼓励案主多多参与社区、组织等的社交活动，并启发案主是否有什么目标是现在迫切想要达成的。

最终，笔者与案主商定本次介入主要设立学习反家暴知识、学会关爱自我、塑造新的性别观念、提升自信心与自尊水平、学习亲子互动沟通技巧以及社交融入实践六个目标。

4. 第四阶段：行动介入

（1）满足案主即时性的需求，提供案主所需的信息资源

1）丈夫 G 离婚意向信息

M：你们单独从 G 那里了解情况了吗？他到底是怎么想的？

笔者：嗯。我昨天下午已经和 G 取得联系了，就是以咱们商定的电话回访的形式，我正准备给你打电话约见面。电话里他没有向我明确表达离婚的意向。这两天你觉得你俩怎么样？

M：我觉得他的目的就是逼着我跟他办手续。我已定好 14 号的机票要出去，然后我现在也在犹豫出去不出去。因为待下来的话也没别的事嘛。

笔者：那你首先要保护好个人的安全。

M：嗯嗯。谢谢你关心！他都说什么了？

笔者：具体的聊天情况是这样的：一开始他对我说明单位以及电话回访的目的还是比较警惕的，然后我按照咱们商定的，向他说明你来妇联咨询过夫妻感情不太和的问题。他就和我有所沟通了。他没有否认你俩感情不和。但他也说到了一些咱俩沟通时候你没有提及的细节，他说你是一个要强也不甘服输的人。他提起以前你俩创业的时候，你付出了很多，在资金上、行动上都

是。但现在你可能是出于一种害怕、恐惧，就用实际行动找心理平衡、找平等。他很难理解你这么做，也很难包容。他很想回头重来，但是很难。

M：哎……他还跟你说了以前的事?

笔者：嗯。

M：他现在就是看不上我，有什么都不跟我沟通。有时候还爱在朋友圈转发些像《不孝顺的媳妇宁可打光棍也不要》的文章，不知道是给谁看呢。我看见了就很生气，一回到家他就嫌我这不好那不好，好像他就全是对的。

笔者：那你怎么想?

M：我票都订好了，但是现在也没想好，因为X还没出过远门。

2）关于离婚时冷冻胚胎是否涉及分割问题的信息

案主带女儿X在海南暂住期间，通过微信联系笔者，希望笔者向维权中心法律援助律师咨询离婚时冷冻胚胎是否涉及分割的问题。

M：麻烦你能帮我咨询一下、查一下关于试管婴儿的冷冻胚胎在离婚的时候是否要分割的相关法律吗？还有，如果离婚了，没有结婚证的话移植医院还给办移植手续吗？这个在法律上怎么算，只是个胚胎，也不算已经怀孕。我真的心里好难受，就是为X想，如果可以的话，我自己再为她生个兄弟姐妹的，以后好有个伴。有时候我其实觉得自己也处于一种病态，我知道各种问题和各种困难，就是想提前了解一下。

笔者：可以的，M，我和律师联系咨询一下，你先别急。有什么想倾诉的，你也可以随时给我打电话，照顾好自己和X。有消息后我及时告诉你。

M：好的。

次日，笔者向维权中心法律援助律师咨询相关的问题，并与该律师协商将个人联系方式提供给案主M，以便其咨询与申请援助。

笔者：你好，M。我已向权威律师咨询，也查询了相关法律网站。咨询和查询的结果是胚胎不属于财产，不涉及分割问题。医院这方面，则需要你向移植医院具体咨询。

M：好的，谢谢。

（2）权能增强

1）教导技巧和知识

①反家暴技巧和知识

笔者：上次他打你，你报警了吗？

M：报警了。后来是一个女民警陪着我（从家里）出来的。但是出来的时候我只拿了个手机，身上一分钱也没有。

笔者：你第一时间报警的处理办法很正确。但除此之外，还有一些也是我们在面对家暴时必须做的。第一，预感有家暴要发生，我们需要第一时间识别高危行为表现，这些高危行为表现主要包括威胁你一起死，有可能让你窒息的行为和其他可能致命的行为，威胁你并且你相信你可能被杀以及对方严重酗酒、吸毒成瘾。一旦发现以上行为，你在保持冷静和尽量不刺激、激怒对方外，还要尽量向容易逃脱且没有伤人器具的地方移动，并尽量离开现场。在保证自己的人身安全后，尽量让孩子离开该冲突、暴力现场。第二，如果家暴不可避免地会发生，你应该第一时间拨打110或120，旨在找警察协助保护人身安全或到医院、法医鉴定机构做好病情诊治、伤情鉴定。第三，家暴发生后，你要及时收集和保存好证据，因为这对家暴案件的处理和你的权益的保护都很重要。这些证据是书证、物证、笔录或专业机构的鉴定意见和证明材料。第四，以上步骤完成后，应尽量搬到安全的地方居住，并到人民调解委员会、法律援助机构、妇联或社区勇敢地说出家庭暴力的真相并寻求外界更多的帮助。第五，在寻求外界帮助的过程中，你要始终建立反家暴的坚定信念。你自己一定不能放弃自己的幸福！

M：我记下了。

笔者：另外，我这里有一张安全计划物资表。你回去后在G不在的时候，要用一个备用包准备好这些物资，并藏在不易被他发现的地方，以便在需紧急离开家时随身携带这些物资。

M：好，我回去就准备这个。我也实在不想待在家了。

笔者：好的，最后，我带你梳理一下你丈夫G的家暴因子，这对你预防受暴很重要。

M：好的，好的！

笔者：虽然回忆很痛苦，但你还是要回忆一下G一般在什么情况下施暴。

M：最近两次都是他醉醺醺的，或者喝酒时。他一喝酒就会一直说一直说，还问我是不是不安分，让我给他个答案。但我不承认也不对，承认也不对。他就这么反反复复的，就是折磨我。

笔者：嗯嗯。我们也知道了你丈夫对那件事一直耿耿于怀，他反反复复的，表明他自己对这件事也没有答案。其实你更是不知道该怎么办。

M：对。你说我能怎么办！

笔者：事情已经发生了，其实你俩都很焦虑，或者说没有安全感。他打你肯定是不对的，我们要尽量避免家暴再次发生。

M：那你说下次他喝酒了我该怎么办？上次他很晚才回来，其实我没睡着，我就装作睡了。他先是一个人骂骂咧咧的，后来他就把我拽起来，又是问我话，问着问着就要上手打。我说X睡了，他好像就是考虑到孩子，最后才没打我。

笔者：对。你的这个处理办法很好。你要保持冷静，尽量不要刺激他、激怒他，控制好你的情绪也稳定他的情绪。

M：对。

笔者：另外，就是你现在也知道他最介意的点了，这些点被他提起来的时候你就要像上次似的尽量避开、岔开话题。可以找适当的借口引导他暂时不要考虑那个敏感话题。而且你说他最近喝酒比较多，这个你一定要多加留意，尤其注意在他喝酒后要保护好你的自身安全。

M：嗯嗯，谢谢你！我记下了。

②亲子互动沟通技巧

M：今天晚饭前我带X下楼玩了一会儿滑梯，上楼后我就按照之前与她商定的准备做饭。我让她自己换鞋，我给她开电视机。但她就是不换，哭闹着喊我让我给她换鞋。最后我没办法了，就给她换了，让她自己先玩一会儿娃娃，然后她就哭着走了。后来我正做饭呢，X又大哭着来厨房了，边哭边说她要看电视，喊着妈妈对不起。我就觉得这孩子还是挺懂事的，我也不再生气了，我就对她说那你觉得你哪里不对啊？哪里对不起妈妈？以后妈妈说什么，你别哭着闹，要说什么，你别哭着说，要笑着说。然后我对她这么说着呢，她就直接大喊，妈妈你别再说了。我就问她，你说对不起，到底是哪里觉得对不起妈妈。她还是一直在喊妈妈对不起，我觉得她好像情绪上有点受不了了，我就没再说她了。然后她还是喊着要看电视，我就说因为你今天不听话，没有自己换鞋，妈妈就不给你看电视了。她就喊着说我没有我没有，妈妈你别说了，妈妈你别这个样子了。然后，她这样说完，我觉得她确实不是小孩子了。后来看电视的时候，我就把她叫到跟前，对她说其实妈妈今天特别想打你，但为什么没有打你，你这么老哭呀闹呀要挟呀，是不行的，你要能清楚地表达，妈妈都告诉你了，要笑着说，要么撒个娇，以后遇到啥，如果老哭，妈妈是不会满足你的，不会因为你哭就满足你。你再不听话，妈妈会打你的，知道嘛。因为今天妈妈已经告诉你道理了，对吧？她说嗯。

笔者：X是一个懂事的孩子，就像你说的，她能感觉到你的一些情绪上的变化。然后她可能是通过闹，或者是一些大喊大叫来发泄她的情绪，这些都是合理的。就像你看咱俩上次见面，我就发现X是有一点愿意喊叫的。其实，孩子们喊叫是正常的，但是因为我一个陌生人在场，她其实也是感知到我的存在的，但是她还是会大喊大叫。我想，你应该教过她，在一些公共场合不要大声地喊、哭闹，但是她还是这样做了。这个表现出她其实在情绪上也需要宣泄。这种情绪的宣泄不管是表现为喊，还是哭，都是合理正常的。现在你希望她通过语言加以表达，这确实是一个正确合理的建议，但是，其实X说话已经很早了，让她再把自己的不满、不快，或者还让她解释她为什么不满意、不快乐，这些对孩子来说是有一点强求的。她不能很清楚地表达出这些原因，然后你的逼问可能还会使她害怕，就比如，我答不上，妈妈就不喜欢我了。最后她没有办法，就只能以哭这种形式博得你的关注，其实，孩子哭也是为了引起人的关注，就像在还不会说话的时候。她可能饿了就哭，要上厕所也哭，或者是闹。因为她没有办法用语言把这件事情说清楚，所以说她哭也是她最便捷、最能清楚表达她情绪的一个正常的反应。你作为妈妈，告诉她总哭是不好的，但是，如果真的感觉很难受，她在哭的时候，你千万不要以我要打你了，或者说妈妈不喜欢你了这样的话推开孩子。这就像你说的，成年人之间也会这样。比如两个人，其实我们已经有一种亲密关系，但是，你做了某件事。然后对方说你再这样做，我就要跟你分开，就不理你了，不跟你说话了。成年人都会因为这个感到恐惧，孩子更是如此。所以，不管是对孩子的震慑还是其他什么，现在这个阶段，你尽量不要把孩子和你之间的关系切断，就因为我是强势的一方，就给孩子压力，说我要打你之类的话，这样对孩子有可能还会适得其反。她哭了，她也知道不能哭，可她就是要哭，还希望你能哄她。她表达不出让你哄她这种话，但是她的行为就像小的时候，她要喝奶、上厕所一样，她哭就是她唯一的办法了。

M：明白了。你说得真好。

笔者：孩子现在和你是一种最直接的依赖关系，不管是她的开心还是难过，她都会先向你表达。因为你是她最信任的对象，每个孩子的成长轨迹都是这样，因为从开始怀孕起，她就和你处在这样的亲密关系下。她绝对不希望你通过一些语言或者行为切断这种关系。打骂这种行为，孩子会觉得可能是你不想跟她过度亲密。但这种亲密关系慢慢地随着她的长大，她会自己主动做一个切割，就是她觉得我该长大了，以及我现在需要有我自己的生活了。这一直要到青春期才可能完成。所以现在你还是要为她提供一个安心的平台。

M：嗯，对。

笔者：然后，要让X感觉到在你这儿，不论怎么样都是安全的。这种安全感也是她依赖你的一个保证、一个前提。所以说，不管是X闹情绪呀，她的爸爸说了什么孩子的缺点，这跟对孩子心理的了解是有关系的。但是，作为妈妈，不管你是通过看一些育儿的书籍，或者是怎么样，你一定要坚定自己的立场——孩子是一个很好的孩子，很正常，而且性格也没有像你说的那样不好，她的哭闹都是非常合理的。她爸爸如果有什么不满，那也需要一个改变的过程，这个需要耐下心来。

M：好的，谢谢你！你给我推荐几本育儿的书吧。

笔者：好的，好的，这个没问题。我这里有几个相关的视频你先看着，书名我随后整理出来尽快发给您！

M：好。我先看看视频。

笔者：孩子这一块儿的教育你也别担心太多了，我觉得总体上、综合来看，在X的培养、陪伴上你已经做得很不错了。尤其是你在夫妻关系上遇到一些问题，在这样的情况下你还能把X陪养得这么好，在我看来X也是很开朗大方的，她没有出现排斥别人，或者说怕生这样的情况，我觉得已经很好了。所以对孩子你不要焦虑，担忧太多，陪伴好她，像现在一样做着，在一些细节上注意一下，就已经做得很好了。

M：好。谢谢你的鼓励！

之后，笔者通过视频引导案主学习了安全型、回避型、矛盾型、混乱型四种依恋类型以及自说自话、用力过猛和怨天尤人三种亲子沟通误区，并引导案主判断其与女儿X的依恋类型，并探索改善亲子关系的途径。

M：我看了你昨天给我发的视频。我看，是不是我和G的处理方式有些像那个回避型。这样的话，也会对孩子有一些影响，我要怎样做一些调整，或者说，心理方面的调整和纠正，或者注意平时的一些细节，怎么样才能加强那种安全感？就是不光是自己的安全感，还有给别人的安全感，还有让孩子也能增加更多的安全感。你有这方面的那个书籍和调整的视频吗？

笔者：有的。我这里有两个视频（《为什么我们无法和喜欢的人建立亲密关系》《面对冲突时你的沟通风格是哪种》）发给你看看。另外，在具体育儿方面，李雪的《捕捉儿童敏感期》这本书很权威，很适合你，你也可以读一读。

M：好的，知道了。谢谢！

③认识情绪，学习怎样摆脱抑郁情绪

笔者：我最近读了一本书，觉得其中对女人生气原因的总结挺对的。一是无法信任对方，二是对目前所处的境况无能为力。

M：因为和G的事情，我现在感到胸闷，小腹也总疼。这两天准备挂个号去医院看看。

笔者：那要赶快去看看，身体问题不能耽搁。

M：是啊。今晚头疼得睡不着。

笔者：怎么回事？

M：心里有事吧。

笔者：躺下戴耳机听听音乐，尽量放松心情，你今晚想和明天再想，事情的效果差不多。今晚X这么早就睡了，明天肯定醒得早。明天要陪X早起，给孩子也调调作息吧！我是最近深受熬夜的影响，何况X正在长身体，你带着X一起健健康康的，才会有个清晰的思路和头脑。

M：哎……他这样注销公司转移财产，我实在不知道该怎么办。

笔者：我查到的情况是，在目前的司法实践中有人主张向法院提起离婚诉讼前一段时间，财产转移也要追溯，你先不要太担心。

M：哎。

笔者：明天我再联系妇联法律援助律师帮你问问。

M：嗯。明天我也再打电话问问。

2）用“权利控制轮”重构案主自我经验

①协助案主认识家庭暴力，提高权利意识

笔者借助女性主义学者发展出的“权利控制轮”向案主说明了男性如何运用父权制策略来控制女性。并且引导案主了解到这些控制策略还包括运用恐吓、孤立和其他形式的心理或生理虐待。

笔者：G说你用实际行动找平衡，是不是说你向我提过的那个修脚店老板？

M：是。他还去人家店里闹了一场。你知道的，那个店很正规。

笔者：嗯，我知道那个店。他就是因为你去修脚而怀疑那个老板吗？

M：他是因为我和那个人吃了一顿饭。

笔者：你觉得这是他向我含糊地说的那个实际行动吗？

M：对。他一直就在说这件事！就是要我承认我跟那个人有关系，然后逼着我承认、打我。

笔者：其实，家庭暴力说到底是一种权利控制的行为。不管是通过肢体上、语言上或者是经济上威胁你，都是与对你的权利控制有关。这是你们两人权利关系失衡了，也是你们俩权利不对等的一种结果。要想减少或者制止这种暴力行为，咱们就要从改变权利状况做起。

M：嗯。他就是折磨我，也不跟我离婚。

笔者：那你想好离不离了吗？

M：还没想好。

笔者：如果还没有打算离婚，那咱们就要尽量改善现在的权利关系。

M：嗯。

笔者：我记得你好像说过吵架的时候G让你自立门户去开公司。

M：嗯，他总让我自立门户去展现自己的才能。可是带一个孩子不容易，他又不管X。你看现在X上早教课、吃喝拉撒都是我一个人在管，他连问都不问。

笔者：我看到了。你一个人带X确实不容易。

M：嗯，等你有孩子了你就知道了。

笔者：嗯。虽然我还没有结婚，也没有太多育儿的经验，但是我能看到一个母亲为孩子付出了很多。

M：嗯嗯。

笔者：X三岁也就该上幼儿园了，你想过之后的规划吗？

M：其实我还没想过。从X生下来，我觉得我们家事情就很多。

笔者：嗯嗯。你对我说了，婆婆那边、G这边都有一些麻烦。

M：现在更是一团乱，我没想过那么远。

笔者：嗯嗯。其实你想想，等X三岁上幼儿园了，你就不会像现在这样每时每刻都要陪着X了，你会有很多时间。

M：那倒是。

笔者：你有什么想做的吗？

M：我想着有空闲了，我要把驾照考下来。

笔者：嗯嗯，那不错。

M：上一次考科二的时候，就是要练车，想让我婆婆来兰州帮我带几天X，后来，我婆婆没住两天就说家里有啥事，让G把她送回去。我都跟教练约好第二天练车了，当晚还下着雨呢，我就劝她再待一天，她就是要回去。G一句话也没说，就晚上把他妈给送回去了。

笔者：那后来科二考了吗？

M：考了。后来G把X送回老家去了，我才考的。

笔者：那也挺不错的呢！我考驾照觉得科二最难了。

M：嘿嘿，嗯。

笔者：等把家里这些问题解决了再把科三考出来。

M：嗯嗯。

②调动资源协助案主获得机会、信息和支持

案主带着X从海南回来后，笔者通过访谈鼓励案主探索自身的社会支持网络。

笔者：回来这几天你俩沟通了吗？

M：没法沟通，见面就是打。

笔者：那你现在是咋想的？你的态度怎么样？

M：我就不想说什么了，他认为的事情，他觉得的事情就是事实就是法律。我觉得我快精神失常了。我想让他家的长辈说说，实在不行就起诉离婚，这也不是人过的日子。但是，我这边我舅妈就劝我忍，为了孩子，别让孩子像我一样从小没有爸爸。

笔者：你和G现在就没有沟通啥的吗？就是他啥都不说，就直接是这样子打你吗？

M：沟通了，说了，不合他的心意了就打。我的态度也变了，我试着和他好好相处好好说话，试着关心他。我想换种方式方法去解决，他还是……只是打得没有以前那么凶了，但是也难以控制住自己。

笔者：你不是说过G的三伯比较了解你俩嘛，要不试试，私下看看能不能让他帮帮忙。

M：嗯嗯，我也是这么想的。

笔者：还有就是你刚回来，也该休整休整，要不看看你妈能不能帮你带带孩子。

M：嗯。我最近身体也是有一些毛病，打算去看看。

笔者：身体是第一位的，先好好看病。

M：嗯。我问问我妈吧。

笔者：你看看如果阿姨能帮你带带X啥的，你也好解决你们夫妻的问题。

M：嗯嗯。

另外，笔者以重构案主性别观念和认识婚姻为目的，引导M阅读了文章《多少婚姻，最后都死在了厨房》和作者年龄与M相仿的文章《我做出了选择，全职妈妈or职场妈妈》，并向M推荐观看了电影《找到你》及电视剧《我的前半生》。通过这些文章及视频资源启发案主新的性别观念的觉醒。

3）引导案主书写自身能力背景回忆录以恢复自信心

在与案主M的沟通中，笔者得知M曾经有写日记的习惯，但在怀孕后就再也没有记过了。M告诉笔者，她第一次受暴的经历就记在自己的日记本里。在9月受暴后，她想起那本日记才翻到、确认了G第一次打她是在新婚后的第三天。她说，这么多年她好像都忘了竟然是刚结婚就被打，日记里还记录了自己当时有多惊诧和失望。笔者安慰M，往事已过去多年，面对家暴，在第一次发生时就应该勇敢地说“不”并告别那段关系。现在应该做的是从这段关系中站起来。笔者考虑到M时常在家，便鼓励案主通过书写的方式回忆一下自己过去就业、创业的经历，当是一种记录，也借此整理自己的心情、梳理思绪。更重要的是M通过回忆自身的能力背景，对自己曾经拥有权利感的状态进行回顾、重温，对比目前的“失权”状态，令M产生对“充权”的憧憬与期望，也试图借此唤起M的职业期望并重拾自信。

4）鼓励、支持案主参与集体活动

笔者始终相信案主的潜能，支持案主选择在短时间里去海南带着孩子独立生活，并陪伴案主解决行程中所出现的订房失败与X不适应气候而导致过敏等生活方面以及心理焦虑的问题，让案主在离开丈夫独立生活的过程中感受到自身的能量，增强自信心与自我效能感。在案主回兰州后，笔者不断鼓励案主有机会就参与社区、其他组织的社交活动。12月初，M在与G的暴力关系转向冷处理，双方对立关系有所平静、缓和后，决定携女儿X与丈夫一同前往青岛出差。在青岛时，M连续几日在朋友圈发布展示G陪伴孩子在淘气堡玩耍的视频，以及自己怀抱X在海边玩耍的照片，虽然事后M向笔者倾诉夫妻关系并非像朋友圈里看起来的那样冰释前嫌、恩爱和睦，而只是共同陪伴孩子。但是，她也想给自己打打气，参加社会上的活动，看看外面的人。笔者认为，这是案主愿意参与集体活动，社交融入的良好开端。

（五）评估与反思

1. 评估

在本个案服务过程中，笔者主要扮演了促进者与支持者的角色。促进者的角色主要指笔者结合增权理论促使案主从自身的权能方面着手改善其所处的“失权”环境，提升自我评价与自尊感，学会自我滋养与关爱，主动融入社交活动，提升教养遭受家暴创伤子女的能力。笔者的支持者角色是指支持案主积极与婚姻暴力做抗争，支持其形成新的性别角色观念，提升个人自主权与自我效能感。

在研究结束前，笔者同案主共同回顾、梳理了介入工作所实现的目标和对案主所产生的影响。在介入完成后，案主的心理咨询需求、法律援助需求、安全计划需求和其他如婚姻指导服务需求均得到了一定的回应。同时，笔者与案主共同制定的增权目标大部分也得以实现。具体而言，在技巧和知识权能的增强方面，案主 M 学会了家庭暴力应对“五步法”，并且识别出丈夫 G 施暴的危险因子，制定出自己的安全计划；M 对女儿 X 的心理有了新的认识，愿意改变自己与孩子的互动沟通方法，以形成安全感为目标陪伴孩子成长、与他人沟通。另外，M 认识到自己生气的原因，相信在面对消极的情绪时自己拥有选择权。在观念意识的重构方面，案主虽未能完成服务计划所制定的树立起职业期望，但案主主动提出了继续学习驾照的能力提升目标并付诸实践；在性别、婚姻观念方面，案主对在婚姻生活中依靠男性产生了怀疑，并重新主动参与社会活动。在自我效能感方面，案主有自信重新回归职场。

2. 反思

（1）对行动过程的反思

第一，对共情实务技巧的把握不佳。笔者服务案主 M 前期，主要完成与 M 建立信任关系以及预估 M 的需求、梳理 M 压制生活情境脉络的工作任务。但在此过程中，由于笔者是第一次真切地面对婚姻暴力的受暴妇女，在认真倾听案主的诉求时，为了梳理、牢牢掌握案主的失权环境，过分关注、聚焦于案主所述婚姻、家庭等诸多方面的琐碎细节上，在接触案主之初产生了过度同情的心理。甚至对案主产生了轻微的正向移情，没能把握好社会工作实务技巧中共情与移情的界限，导致在访谈中丢失主动权，如邀约访谈地点的临时变更，推进访谈内容时被案主质疑没有婚姻经验而无法帮助她等。经综合分析前期介入过程中的问题，笔者认为是因为与案主的合作关系出现失衡所导致的。笔者应当扮演的促进者、支持者的角色在一定程度上被简化成案主是一个吐苦水的对象，预估阶段的工作也变为由案主重复释放受暴力压迫消极情绪的过程。也是由于这种合作关系的失衡，笔者在服务前期未能及时把握案主诉求的真正核心。

直至笔者接案及预估的访谈结束，通过整理访谈录音，笔者才发现对于案主的追问更多地被案主的倾诉思路所引导，而没有做出有逻辑性的提问。在访谈过程中，笔者未能从琐碎的言语细节中抽离出案主的真实需求。由此，也在一定程度上导致案主对笔者没有婚姻经验如何帮助其摆脱婚姻暴力的困境产生了怀疑。庆幸的是，作为需求评估访谈补充资料的家庭暴力受害人伤害评估记录单、亲密伴侣暴力危险性预测量问卷（DA-R）和家庭暴力受害人需求评估记录表在预估阶段工作中发挥了重要作用，帮助笔者在整理访谈资料时捋清思路，为后续制定服务计划划定出更清晰的范围。

第二，做到了理解案主，但未能做到相信案主。由于笔者对社会工作实务技巧中共情与移情界限的把握不佳，在多次、重复的倾听，并且没有控制案主倾诉过多的原生家庭和新生家庭生活琐碎的细节后，笔者产生了一些消极观念——认为案主受暴问题由来已久，受暴的持续时间过长，可能已经错失了解决问题的时机，对通过笔者的介入帮助案主摆脱无权感也产生了怀疑。但是，在积极调整心态，并更加深入地了解增权理论后，笔者进行了自我减压，相信是由于自己尚未挖掘到案主的权能资源才导致对案主改善其所处状况不够有信心。于是，笔者又与案主的丈夫 G 进行了积极的电话沟通，并引导其倾诉了他对案主 M 的评价。正是通过此次沟通，笔者发现了案主可能具有的潜能和资源，也为后期笔者采用引导案主书写自身能力背景回忆录助其恢复自信心的增权方法提供了思路。

笔者在个案服务中期，主要完成了服务计划的制定和实施两方面的工作任务。具体地，在计划制定阶段，笔者与案主共同确定了学习反家暴的相关知识，学会关爱自我，塑造新的性别观念，提升自信心与自尊水平，学习亲子互动沟通技巧以及社交融入实践六个目标。在介入阶段，笔者积极引导案主发挥其个人主动性、参与性，通过六个目标下的具体活动实现自我增权，摆脱无权感，改善失权状况。但是，在此期间，笔者干预案主增权的主动性过强，如在最初制定计划时，案主的增权目标为“认识情绪和学习怎样摆脱抑郁情绪”，笔者便在制定好计划后立即开始学习与情绪相关的理论知识，过多地将完成增权目标的主动性担负在自己的身上，却没有充分调动案主作为增权的主体参与、探索认识自己的情绪和学习怎样摆脱自身的消极情绪的主动性。最终，在这种介入模式下，笔者过多地为实现计划目标而努力，案主则处于一种被动中。这种工作模式一方面影响了案主作为改变自身困境的主体性参与，另一方面直接导致笔者在服务过程中产生倦怠感。

在介入完成后，笔者积极总结，认为正是由于婚姻暴力个案服务的对象是一个活生生的人，案主所面临的困境也是随时处于变化之中的，笔者的介入过程就应该是动态的。而笔者在刚开始介入时，没有准确地认识到这一点，将服务目标僵化、固化，未能随着服务对象的处境、需求的变化而对服务目标做出及时的调整，出现了以目标为准则，而不是以案主为中心的工作失误。后来，在通过权利控制轮重构案主自我经验、引导案主书写自身能力背景回忆录恢复其自信心、鼓励支持案主参与集体性行动的干预中，笔者重新调整了工作思路，才与案主建立起平等的合作关系，实现了以案主为中心。

在评估和总结阶段，笔者通过案主访谈的形式对本次个案服务的干预效果进行了评估，认为笔者与案主通过合作勉强达成了增权目标。另外，笔者对自身开展服务的过程进行了回顾、总结与反思。同时，笔者也邀请熟悉案主 M 情况、了解本次个案服务全部过程的兰州市妇女维权中心工作人员对笔者的个案干预做出第三方评估。服务结束后，笔者认为，本次介入仅是一次对婚姻暴力受暴妇女个人增权的有益尝试，从根本上推动社会变迁为目标的宏观增权在本次服务中未涉及，这也有待于在未来的社会工作干预婚姻暴力受暴妇女的实践与研究中加以拓展与补充。

（2）对行动方法的反思

个人增权与组织增权相结合可能才是针对婚姻暴力受暴妇女增权的最佳途径。正如古铁雷斯所认为的，宏观层面的增权与微观层面的增权不应是对立的，两者是可以调和的，赋权可以激发群体权能，而群体权能的增加也可以提升个体的权能。笔者通过为期近3个月的个案服务发现，个人增权与组织增权二者应该相互补充。

另外，集体性原则作为由罗斯提出的增权的三大原则之一，与之相关的增加集体性行动也应是增权的一项实务工作内容。因此，整合个案与小组工作的方法对实现受暴妇女增权目标可能具有更好的服务效果。而本文仅采用了个案工作法，并仅从微观的个人和人际关系层面引导案主增权，这对于持续性地达成增权目标可能比小组工作介入受暴妇女群体要薄弱。在结案后，仍需笔者频繁地对案主进行追踪关注。

（3）对理论工具的反思

第一，对运用增权理论介入受暴妇女个案的反思。由于家庭暴力的实质是权利关系的不对等，或者说受暴者处于失权的境遇会影响施暴者进一步以肢体、性、经济等方式控制受暴者，由此受暴妇女大都体会到十足的无权感、无力感。以增权为目标介入受暴妇女问题是对其需求的很好回应。另外，增权理论强调案主的参与，这对于案主作为行动主体摆脱自己所面对的权利障碍、失权困境也很重要。因此，笔者认为，对婚姻暴力受暴妇女的干预不仅要积极采用增权视角，而且要在对服务对象增权的过程中注意将微观与宏观层面的增权相结合，以便更好地为服务对象增权。

第二，对实践中运用增权理论原则的反思。罗斯有关增权在具体运用于社会工作时的情景脉络化原则、权能增强原则和集体性原则在本次服务中都得到了一定程度的贯彻。但是，在落实权能增强原则时，笔者在支持案主辨认满足自己需求的不同可能性时只是比较单调地采用了借助文章、电影、电视剧资源启发案主觉察自身性别观念，做出新的生活实务决策的方式，这种权能增强方式比较单调、死板。笔者后来在以女性主义学者发展出的“权利控制轮”辅助案主重构自我经验时，则又面临着理论工具应用操作化困难的困境。

综上所述，笔者认为在采用某种视角或理论进行社会工作介入的过程中，不仅需要牢牢把握理论应用的具体原则，而且研究者要不断思考、总结某种原则下具体的实践方法。只有这样，才能让理论更好地发挥作用，指导社会工作实践。

七　残疾人婚恋困境问题研究*

董　立

（一）研究概述

家庭是社会的细胞，也是个人基本需求实现的重要载体，李晓凤（2008）认为，婚姻家庭对残疾人生活具有四项功能：经济功能、照顾与康复功能、感情与交流功能、生育与社会化功能。① 家庭是残疾人个人社会支持的主要提供者，而婚恋是组建家庭的重要环节，由此可见，婚恋关系的缔结对于残疾人个人来说意义重大。

全国第二次残疾人抽样调查②数据显示，在全国153910名15岁及以上③的被访残疾人中，未婚者占12.4%，离婚者占1.9%，丧偶者占24.6%，无配偶者合计占38.9%。④ 根据第六次全国人口普查⑤及第二次全国残疾人抽样调查结果，结合我国残疾人占全国总人口的

---

* 本章作者董立，工作单位是甘肃省兰州市城关区人民政府伏龙坪街道办事处。

① 吕红平等："残疾人口与发展研究丛书"《中国老幼残疾人与残疾人婚姻研究》，华夏出版社2008年版，第214页。

② 全国第二次残疾人抽样调查于2006年4月1日开始。

③ 传统的统计口径是按照15岁以上人口作为婚姻研究的人口基数。人口婚姻状况是指一个国家或地区15周岁及以上人口在婚姻方面所处的状态，具体分为四类：未婚、有配偶、离婚、丧偶。

④ 朱雪明等："残疾人口与发展研究丛书"《中国西中东部残疾人生存与发展研究》，华夏出版社2008年版，第61页。

⑤ 第六次全国人口普查以2010年11月1日零时为标准时点。

比例，可推算出2010年末我国残疾人总数为8502万人[①]，我国残疾人中无配偶者的人数约为3307万人，未婚者约为1054万人。可见，残疾人群体中有婚恋需求的人数庞大，但我国对残疾人的婚恋服务仅限于个别较发达地区残联举办的婚恋相亲网站，如深圳市残联网站的“特殊红娘”板块，以及在助残日等节日举办的单身联谊会等形式，这些形式能否满足残疾人的婚恋需求呢？祝西冰、贾志科（2013）通过对南京大型相亲会的研究后认为，网络相亲、电视相亲、婚介所、交友联谊会、相亲会等形成了社会各方参与的社会场域，各参与方在利益驱使下沿着各自的轨迹运行，对青年择偶是否有帮助仍有待检验。[②] 另外，这些由残联、媒体、社会各方举办的活动多为一次性活动或单项活动，并不能满足残疾人群体的婚恋需求。需求与服务之间的空白为社会工作的介入留下了广阔空间。

造成适龄残疾人无配偶的原因众多，除去因丧偶和离异而处于无配偶状态外，本文重点对城镇未婚状态适婚残疾青年[③]的婚恋困境进行综合性的介入研究，通过调适残疾人的心理和自我认知，提高人际交往能力，发现自我优势，建立并扩展社会支持网络，力求为破解残疾青年婚恋困境提供新思路。

1. **研究意义**

帮助适婚残疾人满足婚恋需求是政府、社会扶残助残服务的内容之一，也是残疾人个人和家庭非常关心的事情。作为一个特殊群体，残疾人受到来自生理、心理障碍、自身能力及社会支持不足等方面多层次的影响，在婚恋过程中存在诸多困难。婚恋困境引发残疾人个体

---

① 《2010年末全国残疾人总数及各类/不同残疾等级人数》，http://www.cdpf.org.cn/sytj/content/2012-06/26/content_30399867.html。

② 祝西冰、贾志科：《都市青年择偶参与分析——基于南京大型相亲会的实地研究》，《南京人口管理干部学院学报》2013年第7期。

③ 联合国教科文组织将青年的年龄界定为16—45周岁；根据《中华人民共和国婚姻法》第六条规定男方结婚年龄不得早于22周岁，女方不得早于20周岁，故本文中的适龄残疾青年的年龄界定为法定结婚年龄以上，45周岁以下。

的焦虑情绪和心理问题，对其未来婚姻关系的缔结与维系造成影响。本文旨在立足于社会工作专业伦理与价值理念，通过运用小组工作的专业方法和技巧进行介入，以期提出若干有效破解残疾人婚恋困境的服务建议，为残疾人社会工作领域的介入与服务积累经验。

2. 概念界定

婚恋困境。婚恋是缔结婚姻关系和组建家庭的重要环节，通常情况下为两个来自不同原生家庭中的异性社会成员建立新的社会关系的中间环节。董云霞（2012）认为，恋爱是走在婚姻的路上，婚姻是恋爱的一种归宿。[①] 唐晓娟（2011）认为，婚恋这一社会行动所涉及的主体是产生关系的两个人，因此它是一种发生于个体层面的社会行动。在婚恋关系建立过程中，由于个人受到多方面因素的制约会产生婚恋关系无法建立或建立失败，即婚恋困境。导致婚恋困境的因素有政策法律、个人经济能力、心理因素、社会支持、自身能力等。综上所述，本文的介入研究主要针对适龄适婚的残疾青年，他们在婚恋关系建立过程中的困境除了上述因素外，还具有群体特殊性。

小组工作方法。小组工作是一种以小组活动形式（两个或更多的人）开展的社会工作方法。小组工作的核心是“互助”，以人际的依存互动关系为基础，通过小组活动过程来恢复和增强个人的、团体的社会功能，进而实现社会发展的目标。[②] 本文之所以采用小组社会工作的方法，主要鉴于以下思考：

第一，小组工作方法的优势在于它处于微观与宏观社会工作之间的中观层次地位，可将宏观的扶残助残政策倡导视角与微观的心理认知调适之间有效连接起来，使介入方式立体整合，从而更加实际地满足残疾人的婚恋需求。

---

① 董云霞：《图解心理学》，内蒙古文化出版社 2012 年版，第 244 页。

② 全国社会工作者职业水平考试教材编写组：《社会工作综合能力》（中级），中国社会出版社 2010 年版，第 151 页。

第二，突破将小组工作方法运用于残疾人社会服务领域中的局限。学界对残疾人群体的刻板印象尚停留在问题视角，如卓彩琴（2008）将残疾人小组的主要类型分为治疗小组、教育小组、自助小组和社会改变小组[①]，学者们在研究残疾人问题时往往忽略了残疾人的成长需求和自我优势。本文希望通过优势视角，从问题的另一面入手，激发组员潜能，产生抗逆力，使组员在小组场域中成长。

第三，小组工作方法能够形成群体力量来解决问题。本文介入的对象是处在婚恋困境中的残疾人，同质化境遇可以使小组成员共同思考、团结协作，共同面对问题，小组成员也不再是单独面对困境，而是依靠小组过程和群体的力量来共同承担与解决。在小组同质化、低风险的场域中尝试新的行为与思考方式，并将其推广至具体实践中，小组工作较个案工作具有成本低、效率高的特点。

（二）残疾人婚恋困境的现状

1. 研究对象的基本情况

本次小组介入的研究对象大部分来自于一次联谊活动——“L市第一届残障单身人士联谊会”，据主办方L市残联统计，活动共有106人报名，参加当天现场活动的嘉宾有50多人。[②] 笔者作为服务志愿者，为当天参加活动的人员建立了QQ和微信群，入群人数为27名，通过滚雪球的方式互相介绍推荐，最终人数稳定在34人。在小组活动前期，笔者通过QQ和微信群招募到13名成员作为小组目标成员。后采用见面访谈的方式进行筛选，将不合适参加小组的4名服务对象做了以下处理：

---

① 卓彩琴：《残疾人社会工作》，华南理工大学出版社2008年版，第76页。

② 兰州市第一届残障单身人士联谊会举办时间是2014年5月18日，主办方为兰州市残联。

表 7－1　　研究对象的基本情况

排除成员	性别	排除原因	拒绝方式
杜某	男	视力一级盲，无法独立到现场参加活动，居住地离活动地点太远	将杜某列为网络参与组员，及时分享活动信息，希望他能够在线参与活动
张某	男	精神二级残疾，家人称最近状况不稳定需住院治疗一段时间。笔者担心其行为有可能伤害到其他组员的安全	电话联系张某，告诉他，等他出院后如果再举办活动将邀请他参加。张某同意了
王某	女	残疾证为智力三级（实疑为精神障碍），活动时间无法与别人一致（白天不敢出门，自称阳光耀得头晕，怕汽车鸣笛声）	留下联系方式，如果有可能举办晚间活动将邀请她参加
司某	男	肢体残疾四级，已婚，关心夫妻家庭关系的处理，与本群目的不符，遂婉拒并转介	说明小组的目的，并将他转介给一位擅长婚姻家庭的心理咨询师

初步确定 9 名成员参加小组活动，年龄最小的 26 岁，最大的 42 岁，肢体残疾 6 人，听力残疾 1 人，视力残疾 1 人。有恋爱经历的 3 人（F、Y、W2），离异 1 人（C1）。在小组介入过程中，组员 F 与 C1 分别在第一次活动和第二次活动结束后退出，组员 D 是在第二次活动时中途加入的新组员。表 7－2 记录了所有参加过小组活动的成员情况，共计 10 人。

表 7－2　　小组活动参加人员情况

编号	性别	年龄	职业	婚恋状况	文化程度	居住状况	障碍情况
C1	男	32	推拿师	离异	本科	住在店里	低视力，29 岁时因眼疾致视力下降
C2	男	36	电工	未婚	中专	家在外地，独居	肢体，轻度脑瘫

续表

编号	性别	年龄	职业	婚恋状况	文化程度	居住状况	障碍情况
D	男	31	无业	未婚	中专	独自租房居住	肢体，2 岁因打针致意外
F	男	41	工人	未婚	中专	与父母同住	听力，4 岁因用药致意外
L	男	29	工人	未婚	初中	与父母同住	肢体，17 岁时因车祸致偏瘫
M	女	28	残协专干	未婚	本科	与母亲同住	肢体，轻度脑瘫
W1	男	28	学生	未婚	大专在读	与父母同住	肢体，18 岁时从高处跌落致偏瘫
W2	女	39	自由职业者	未婚	本科	与父母同住	肢体，因病
Y	男	27	无业	未婚	初中	与父亲同住	肢体，先天遗传
Z	男	28	业务员	未婚	中专	住集体宿舍	肢体，先天脊柱畸形

说明：编号为成员名字的首字母，字母重复者在其后标记数字，以示区别。

2. 小组成员婚恋困境的现状

笔者对最初确定的 9 位组员进行了访谈，归纳出小组成员的婚恋困境现状。

(1) 择偶难产生个人情绪问题

在对 9 位组员进行前期访谈时，组员均表示婚恋问题给自己带来了压力，他们为此而感到苦恼。

有来自亲戚朋友及邻居的压力。

相比孤单，我更害怕来家里串门的那些阿姨们，她们和我妈聊天，聊着聊着就聊到我，阿姨们走了我妈就会长吁短叹，有时候我会因此失眠，觉得对不起我妈。我妈为了我这么多年也没找（M 的母亲离异未再婚），而我长这么大了还要她操心……①

过年过节，总会有亲戚朋友问我“找下没有”“到底有没有啊”“咋就没个合适的”，真是哪壶不开提哪壶，一个节过的人闷闷不乐的，所以我特别不喜欢过节，也不喜欢一大帮亲戚的聚会。②

有因与同龄人的生活比较而产生的压力。“有时候去买菜，人家会问孩子多大了，老公怎么没有陪你啊，这时候我都不知道咋回答。”③“我爹去和别人下棋，有些新入住我们院子的大爷大妈会特别热心地问：你儿子出出进进，咋没见过儿媳妇呢，你儿媳妇干啥工作的，孙子多大了……”④“我同学都准备要二胎了，同学聚会大家都聊自己的娃，我连媳妇都没找上呢，有时想想觉得自己活得很差劲。”⑤

（2）因婚恋问题而与家人产生矛盾

在访谈中，组员都因为婚恋问题与家人发生过不同程度的摩擦和矛盾。一方面是由个体情绪管理不当导致的矛盾，另一方面是因为与家人沟通不当导致的矛盾。

我当时搬出来一个人租房子住，也是因为家里父母一天到晚唠叨，过年才回去，这样见面机会少了，彼此觉得还好些。⑥

（因婚姻问题）天天被家里催嘛，都有点被嫌弃的感觉。⑦

当初来兰州打工，也是不愿意在老家那边待着了，我离婚

---

① 访谈资料 20140713-M-F。

② 访谈资料 20140723-Y-M。

③ 访谈资料 20140621-W2-F。

④ 访谈资料 20140621-F-M。

⑤ 访谈资料 20140717-C2-M。

⑥ 访谈资料 20140717-D-M。

⑦ 访谈资料 20140621-F-M。

后，心情不好，心灰意冷，整晚睡不着，有时喝酒，几个星期胡子不刮衣服不换，我母亲见了我就老是长吁短叹，还哭，说自己命不好啊什么的，你想想，我的心情就更不好了呀，觉得在家里环境特别压抑，所以在这边学完推拿按摩就再没回去。①

觉得有的时候吧，我、我爸妈好像都特别敏感，一点点小事情都会争吵，吵完又特别后悔。②

我现在和我爸一说话就吵架，我爸催我赶紧找个媳妇，说我一天不干正事，拿个破吉他摆弄个不停，我火一下就上来了，我说："不是你给我遗传个跛脚，我能找不到媳妇吗?!" 我爹就不吭声了。③

我大姨一来我们家见我就说："别老看那些个漂亮的，差不多就行了，赶紧结婚生个娃，你爸你妈抱上孙子也就放心了。"我特别烦她，我妈还在一边连连点头……他们只想赶紧完成任务，不顾我的感受。④

有的时候，我妈说："你哥这次揽的这个活儿挣得多，你嫂子给我买的这个衣服好看吧……" 我就觉得自己在家是多余的，心里特别难受……你看啊，我不能独立挣钱，也讨不了媳妇，我妈看我不顺着她夸我哥嫂好，就说："你看你小心眼的样子，说你哥好你就不愿意了。"其实我并不是那个意思，他们一点都不理解我的心情……⑤

（3）缺少表达感情诉求的有效渠道

残疾人在婚恋困境中遇到问题很少与别人交流，他们觉得这是自己的事情，而且说出来会让别人瞧不起。另外，长期以来媒体关于残

① 访谈资料 20140621-C1-M。
② 访谈资料 20140713-M-F。
③ 访谈资料 20140723-Y-M。
④ 访谈资料 20140812-Z-M。
⑤ 访谈资料 20140727-L-M。

疾人的宣传，自强排在首位，以致有些残疾人不太愿意将自己脆弱的一面示人，还有些人对残疾人群体形成了标签化的刻板印象，这些都让残疾人的感情诉求长期无法有效释放。

> 我以前心情苦闷的时候会打心理咨询热线，有时能帮到我，但也有些咨询师一听我的情况就说残疾人嘛，自卑，你要自信些才对……再就是参加一些读书活动，看推荐的一些心灵鸡汤的文章，慢慢感觉没啥帮助，也就不打电话了。①
>
> 我从来不向别人说，怕他们笑话。②
>
> 说了也白说，自己闷着吧，你向残疾朋友说他们也有同样的困难，向其他人（非残疾人）说，人家可能会更看不起你。③

F则是通过在自己的博客里写日记来释放情绪：

> 我自己听力不好，也不愿意多和人交流，我有个博客，有什么事情就写在里面了，不过我的粉丝特别少，也没人给我留言……④
>
> 我感觉自己有些抑郁和焦虑，每天闲了就一遍一遍地刷朋友圈和QQ空间，再或者就看看群，也不发什么，只是看，或者约朋友喝酒，我最厉害的一次，一周喝了十几次，清醒的时候特别难受，就接着喝，我现在有些讨厌自己，咋活成这样了。⑤

当笔者问及有人觉得残疾人比较敏感偏激，你怎么看时，他们回答说：

---

① 访谈资料20140717-D-M。
② 访谈资料20140713-M-F。
③ 访谈资料20140723-Y-M。
④ 访谈资料20140621-F-M。
⑤ 访谈资料20140717-D-M。

有的残疾人就是很偏激呀，有一次，我认识的一个残友的母亲住院，我去看望，路上没买东西，临走就放了200块钱，我那朋友马上不高兴了，说："你不用可怜我。"弄得人下不来台（窘迫）……①

他们（非残疾人）觉得我们主要是一天没事干就一个人琢磨些事情，可能会钻牛角尖，但也不是都这样，也不是经常这样啊，他们也会这样。②

从访谈的结果来看，残疾青年缺少表达感情诉求的有效渠道，主要有以下原因：

1）个人方面，有些残疾人缺乏沟通技巧，因自卑等个人因素而刻意与他人保持距离；缺乏安全感，不愿意将自己的内心世界展现给他人。

2）他人缺乏相关体验，无法理解残疾人所面临的问题和正在经历的困难。

3）相互之间缺乏信任，残疾人曾经的不愉快、不成功的沟通经历导致其不愿意遭受二次自我伤害，使他们选择了沉默或回避；敏感、自卑的刻板标签让支持体系中的其他人认为，残疾人容易产生理解偏差，过于敏感，所以也不愿意主动询问。残疾人与社会支持网络环境之间缺乏信任，原生家庭内部的社会支持网络也没有发挥应有的作用，外部的沟通渠道，如朋辈群体、心理热线、网络聊天等资源有限，导致残疾人的感情诉求缺乏表达的有效渠道。

3. 小组成员婚恋困境的原因分析

（1）经济方面的原因

经济条件即物质保障，是生活的必要条件，经济条件不好是造成

① 访谈资料20140621-W2-F。
② 访谈资料20140621-F-M。

残疾人婚恋困境的一个主要原因。

我其实在相亲会现场看对眼一个，她也看上我了，但没过几天就作罢了。女方家里要求在本市买房，我的经济实力连首付都凑不够，父母年纪大了，哥嫂手头也不宽裕，我没法向家里开这个口啊，你说咋弄，就吹了呗。①

咱这工作又不稳定，人家都找有铁饭碗的，没办法。②

我找（对象）的话没工作、没收入的肯定不会考虑，你在经济上帮不了我，至少也不能拖累我，这是起码的……③

（2）心理认知困境

一方面，身体的残障对他们的认知有一定的影响，会使他们情绪低落，心理较敏感。另一方面，身体的残障导致他们的社会参与度较低，社会角色扮演较少，故而带来心理上的失落感，残疾人在家庭、社区和社会上，总是以被照顾者的形象出现，他们有时甚至在家庭或社会上会感觉不被需要，无法获得自我实现，会产生“多余”感，影响情绪和认知。心理认知上所存在的困境让组员们普遍表现出低自信、自我认同感低、遇到问题时逃避、不善表达自己的内心感受等。

我出门都得让我爸妈陪着，他们也忙，要上班，我就尽量少出去。④

亲戚、邻居、同学来来去去就认识那几个人，接触的人少。另外，人家（朋友）老帮你，你又帮不上人家，我不想老麻烦人

---

① 访谈资料 20140717-C2-M。

② 访谈资料 20140621-C1-M。

③ 访谈资料 20140621-W2-F。

④ 访谈资料 20140727-W1-M。

家，慢慢地不联系，关系就淡了。[1]

在访谈中，笔者了解到本组的9名组员中有5名参加单身人士联谊会是由家人或朋友报的名，1名是自己（成员Y）主动报的名，3名（组员M、L、W2）是与残友搭伴报的名。

我妈听了广播给我报的名，我自己也知道有这么个活动（联谊会）……我从网上知道的，但没打算去，没意思（预感不会有收获）。[2]

我也没想着能找上（对象），就跟他们去凑个热闹呗，你看我，有时感觉都废了……[3]

我感觉一个人也挺好的，相亲啊什么的，都是为了我妈能安心。[4]

（3）正式的社会支持不足

残疾人工作一直以来都是各级政府工作的重点，近年来在生活保障和扶贫救助方面取得了较大成绩，各级残联残协也都配备了专职人员，但笔者在平时工作和对组员的访谈中发现，残疾人仍缺乏足够的社会支持网络，正式的社会支持系统只有在遭遇危机或重大事件时才会出现。

平时就是家人、朋友的帮助，街道社区过年过节会发些钱或物，仅此而已，我们的生活圈子太小了。[5]

一天就是家人、朋友管管我，残联啊、政府啊什么的，只是

---

① 访谈资料20140621-Y-M。
② 访谈资料20140727-W1-F。
③ 访谈资料20140727-L-M。
④ 访谈资料20140713-M-F。
⑤ 访谈资料20140621-W2-F。

在电视里能看到，实际生活中很少打交道，我又不吃低保……①

（三）行动过程

1. 笔者行动的基本思路与设计

在小组正式建立前，笔者作为小组活动的组织者对小组活动进行了前期的梳理，并明确笔者在小组中的主要作用是帮助组员团结合作共同实现目标。

（1）小组需求的预估

阿尔德弗尔的ERG理论将人类需要分为三类：生存的需要、关系的需要和成长的需要。笔者在小组活动前期通过焦点小组的方式收集和归纳了组员的需要，可分为以下几点：第一，改善经济状况的需要，组员需要就业技能培训信息，城市居民最低生活保障和保障性房屋的政策信息，寻求政府、残联组织和社会帮助的方法和渠道等；第二，改善人际关系、个人情绪管理与人际交往方式，建立和拓展社会支持网络等；第三，重新认识自己，发挥自身优势，获得自我实现的感觉，获得自我效能感。

（2）小组策划书

表7-3　单身残障青年婚恋成长小组活动策划

1. 小组名称："独一无二"单身残障青年婚恋成长小组
2. 小组活动理念：本文试图通过对组员的婚恋困境的介入，提高组员人际交往能力，巩固拓展社会支持能力，使用优势理论鼓励自我接纳，形成抗逆力，重新认识自己，适应环境，从而掌握自己的生活，依靠自己的能力破解婚恋困境

① 访谈资料20140621-F-M。

续表

3. 小组时间、地点安排 时间：2014 年 8 月初至 10 月底的周末 地点：F 街道办事处一楼政务大厅内
4. 小组目的和目标 目的：①短期目的：接纳自我、拓展社会支持；②中期目的：发现和利用自我和环境中的优势解决问题；③长期目的：获得自我效能感与自我实现 目标：①学会适当的自我表达，改善与家人的交流方式，减少与家人的矛盾发生次数；管理自己的情绪，减少不良情绪的发作次数。②了解相关政策及咨询渠道，相互分享社会资源。③正确认识自己，树立信心，能够自我调节，减轻不适感。④发挥自身优势，获得“被需要”感，从而收获尊重，强化自信
5. 服务对象：前期招募到 9 名组员（在活动中 2 人中途退出，另有 1 人中途加入）
6. 小组性质：成长小组
7. 小组活动程序。第一次：破冰认识、建立归属感；第二次：巩固关系、互动沟通；第三次：认识自我，接纳自我；第四次：发现优势，拓展资源；第五次：展望未来，注入希望；第六次：总结回顾，巩固成效
8. 所需资源：人力（略）；物质（大白纸 20 张，10 元；彩笔一盒，18 元；胶带 1 卷，气球皮一袋，5 元；棒棒糖 1 包，10 元；便利贴 2 包，8 元；电脑、信封、剪刀、胶水、稿纸、中性笔、纸杯、茶叶）。预算 51 元
9. 小组评估方式：①组员自评；②访谈；③笔者自评
10. 应变对策：小组成员为特殊群体，小组活动设计存在一定的困难，需要多准备备选游戏；如遇雨雪大风天气则活动后延至下周周末；小组活动场地较特殊，如本单位加班则活动后延至下周周末；如遇组员请假超过 1/3 则再约定时间进行活动
11. 预期效果：①组员与家人互相理解，关系融洽，互相支持。②主动获得、使用、分享相关社会资源。③自我调适，适应环境。④认识自己，发挥优势，建立自信

(3) 小组活动分节计划书

表 7-4 单身残障青年婚恋成长小组分节活动策划

活动阶段	活动名称	活动目标	活动形式	活动内容	时间安排	物资准备
小组初期	第一节活动：你好，朋友 时间：8月9日 目的：通过本节活动，使组员之间相互熟悉，建立归属和初步的信任，为整个小组活动的开展做好准备	活动介绍	开场短讲	①研究者自我介绍 ②活动介绍	10分钟	
		相互认识	破冰游戏	画像接力	10分钟	白纸、彩笔
		增进凝聚力和归属感鼓励表达，尊重他人意见	分组讨论	①分组设计组名称、标志、口号 ②团队分享	20分钟	大白纸、彩笔、中性笔、胶带
		订立团队目标、契约	集体讨论	①讨论组员们的预期目标、契约、活动时间 ②征求组员意见，调整活动方案	20分钟	大白纸、彩笔、胶带
		总结，预告下次活动内容		①组员总结 ②小组命名 ③下节活动预告 ④作业布置（记录我生活中生气的片段）	15分钟	大白纸、彩笔、胶带

续表

活动阶段	活动名称	活动目标	活动形式	活动内容	时间安排	物资准备
小组中期	第二节活动： 有话好好说 时间：8 月 30 日 目的：通过本节活动，帮助组员提高人际交往能力，善于表达与沟通，为婚恋关系建立和持续发展打好基础	培养组员对小组和他人的信任	热身游戏	后倒游戏	5 分钟	
		重温上节活动的内容	集体讨论	①契约内容 ②作业分享回应（组员谈体会，大家一起做总结）	20 分钟	上节活动团体契约海报
		换位思考、交流沟通、情绪管理	角色扮演 短讲	①分组角色扮演（分组） ②讨论，归纳总结 ③怎样管理我们的情绪	15 分钟	场景题板、大白纸、彩笔、胶带
		反思刻板思维模式	案例讨论	①案例分享（续写故事） ②讨论	15 分钟	中性笔、白纸
		学习处理日常人际关系技巧	短讲 视频	处理好人际关系的八大技巧、三大原则 电影《义海雄风》片段分享、讨论	15 分钟	
		活动总结、布置作业、活动预告		①组员总结 ②小组命名 ③下节活动预告 ④作业布置（与家人、朋友做一次交谈，并记录在家人和朋友眼中的自己）	10 分钟	

续表

活动阶段	活动名称	活动目标	活动形式	活动内容	时间安排	物资准备
小组中期	第三节活动： 这就是我 时间：9 月 13 日 目的：通过本节活动，能够让组员认识到自身的优势，提高自信，协助组员做出积极改变来解决自己在婚恋过程中所遇到的具体问题	重温上节内容	游戏	①抢答回顾人际关系的技巧原则、情绪管理方法 ②放松练习：冥想	10 分钟	小礼物：棒棒糖
		作业回应	分享	将上节的作业“他/她眼中的我”放在一起，打乱顺序后，由组员随机抽出并读出（不读自己的，不念出名字，由大家来猜），认领自己的作业卡，分享自己的感受，点评他人的作业	20 分钟	
		澄清观点	命题讨论	①对我现在的生活状态影响最大的因素是什么？ ②对于现在的生活状态，我想要改变些什么？	15 分钟	大白纸、彩笔、胶带
		重新整理自我认知	游戏	设计我的名片（名字、优点、特长、兴趣、愿望）	10 分钟	白纸、彩笔、中性笔
		活动总结、布置作业、活动预告		作业：三件我最想改变的事情	10 分钟	

续表

活动阶段	活动名称	活动目标	活动形式	活动内容	时间安排	物资准备
小组中期	第四节活动：资源连连看 时间：9月27日 目的：通过本节活动，使组员发现自身和环境中可利用的支持资源，能够通过合理充分地利用这些资源来增加婚恋成功的机会	重温上节内容和作业回应	分析讨论	上节内容回顾 作业分享，讨论如何实施（最后一节活动分析进度）	15分钟	白纸、中性笔
		个人支持资源的澄清与整理	分组游戏	情景假设（对方组员提限制条件）：①逛街丢了钱包；②在单位突发阑尾炎	10分钟	
		梳理支持资源	讨论	绘制可利用资源图	15分钟	大白纸、彩笔、胶带、草稿纸
		获得、使用相关社会资源	短讲 宣传材料发放	①来自政府政策（低保、保障房、救助、社保、就业） ②本市助残机构资源分享	20分钟	大白纸、彩笔、胶带 政策宣传册、公众微信号汇总单
		分享社会资源 发掘自身资源，互织资源网络，拓展个人的支持网络	游戏	有“球”必应 自我推销 助人服务承诺签名	15分钟	气球、纸条、中性笔
		活动总结、布置作业、活动预告		①活动回顾 ②国王与天使游戏抽签 布置作业：给自己的国王写一封信（帮助别人回顾活动的全程，表达关心，监督改变）	15分钟	大白纸、彩笔、中性笔、胶带、便利贴

续表

活动阶段	活动名称	活动目标	活动形式	活动内容	时间安排	物资准备
小组中期	第五节活动：不试不知道 时间：10 月 11 日 目的：通过本节活动，引导组员树立积极勇敢的生活态度，激发追求美好生活的愿望，为婚恋关系建立增加信心	展望未来，注入希望	游戏	水晶球（展望新一年）	10 分钟	便利贴、彩笔、中性笔、大白纸、胶带
		挑战自己	小型运动会	象棋、双扣、乒乓球比赛	45 分钟	奖品：苹果 便利贴、彩笔
		处理离别情绪		全体合影	5 分钟	手工制作合影横幅
		家庭成员对小组介入效果的评估	访谈	焦点小组——感受到的变化	20 分钟	
		家庭成员之间换位思考、相互理解	游戏	家庭情景剧扮演（正反两幕）	20 分钟	题卡、椅子两把
小组后期	第六节活动：天使来信 时间：10 月 25 日 目的：通过本节活动，使组员感受成长与关爱，帮助组员为以后的个人发展和婚恋关系的建立增加信心和动力	回顾	电子相册	活动总结与活动照片播放	10 分钟	
		相互监督鼓励		三件最想改变的事，目前的进展情况分享	15 分钟	
		评估与反思	问卷 讨论发言	组员填写活动评估问卷 请组员说出在参加小组活动前后的改变与收获	20 分钟	问卷
		感受被关爱	游戏	天使来信，信件认领	10 分钟	
		结束		AA 制会餐		

2. 行动过程

(1) 小组初期

作为小组初期的第一次活动，主要任务是小组组员之间、笔者和组员之间关系的建立，组员要对小组产生认同和归属感，在此阶段要明确小组目标、形成大家共同遵守的契约。

第一次活动：你好，朋友。

本次活动的目的是破冰认识、建立归属感。内容有活动介绍，相互认识，订立团队目标、契约。在破冰游戏环节，考虑到组员初次参加小组活动且都是残障人士，行动不便，放弃了肢体运动幅度较大或难度较高的动作游戏，改为用纸笔来做的画像接力游戏，大家互传笔盒选取自己喜欢的颜色的彩笔，基本都能够按笔者的口令完成活动。

在随后的分组团队建设环节里，分组的组员们需要提前讨论，此时笔者观察到组员 F 有些不知所措，茫然地看着大家。直到本节活动结束，组员 F 都不在状态。后来笔者了解了原因，在讨论环节，声音来源较多，佩戴单侧助听器的组员 F 无法听清大家的谈话。“一个声音说还可以，大家讨论的时候我只能看口型，很着急，不知道大家在说什么，只有后来在白纸上写出来的，才知道是在干吗，所以老是比大家慢半拍。”组员 F 在本节活动后退出小组活动，转为现场外网络参与者。这也凸显出笔者在活动前期考虑不周全，没有了解组员的特殊困难，补救措施为采取 QQ 和微信群进行活动分享和互动。在小组契约讨论制定环节，大家根据组员们的发言归纳制作出契约书（见表 7 – 5）。

表 7 – 5　　单身残障青年婚恋成长小组活动契约书

按时参加小组活动，不迟到不早退。		
认真投入、积极参与小组活动。		
相互尊重，相互体谅。		
小组内发生的事情不外传，要保密。		
成员签名：	研究者签名：	日期：

QQ 群里有新成员 D 要求加入小组活动，考虑再三，笔者决定把决定权交给组员们，让大家一起商议，于是在本节活动议程结束后，大家投票决定，组员们一致同意新组员 D 从下节活动起加入小组。另外，组员 F 向大家说明了退出的理由并向大家告别。

在小组活动初期，出现了以下问题：

第一，活动场地不够便利，组员迟到问题较严重。

本次活动招募的组员分散居住在本市的不同城区，无法找到一个能方便所有组员的场所举办活动，因为预算有限，笔者将活动场地确定在自己的工作单位，但当时正值 L 市上穿下跨立体交通工程的施工期，堵车问题严重，原定的九点整开始活动，结果有四位组员迟到，活动开始已是十点多了。在活动过程中与大家商议后，将活动时间推后至九点半。

第二，组员目标一边倒，笔者经验不足，场面出现短暂失控。

破冰游戏和分组讨论环节结束后，组员们开始慢慢熟悉，加上他们在相亲会现场已经见过面，所以这个小组组员的熟悉进程更快一些。在订立团队契约时，笔者问道："大家希望通过我们的几次小组活动有什么收获？或者大家来参与小组活动的目的是什么？"组员 Y 马上回答：找到媳妇，大家一起哄笑，笔者追问"还有呢？"几个男性组员附和道，就是找媳妇成家呗。由于笔者经验不足，一时不知道怎么接后面的话，大家又是一阵哄笑。随后组员开始就近讨论起来，场面一时失控。笔者只好再次重申小组活动的目的在于发现自我优势，形成抗逆力，拓展和巩固支持系统，依靠自己的力量突破婚恋困境。组员在参加小组活动的初期，对小组目标的认识比较模糊，比较抽象，所以讨论的环节非常重要，有时，这样的讨论有点辩论的色彩，只有这样才能让组员认识和接纳小组，更好地融入小组。在小组活动初期，笔者是领导者和组织者，需要掌控好小组活动的发展方向，及时做好引导工作。

第三，语言不够接地气，沟通出现问题。

笔者在活动介绍的环节中，发现有组员抖腿，转笔，有的甚至在看手机屏幕，介绍便暂时停了下来。笔者给大家两分钟稍作休息，然后私下找组员 W2，询问她的感受，她直言不讳地告诉笔者："你讲的那些没太听懂，什么自我接纳，什么抗逆力理论，我们感觉陌生得很。"使用专业名词一下子将笔者和组员撕裂开来，这样的沟通语言不够口语化，而且容易造成理解上的偏差。于是笔者及时将文稿中的专业名词做了转化，"自我接纳"被转化为"认清和接受自己的全部，包括优点和缺点，觉得这些才组成了实实在在的自己"，"优势理论"被转化为"每个人都有自己的长处，你要放大它，它能帮助你渡过难关，解决自己的问题"，"抗逆力"被转化为"橡皮垫，伸屈自如，回弹有力"。这也让笔者认识到：与组员建立关系和信任，和大家一起对话，就要融入大家的话语体系中。

（2）小组中期

小组活动开始阶段完成后，进入小组中期，社会工作介入的效果也在这一阶段展现出来。小组中期要经历两个阶段：中期转折阶段和后期成熟阶段。在介入过程中，小组中期跨越第二、三、四、五这四次活动，其中第二次活动可归于中期转折期，第三、四、五次活动为后期成熟期。这样的划分标准是基于组员之间的关系变化和他们的组内表现。

1）中期转折阶段

第二次活动：有话好好说

本次活动的目的在于巩固关系，互动沟通。在上一次活动中，笔者观察到组员比较拘谨，所以这次的开场是做后倒游戏，目的是让组员在小组内感受相互间的信任。上次活动在回应环节一开始，笔者首先做了自我披露，分享了自己的作业——"几天前在公交车上的一次遭遇""站台上大家等了好久的公交车，好不容易车来了。笔者问司机，怎么半天不来车，司机回了一句：'你问交警去，堵车呢，我怎么过来，飞过来吗?!'当时车上气氛非常尴尬。"由此引出本节的主题：有话好好说，然后各位组员与大家分享了各自的作业。在这个环节里，大家都对家里父母逼婚的话题有共鸣，于是就在角色扮演环节选定了父母逼婚的场景进行表演。组员分为两组：一组表演父母，一组表演儿女。表演完后角色互换再表演一次，每次表演限时 5 分钟。表演结束后，由大家点评。场景是某天晚饭后，父母商量参加邻居家儿子婚礼的事情，然后说到了自己家……扮演儿女的组员 M 的一句话，“这个家嫌我多余了，是吧?”引起组员的片刻沉默，笔者顺势追问组员，大家都说过这样的话吗？说完后什么感觉？然后引导出后面的内容：情绪管理和沟通技巧的学习。

本次活动较前一次组员之间的沟通和互动都有所增加，气氛整体较活跃，但有个别组员表现得比较沉默，有些则过于活跃。组员 C1 好像一直不在状态，讨论时发言极少。在后来的交谈中，他告诉笔者，自己和其他组员不一样，因眼疾致残后离异，对自己和家人的打击比较大，不想再提及却又时时挂在心里。C1 表现出的抗拒和防卫心理正是该阶段组员的一个特征。C1 告诉笔者最近店里走了一个伙计，忙不过来，提出退出现场活动，但会通过 QQ 和微信群关注和参与活动。这是小组成立以来第二位退出的组员。组员 Y 表现较活跃，在讨论时多次发言，在本节活动结束后提出在下节活动时要带吉他来，给大家唱歌。C1 和 Y 的表现具有小组活动中期转折阶段的典型特征。

C1 在本次活动结束后，向其他小组成员做了告别。

在此阶段的小组活动过程中，出现了以下问题：

①在电影片段播放环节，由于场地内没有投影仪设备，只能在电脑屏幕上播放，但八九个人挤在一块小屏幕前，而且视频中没有中文配音，播放效果不好，这也反映出笔者缺乏经验，考虑不周，低视力残疾的 C1 只能听到声音和看到一个模糊的视频影像。所以这个环节的设计欠考虑。

②在情景剧表演的过程中，讨论一度出现偏题，大家开始倾诉自己因被逼婚而感到压力很大，组里的女性组员 W2 表达了自己的想法：觉得“剩女”一词是社会上创造出来专门压迫女性的……另一名女组员马上附和，也讲了自己的尴尬境遇，男性组员也从不同角度参与了讨论，认为剩女眼光太高，不能正确认识到婚姻的本质……几

分钟后，笔者觉得这样讨论下去，后面的环节无法完成，就将这一个大家都感兴趣的话题暂时搁置，待小组原定议程完成后再继续讨论，组员们都表示认可。笔者要控制好小组活动的进程，一方面是时间控制，另一方面是场域气氛的及时调整。

2）后期成熟阶段

经过开始阶段的适应和转折阶段的磨合，小组进入了后期成熟阶段，这也是小组活动最关键的阶段。在这个阶段，小组介入活动要完成自我接纳、社会支持网络拓展和介入效果强化巩固等任务。

第三次活动：这就是我。

本节的目的在于认识自我，接纳自我，改变自我。重点环节是讨论两个问题：组员们认为对自己现在的生活状态影响最大的因素是什么？对于现在的生活状态，组员们想改变些什么？配合上一节活动布置的作业——在家人和朋友眼中的自己——来做一个比较，以此明确自己的现状、被期望状态和改变的方向。从小组活动开展前的访谈结果来看，组员们因为无法完成成年早期的任务——建立亲密关系而情绪低落，觉得生活死气沉沉，甚至觉得自己的人生比较失败，所以注入新的希望非常重要。要以优势视角看待和解决自己所遇到的事情，从而产生出抗逆力，更好地适应环境。本节活动中重构自我认知是首要任务。

本节活动的主题是“改变”，我们选取组员们特别关心的“残障青年婚恋困境”为主题作为讨论的切入点，用头脑风暴法让大家列举出困境的现状、困境的原因、困境的解决方式。用“两棵树”——问题树和方法树的方法进行了归纳总结，目的在于启发组员们思考：残疾人遇到的困难全部是因为残疾所造成的吗？更进一步的目的是教给组员一个梳理和分析问题的方法，在以后遇到类似的问题时，可以帮助组员加以梳理分析。本节留下的作业也是与“改变”有关的：三件我想改变的事情。下节的资源梳理会对“改变”愿望的实现起到重要的作用。

活动程序结束后，组员 Y 给大家用吉他弹唱了一曲，赢得其他组员的掌声，他自己也特别高兴。

第四次活动：资源连连看。

本节活动旨在帮助组员发现优势，拓展资源。通过情景模拟，再现了组员们在遇到困难时的求助方式和资源的调动方式，笔者在此过程中做了观察，组员们觉得支持网络和社会资源不一定就是提供钱和物，同伴的问候或者邻居的信息传递都被视为支持资源，这些认识超出了笔者的预期。经过相互帮助梳理，组员们发现自己可以利用的资源很多。笔者利用活动场地的优势，收集到低保资格申请、救助、医保缴费不同办法和自主创业优惠政策的宣传资料，并通过短讲告诉大家社区和街道办事处各部门的职责和相关政策的申请流程。还邀请了本市某助残机构的一位干事 H，让他向组员们讲了本市社会助残机构的情况和各自的业务范围。在游戏环节，组员们吹气球，在气球里放进写有自己现在面临的具体困难的小纸条，然后放在空地上，大家一起踩破气球，取出纸条大声念出，然后大家一起帮助“解难题”，有组员在纸条上写的是想找工作，组员 Z 马上告知他所在的义齿厂正在招聘制作工人。有组员想办理失业证，笔者就地取材提供了政策宣传折页。有组员想学游泳，组员 M 说她手机里刚好存了一个游泳教练的号码，可以帮他问问。在自我推销环节，组员 L 掏出了他父亲室内装修公司的名片，写上自己的名字后分发给大家，并告诉大家装修的事情可以咨询他和他父亲。L 介绍完后，组员 C2 站起来说：“电路修理的事情大家找我。”组员 W2 自学心理咨询，承诺将为其他组员提供心理咨询服务，并留下了自己的电话、QQ、微信等联系方式。组员 M 说：“大家要咨询残联的政策和相关信息，我愿意为大家服务，会在 QQ、微信群里第一时间发布自己知道的信息。”学中医出身的组员 D 还在现场教大家一套手部操。组员们一起在一份现场制作的助人服务承诺书上签名。

我们邀请的助残机构的嘉宾 H 全程参与了本节活动，他听了组员们的“自我推销”后，鼓励组员们说：“大家都非常优秀，每个人都是独一无二的。”在活动后，有组员在 QQ 群里告诉笔者，“独一无二互助服务清单”已整理上传，群里其他没有参加小组活动的成员也纷纷加入网络讨论，有愿意教英语口语的，有分享养生经验的，有会修手机的……这是笔者未曾预料到的，参与者们的举动让笔者既欣慰又感慨，一方面，参与网上和现场小组活动的残疾青年们都有较强烈的社会参与意识，他们积极关注自我和环境的发展；另一方面，这些也反映出社会提供给残疾青年们的参与机会较少，如果政府和社会能给予引导和帮助，残疾青年们会对社会做出很大的贡献，他们需要被关注，他们本身就是很好的社会资源。

在本节活动的最后，经过抽签，大家都有了各自的国王和天使，笔者布置了家庭作业：天使给自己的国王写一封信，将放在最后第六节活动中交到各自国王的手中。目的在于通过别人的视角帮助彼此回顾整个小组活动并衔接上次的作业，互相监督和鼓励彼此的改变。

第五次活动：不试不知道。

本节活动的目的是展望未来，注入希望。活动形式不同于前几次的活动。首先，活动场地有变化。不再是室内的一间办公室，而是转到了笔者单位的工会活动之家——一间有各种运动器材的房间。其次，参加人员有变化，不光是我们的八名组员，还邀请了他们的家人朋友以及群里的其他成员一起来参加，活动当天，有 15 人参加了本次小组活动。先是一个热身游戏——水晶球，大家围成圈传递一个模拟"水晶球"——一个红富士苹果。拿到模拟"水晶球"的组员要向大家描述新的一年理想中的自己是什么样的，然后传递给身边的下一个人。受邀请的嘉宾在接到"水晶球"后介绍自己即可。

在趣味运动会环节，刚开始大家自由玩自己喜欢的运动项目，待环境和参加人员熟悉后，挑战接龙游戏开始，笔者设置的游戏规则是，对向你提出接龙挑战的只许说"yes"，不能拒绝。在游戏环节中，出现了笔者预料的场景：当组员 F 将乒乓球拍递给组员 W1 时，W1 的母亲马上做出反应：他这样子怎么打球啊，不行的。但是根据规则 W1 必须接受挑战，他提出是否可以和 L 对打，"我俩身体情况差不多"，在所有参加者同意后，两个身体偏瘫的组员勇敢地接受了挑战。有组员和嘉宾表示愿意帮他俩捡球，还有人帮忙发球。在连打五个回合后，现场所有人都向这一组勇敢应对挑战的组员报以掌声，尤其是 W1 的母亲和 L 的舅舅当时比较激动。W1 的母亲告诉笔者："以前（受伤前）W1 在文艺和体育方面都有所擅长，弹吉他、电子琴、篮球、乒乓球，还喜欢画漫画，在受伤将近十年的时间里，再没有碰过这些东西，没想到今天还能接住球。"L 的舅舅也说，有这样的一个机会让 L 去尝试，他自己都没想到，其他人也觉得这是不可能的事情。

按照活动计划，本次活动是小组活动安排中的倒数第二次活动，要对活动结束做出提前告知并着手处理离别情绪。在趣味运动会的最后一个环节举行了发奖仪式，大家评出"最佳球手""最佳棋手"和"最佳运动员"各一名，并颁发了奖品——红富士苹果一个。

趣味运动会结束后，笔者预告了下一节的聚餐活动，组织大家一起拍了合影照，然后让组员们留在四楼自由活动，邀请组员的家人在一楼进行了焦点小组访谈和家庭关系辅导小游戏。访谈的目的是收集家庭成员对组员参加小组活动后的效果评估意见。

组员家人表示参加小组活动，组员个人情绪有所改变。

> 她心情变好了，在家给我做新学会的菜，还教我上淘宝网买东西，鼓励我去跳广场舞，还给我买了好几个十字绣……她心情好，我心情也就好了。(M 的母亲)。
>
> 我周末回家我爸妈说我姐出去聚会了（指参加小组活动），每次玩得都挺高兴……她情绪上的变化是我们全家人都切实感受到的。(W2 的妹妹)。

有些组员的人际交往状况也有了较大改善。

> 最大的变化是我们父子之间的对话多了，Y 现在有了工作，下班回来主动帮忙做饭，还给我表演弹唱，征求我的意见，问我他唱得咋样，还给我讲他们厂里组织的活动，现在我们一天说的

话比以前一个星期都多。(Y 的父亲)

以前放学回来一声不吭就在自己屋里玩手机，同学叫根本不出去，现在有同学约，还愿意出去，上周还约了 Y 去帮他的同学选吉他去了，回来给我和他爸爸讲，哪哪有什么好玩的，脸上笑容也多了。(W1 的母亲)。

个别组员的问题行为发生的次数有所减少。

(他) 喝酒的次数少了，他一个人在外面住，我父母平时打电话给他，有的时候一听就知道喝大了，他一喝酒，我母亲知道了就哭。但最近这一个月，打了几次电话，(发现他) 都清醒着呢，我上次去他租的房子里，只有两罐没打开的啤酒，说是朋友来吃饭时留下的。(D 的哥哥)

他受伤后特别敏感，我姐又是个刀子嘴，说话不注意，稍微不合适，两个人就开始闹矛盾。现在 L 比以前开朗了，周末参加活动，平时对学习装修设计挺上心的，自己有事儿干了，和他妈妈闹别扭的次数减少了。(L 的舅舅)

对家庭成员的访谈结束后，笔者把家庭成员分成三个组，抓阄进行情景剧扮演：一组扮演夫妻俩吵架中的情景，另一组扮演吵架后的情景，剩下的一组做点评。笔者要求做这个游戏的目的在于从家庭成员入手，帮助组员巩固人际关系处理的技巧，同时希望通过这个游戏提高和改善家庭对组员的支持度和家人之间的相处方式，对提升组员对原生家庭的满意度也会起到一定的作用。游戏结束后，参加游戏的家庭成员都参与了发言，认为相互理解很重要，不要急于下定论，对以后处理家庭关系有所启发，游戏达到了预期的目标。

(3) 结束阶段

第六次活动：天使来信。

最后一次活动的地点选在一家自助餐茶楼内，笔者提前将天使们写给自己国王的信件收集在一个大信封内，然后将电子相册共享到微信群里，组员们用各自的手机看到了我们前五次活动的照片，做了一个回顾，然后一起分享了最后一次作业：“三件想改变的事”目前的进展情况。Y向大家宣布自己通过面试已经进入义齿厂上班了，而且还是模具班职工文艺队的组织者。“第三件事是，我发现厂里的女同事多，年龄差不多，机会多多”，引起大家的一阵笑声，C2告诉大家，上次来的助残机构的嘉宾H邀请他帮助本市某民办孤儿福利院修整电路，“做了一回志愿者，走的时候那个幼儿园的小朋友们给我送了几幅彩色儿童画，我特别高兴，就贴在店里呢”。W2打算在年后与朋友一起注册成立个青少年心理咨询室，将助残心理服务热线对外公布，帮助更多的人。M说要存钱，夏天带妈妈去旅游。D打算重新拿起书本，参加5月的医师资格考试……在天使来信的环节，大家从大信封里取到有自己名字的信件，并安静地阅读完，几个组员的眼眶有些发红，笔者做了引导，希望大家继续保守秘密，不要透露出自己的天使和国王，希望大家默默地彼此关心关注。

在本次活动中，组员们还填写了评估问卷，目的在于检验小组活动是否达到了初期制定的小组目标和组员们的个人目标，对于不足之处要做出反思，吸取教训，为以后的相关工作积累经验。

笔者对组员表达了感谢，感谢大家能够参与和共同完成小组的各项活动。组员L提议：“每个月都组织一次聚会，一起玩，一起分享，互相监督。”他的提议得到了所有组员的赞同，大家约定轮流组织聚会，费用AA制。笔者表示如果时间允许，也会参加大家的聚会。

（四）评估与反思

“独一无二残障青年婚恋成长小组”一共开展了六次活动，现已按期结束。小组活动达到了预期的目标：组员与家人矛盾发生的次数减少，能够正确表达自己，管理自己的情绪，与家人关系融洽；组员能够主动获得、使用或与别人分享相关社会资源，走出去参加志愿服务活动，收获被需要和自我实现感；组员们能够较为全面地认识自己，发挥优势，建立自信。小组活动最大的亮点在于训练组员获得资源和分析问题的能力，组员之间能够相互帮助，在小组后期能够主动承担小组事务并进行自我管理。

1. 组员评估

八位来自本市不同地方的成员在小组活动中由陌生走向熟悉，并发展成为彼此支持系统中的一个支持点，大家在这个过程中都发生了变化。

（1）对组员的评估

在小组活动的开始阶段，组员的表现比较拘谨，较为依赖笔者，需要笔者来带动和活跃小组气氛。在中期——转折期，有组员抗拒、沉默，无法开放内心，选择了离开。也有组员比其他组员更快地融入环境，表现得比较积极主动。在小组的后期——成熟期，小组的凝聚力大大增加，组员之间的亲密度和归属感更高，新加入的组员也能迅速与大家相识融合，组员主动承担起一些自我管理和服务工作，比如有组员汇总完成了组内的组员互助清单，有组员在运动会上主动承担拣球的工作。在小组结束阶段，组员每月定期聚会的提议表明，小组成员已经能够在笔者缺席的情况下做好自我组织和管理了，从这一点来说，此小组较为成功地完成了预期目标。

在小组活动过程中，笔者发现，个别组员在互动互评中刻意回避冲突，不愿意“得罪”别人。例如，在团队海报设计、分组角色扮演、小型运动会评奖或是在小组自由讨论等环节中，W1 对其他组员的所有观点都表示同意，不发表任何异议。笔者发现这一情况后，特意安排 W1 发言，要求对其他组员的表现进行评价。W1 始终都表示“很好啊，都很好”。对于这一情况，笔者查阅了文献资料中对于“小组成员在小组中谋求苟同”的情况提供对策如下：指定一些人担当不同意小组决策的角色。笔者与陪同前来参加活动的 W1 的母亲进行了探讨，W1 的母亲觉得儿子这样的表现很正常。“他平时在家也这样……以前青春期也挺叛逆，受伤后在家一直很听话……”笔者认为，W1 的身体条件（偏瘫）限制了其行动能力，他的日常生活需要依赖他人帮助和照顾。刻意处理，会使 W1 逃避或产生抗拒，故笔者认为，文献资料中所提供的方法并不适用于此。这也提醒笔者，在不同情景下要根据实际情况评估组员的表现。

（2）组员自评

笔者对组员采取意见反馈问卷填写和活动后访谈的方式，来了解大家对活动的评价。意见反馈表参考深圳南山区社会工作协会编写的《实践书写：深圳研究者专业实务指引》一书中的“小组活动参加者意见反馈表”，并做出适当修改。问卷不具名，在活动现场填写后塞进大信封，笔者在对问卷进行整理时发现：

大家最不满意的是对活动场地的安排。

满意的活动内容是自由讨论环节和第五次活动中的趣味运动会环节。

在对活动的其他意见和建议一栏中，有 5 份填写了内容，其中 2 份反映的是组内男女比例不均，女的太少；有 1 份写到场地可以安排到公园里；有 1 份表示应该组织一次户外活动，爬山喝茶烧烤；还有 1 份认为六次活动次数太少，建议长期化。

在访谈中组员对小组活动都比较满意，只是在“最初参加小组时的个人目标现在是否实现”这一问题上，6 名男性组员中的 4 位表示当初的目标是想结识更多的朋友，尤其是更多的女性朋友，如果量化统计，这个目标部分达到，出现了笔者与服务对象对小组介入效果认识不统一的问题。

全部的 8 位组员都表示在小组内得到了成长，都有收获。

2. 笔者自评

第一，本文中组员的特殊性促使笔者在活动中尝试使用新型沟通工具，比如 QQ 和微信的使用。将活动的程序和照片分享给大家，在网上发起讨论，扶残机构公共微信服务账号推荐，因陋就简通过微信做总结回顾等，这些相比以往的小组活动都是新的尝试，一方面比较节约成本，另一方面，笔者认为，在残障人群社会工作服务中，网络将会帮助笔者服务更多的人。

第二，笔者认为，服务对象的改变与环境之间相互影响，小组活动既要取得效果，又要为效果的巩固与持久创造条件。在第四次和第五次活动中，笔者邀请助残机构干事、组员的家人、朋友同来参加，拓展了服务范围，这对组员的个人改变和家庭关系的改善都是有益的。从另一个角度来看，也让组员的家人和朋友对组员有了新的认识。在整个小组活动过程中，笔者糅合了社区社会工作的方法和理念，让组员在比小组更大的社会系统环境中进行新的互动尝试。

以上两点可以作为本次小组活动的特别之处，该做法在组员的后期访谈中也得到了肯定。

第三，笔者需要在服务对象的不同需求之间寻找平衡点。在小组活动前期的策划阶段，笔者同每位组员做过至少一次的访谈，尽管大家结识于残障单身人士联谊会，但笔者发现，大家在婚恋中的诉求点不太相同，具体的需求也不尽相同。在小组活动中，两位组员的退出让笔者做出了反思，做残障人士的婚恋困境介入，对不同类型的服务对象还需加以细分，这样笔者的服务也将更具针对性。

3. 第三方评价

在第五次小组活动结束后，笔者召集组员的家人参加焦点小组访谈，评估小组介入的效果，主题是“您认为参加小组活动给他带来的改变是什么”，六位家庭成员参与并发言，他们觉得组员在参加小组活动后在行为、情绪上都有所变化，四位家庭成员表示行为上改变明显，两位家庭成员认为情绪变化较大。有意思的是，被感知有行为变化的都是男性组员；被感知到情绪变化的都是女性组员，叙述者为女性家庭成员。这是否与组员和观察者的性别有关，还有待进一步考察，但总体来看，小组介入在组员的家庭成员看来是有一定效果的，小组介入带来了组员在行为和情绪上不同程度的改变。

4. 行动过程中的问题与反思

（1）笔者经验不足，细节把握欠妥

活动前期对活动的掌控不足，出现讨论跑题、游戏超时、笔者忙乱，有些环节设计时考虑不周等情况。小组工作技巧对社工的专业和各方面的素质要求较高，上述情况的出现表明，笔者作为社工的经验欠缺。另外，在小组活动现场，只有一名社工会显得比较忙乱，甚至会出错，能够有助手协作，既能为现场的服务对象提供更好的服务，还能做好现场的观察和记录，有助于笔者的自评和经验积累。

（2）活动场地选择不理想，阻挡了许多成员的加入

在评估时，近一半的组员反映活动地点选择得不好，做残障人士的小组活动必须考虑到参加者的具体情况，可将地点选择在残障人士所在的托养机构内或福利工厂内，或者在前期就近招募组员。本次小组活动因为场地的原因，许多有强烈参加意愿且预期效果会很好的残障人士都无法参加活动。

（3）对服务对象的需求评估不够细致

组员 C1 的退出让笔者意识到，虽然都面临婚恋困境的问题，但有婚姻经历与没有婚姻经历的残障青年的需求是不同的，所以在介入时应有不同的侧重点，笔者在招募组员时应注意成员的同质性。在实际介入过程中，由于听力残疾组员和视力残疾组员的退出，最后全程参加小组活动的皆为肢体残疾人，故此小组活动对肢体残疾青年的婚恋介入有效果，但对于残疾类型中视力、听力、言语、智力及精神残疾人群的介入是否有同样的效果有待进一步实践。

（4）对组员家庭的拓展性介入环节太少

通过几次访谈和小组活动的情况来看，原生家庭对组员的影响较大，本次小组介入仅在第五次活动中邀请了组员的家人参加活动，对组员原生家庭社会支持网络的巩固和改善方面的介入服务尚显不足。

八　基层妇联参与社会治理研究*

张　驰

（一）研究概述

妇女联合会作为党联系妇女群体的枢纽，是国家社会的支柱之一，在创新国家治理和维护社会和谐稳定方面发挥着重要作用。妇女联合会的基层组织一直是妇女联合会组织建设中的关键，其组织职能的发挥是影响妇联参与社会治理实效性的前提，但妇联基层组织建设却是最薄弱的环节。党中央在社会转型的新时期，针对群团组织的改革和建设工作进行了制度安排，特别强调在社会治理中有着十分特殊功能和地位的妇联基层组织的重要性，全国妇女联合会等相关机构针对如何加强妇联基层组织建设做出了政策指向和战略部署。对于兼具政治性和群众性的妇联组织自身来说，如何顺应新的形势发展需要，既做好组织建设以协助党和政府，又能反映群众呼声，满足妇女的需求，更好地参与社会治理，是新时期基层妇联组织所面临和要解决的现实问题。在此现实背景下，笔者以妇联基层组织在社会治理中的实践为立足点，运用文献研究和调查等方法，在群团组织参与社会治理的理论基础上，以G省妇女联合会为例，深入调查妇联参与社会治理的基本情况，分析其在实践中所存在的问题及经验，探索妇联组织在社会治理中所采取的行动逻辑。

---

* 本章作者张弛，中南民族大学民族学与社会学学院2019级博士。

1. 研究问题

本文的研究问题是：第一，以G省妇联基层组织在社会治理中的实践为研究对象，运用文献研究和调查等方法，描述群团改革背景下G省妇联基层组织的基本情况。第二，从干部队伍建设、妇联工作阵地、工作内容、组织合作方面探讨改革后的G省妇联基层组织参与社会治理所出现的问题及原因。第三，运用协作化、网络化社会治理及法团主义理论来解释妇联组织在实践中行为逻辑的动因。

2. 研究意义

妇联组织是中国社会组织的一种独特形式，是党委、政府和社会公众之间的中介，是了解中国民族社会关系现状和未来发展的重要变量。中介组织形式是国家授权的社会利益整合单位。其实践的实质是与妇女互动，促进社会稳定。本文在法团主义及社会治理理论的基础上，通过实地调研，总结出改革后的妇联组织在参与社会治理实践中的行为逻辑，关注法团主义理论的适用范围与解释力度，从而为官办性社会组织理论的不断完善与发展提供可持续研究。妇联等群团组织的基层建设存在组织建设薄弱，妇联干部进取和创新精神不强，工作能力需要进一步提高，工作中存在较强行政化和疏远群众的现象。习总书记强调，必须加强政治意识，先进性和与群众的密切联系，抵制形式主义、官僚主义和娱乐风气。学者们围绕“增强妇联社会性，去除官办性”为妇联的发展转型提出了具体建议。然而，实际上，妇联等群团组织参与社会治理有其自身的实践逻辑，并非完全按照理论构想中的应然方向发展，而是有一个切实可行的行动策略。本文将展示及解释妇联在协调国家和社会参与社会治理实践方面的具体行为，为党和政府在推进官办性社会团体在今后的改革中实现组织良性运作及其可持续发展提供合理性解释。

3. **研究方法**

本文采用调查研究的方法，基于问卷调查法对G省妇联的基层组织建设进行定量分析。同时，对通过实地访谈和文献方法收集的数据进行整理和定性分析。

（1）抽样方法

根据基层改革的完成程度，采用简单随机抽样法。选取TS、JC、BY、QY、DX五个市区所对应县区的乡镇（街道）、村（社区）妇联干部和普通群众随机发放问卷，向25个乡镇（街道）和120个村（社区）的群众分发了1000份问卷，回收957份，回收率95.7%；向32个乡镇（街道）、176个村（社区）的干部分发了1000份问卷，回收977份，回收率为97.7%。样本的选择具有一定的代表性（见表8-1）。

表8-1 **问卷调查情况**

问卷类型	乡镇（街道）数量（个）	村（社区）数量（个）	发放份数（份）	回收份数（份）	回收率（%）
群众问卷	25	120	1000	957	95.7
干部问卷	32	176	1000	977	97.7

通过实地走访对G省妇联基层组织进行深入了解，实地调研分为四个小组，分别深入TS、JC、BY、QY、DX的妇联基层组织，通过召开乡镇（街道）、村（社区）两级妇联干部座谈会、随机对居民访谈的方式开展调查。

（2）资料收集方法

文献资料收集：利用CNKI数据库和G省妇联的档案文件，收集相关文献资料，了解国内外妇女联合会的研究成果和理论发展。全面了解G省妇女联合会基层组织参与社会治理的实践，初步确定与项目研究有关的指标和因素，规划调查的基本框架，设计问卷及访谈的提纲。

问卷调查：本次调查问卷主要针对基层妇女群体和基层妇女干部。调查人数为2000人。群众问卷用于了解妇女群众基本信息，妇联改革的群众参与度、知晓度以及对妇联基层组织的认知与评价。干部问卷用于调查基层妇联干部的工作内容和基本情况以及对妇联组织现有问题的看法和建议。

访谈法：在调查伊始，调研组成员进行了为期一个月的调研准备工作，首先对文献资料进行研读，其次制定了调查问卷和访谈提纲。为了确保调研的质量和效率，调研组于2017年10月24日由导师带领四个调研组组长赴Y县进行预调查，Y县妇联领导组织开展了妇联基层干部座谈会，大家一起针对访谈提纲和问卷的内容、语言进行商讨，使调查问卷和访谈大纲更加现实和本地化。正式访谈开始于11月5日，根据省妇联的建议，调研组选取JQ、DX、LX和QY四个市相对应的乡镇（街道）、村（社区）的妇女群众和妇联基层干部作为访谈对象，携带研究工具前往各地进行实地研究，通过个别访谈、小组访谈以及座谈会的形式，对基层妇联改革的进程、效果、方法与经验、问题与困境以及妇女群众的参与度和需求进行调查和记录，为后期资料的汇总、分类做准备，同时为本文对G省妇联参与社会实践的分析提供支撑。

（3）资料整理方法

使用SPSS软件输入、整理和统计分析问卷数据；汇总、编码和分类从访谈中获得的资料。

（二）G省妇联组织参与社会治理的实践分析

1. G省妇联组织概况

（1）G省妇联概况

1）组织性质及职责

G省妇联成立于1950年10月25日，是在G省省委和全国妇联双重领导下的人民团体，它是党执行妇女工作最可靠、最有效的助手，是党和政府联系妇女的桥梁和纽带。

G 省妇联的主要职责是：在中央和省委的指导下，线上线下的妇女儿童工作将按照章程和工作条例进行。具体包括：指导各级妇联基层组织的创建以及人才队伍的选拔和培训，完善妇女代表大会制度，使每个妇女有权参与国家事务管理、经济文化管理事业等社会事务管理。参与制定相关法律法规和规章，参加社会治理工作，促进政策、法规的实施，保护妇女权益和儿童的发展；引导群众加强新时期中国特色社会主义研究，提升思想品德素养。以妇女之家为阵地，协助党和政府落实扶贫政策，提供妇女劳动技能培训和公益项目，引领 G 省妇女脱贫致富，通过“最美丽的母亲”“五优之家”和“三八红旗手”等选拔活动，弘扬乡村新文明，推动文明家庭建设；畅通基层妇联组织向上级妇联反馈路径，构建与其他社会组织横向合作的治理体系，打破妇联组织科层制“上传下达”被动的单向工作方式，同时，协调解决各领域妇女儿童的困难。

2）组织机构

G 省妇联现有八个部门，即办公室、妇儿工委办公室、组织部、宣传部、妇女发展部、权益部、家庭和儿童工作部以及机关党委。G 省妇联领导小组由 9 名成员组成，其中包括 1 名主席和 8 名副主席；副主席由 4 名专职副主席，3 名兼职副主席和 1 名挂职副主席组成。下属企事业单位有：妇女儿童服务中心、妇联网络及新媒体中心、妇联保育院、妇联第二保育院、现代妇女出版传媒有限公司、妇女国际旅行社。

在纵向组织结构方面，G 省妇联建立了省、市、县、乡镇四级纵向工作制度。G 省妇联有 14 个市（州）妇女联合会和 86 个县（市）妇女联合会（见图 8－1）。截至 2017 年底，随着“会改联”工作的基本完成，目前乡镇（街道）级妇联有 1352 个，村（社区）级妇联有 17386 个，改革后的基层妇联改变了原来的组织结构，增强了队伍力量，首先，将“妇代会”改为“妇联”，“主任”改为“主席”；

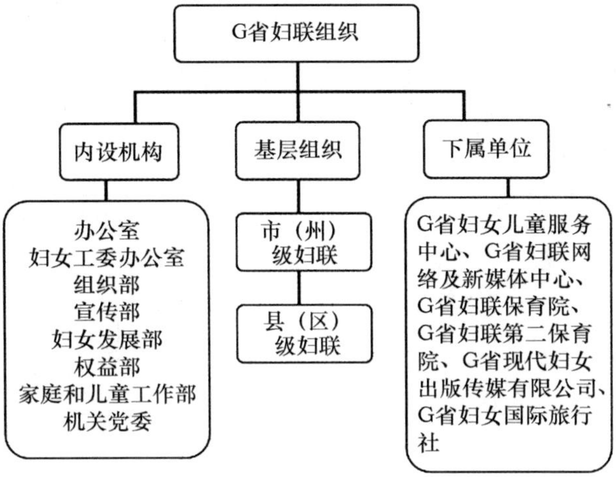

图 8－1　G 省妇联组织架构

其次，增设专、兼职副主席、执委，吸纳本土女能人、合作社致富带头人等进入领导集体，在各个领域实现妇女的再“组织化”，建设“妇女之家”工作阵地，运用新媒体创建线上交流平台。此外，将妇联主席纳入村委会，增设编制，壮大人员力量，解决“上面千条线，下面一根针”的局面，使得改革后的妇联基层组织从原始的直线职能式结构发展成扁平式的横向结构。改革前后的县级及以下妇联组织架构图（见图 8－2）。

在横向组织结构方面，G 省妇联拓宽横向组织网络，以产业为依托，各行业女能人为纽带，采取“妇联组织＋”的组织模式，将妇联工作渗透到农村产业协会、科技示范基地、城市社区网格小组、产业链、两新组织等各类妇女群体中，建立跨单位、跨行业、跨领域，覆盖范围更广的组织网络。

3）“互联网＋妇联组织”建设状况

G 省妇联重点关注新媒体平台，改善网络妇联的建设。将 G 省妇联宣传部的家庭文明建设工作剥离，增加网络和新媒体工作职能，形成了以网站、APP、微博、微信等新媒体为主的网络宣传平台，将

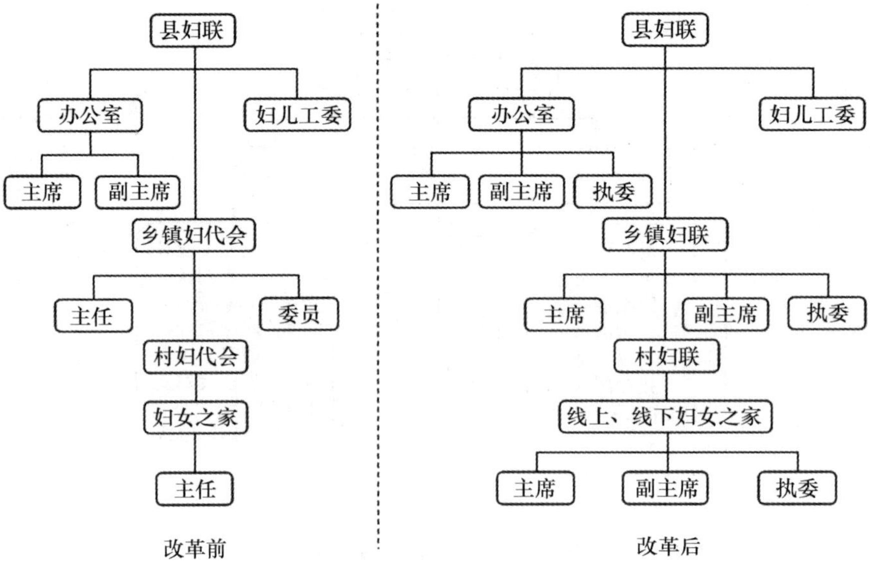

图 8－2　改革前后的县级及县以下妇联组织架构图

省、市、县、乡、村妇女联合会容纳进一个互联的网络系统中；建立了妇联上网工程领导机制和网上工作考核评比机制，引导互联网工作，与线下妇女工作形成互补平台，调动各级女干部参加网络管理的积极性、责任感；吸纳了专兼职妇联干部、妇联执委、女大学生、巾帼志愿者等组建网络宣传员队伍，培训运用新媒体的能力，创新妇女参与妇联工作的新模式，形成可靠稳定的联络渠道。G 省妇联通过搭建妇女“网上妇联”平台，使得妇联可以更方便、更高效地联系妇女群众，为妇女群众服务。调查数据显示，有 86.1% 的妇联利用互联网开展妇联工作，其中，通过 QQ 群或微信群发布妇联工作信息的占 66.4%，采取官方微博或者微信公众号手段的占 19.2%，利用妇女工作网站方式的占 7%。此外，采取其他方式的占 7.3%，比如邮件、贴吧等。根据“女性参与网上妇联工作积极性”的数据，有 34.5% 的妇女群众参加网上妇联工作比较积极，有 32.9% 的妇女群众非常积极，有 32.6% 的妇女群众缺乏工作积极性。“网上妇联”工作使得群众参与妇联工作的渠道多样化，强化了妇联新媒体平台对妇女群众的服务。

（2）妇联组织参与社会治理的制度环境

妇联经过90多年的发展，以其优良的历史传统、特殊的政治地位、充足的体制资源供给、健全的组织体系、强大的动员能力和独特的组织文化，在女性团体中具有无与伦比的凝聚力和影响力。

在社会转型时期，妇联组织所处的环境规制——制度环境发生了系列变化，新的制度环境对妇联组织提出了新的合法性需求。[①] 中国共产党第十七次全国代表大会提出要完善党委领导，政府责任，社会协调和公众参与的社会管理模式。完善基层社会管理体制，促进基层社会治理改革。中国共产党第十八次全国代表大会将社会组织的发展纳入社会治理创新的重要领域，进一步强调要健全基层治理和服务体系，要加强妇联等群众组织在社会管理和服务方面的责任，引导社会组织健康有序发展。[②] 2015年党中央召开了第一次群团事务会议，并在《关于加强和改进党的群团工作的意见》中进一步肯定了妇联作为群众组织，是创新社会治理、维护社会和谐稳定的重要力量。[③] 同时，基层组织建设薄弱、单一的组织工作和活动缺乏创新精神，机关化、脱离群众现象严重，干部能力和素养有待进一步提高，工作作风有待改善；提出加强党、政府各级部门的引领，不断推动群团组织的改革创新，增强干部队伍建设和组织的民主化，密切联系群众，创新工作内容及活动方式。2016年颁布的《全国妇联改革方案》则明确指出，要把妇联改革作为全面深化改革的重要组成部分，而妇女联合会基层组织的建设作为改革重点，创新妇联干部选拔方式，改进工作

① Fred L. Emery, and Eric L. Trist, "The Causal Texture of Organizational Environments," *Human Relations*, 1965, 18 (February): 21-32.

② 《胡锦涛在中国共产党第十八次全国代表大会上的报告》，《人民日报》，http://cpc.people.com.cn/n/2012/1118/c64094-19612151.html，2012-11-18。

③ 《中共中央关于加强和改进党的群团工作的意见》，新华社，http://news.china.com.cn/2015-07/09/content_36023933_3.htm，2015-07-05。

方式，扩大基层组织覆盖面和群众的参与度，扩大妇联的公共服务领域。2017 年第十九次全国代表大会报告进一步强调在党的领导下，发挥妇联作为群众与政府之间桥梁的作用。2018 年发布的《深化党、国家机构的改革》再次强调：要以更大力度、更实举措继续推进改革，着力“去四化”，改进机关干部工作作风，使上级妇联领导班子深入基层、直接联系群众，掌握基层妇情民意，努力做好事，为普通妇女解决问题。同时，习近平总书记强调，不仅要围绕党和国家的整体搞好本职工作，还要搞好服务群众的任务。G 省积极响应全国妇女联合会的改革号召，从建立组织、强人员、抓服务入手，根据当地情况，颁发政策方案，加强党建带动妇女联合会的建设，完善服务型基层妇联的创建，引导各市州、县市区妇联根据本辖区的实际情况和特色进行乡镇妇联区域化建设改革，代表和维护妇女儿童的切身权益，积极拓展新的领域。总结可供借鉴和推广的经验，为其他省市妇联的改革提供参考。模仿机制使妇联组织有可能通过模仿其他社团组织的成功做法、被认同的特征，减少环境中的不确定性因素，以及借此得到认同而具备合法性。

由“官方”主导的管制和规范的变化，成为妇联组织角色和职能冲突以及体制内生存危机的制度起源，进而影响其职能安排和运作，因而它已成为妇联组织变革的规制导向。① 目前，更为宽松和鼓励发展群团组织的宏观政策取向正在形成，但是，政策设计和制度逻辑所存在的正当性，并不能说明依据制度的实践就当然具有有效性。社会组织领域宏观政策在实施中的碎片化现象和地方政府普及的战略实施逻辑导致了国家制度与政策实施的分离。妇女联合会在不同层级的互动中所创造的制度环境对妇女联合会参与社会治理和执行职能产生了复杂的影响。现有妇联组织制度中存在较多的原则性概述，如每个村实行兼职妇联副主席轮值制度，保证妇联干部在组织上有名分、在政

① 陆阳：《双重合法性困境中的社团组织适应机制研究》，学位论文，上海大学，2009 年。

治上有地位等，在缺乏可操作性细则的情况下贯彻这些政策思路就面临着一定的模糊性和针对性，导致下级妇联难以真正贯彻实施。这意味着地方政府更多的是以改革和创新的“测试”态度来发展社会组织的。一方面，希望给予妇联组织规范化、政策性的制度空间，发挥其协助党和政府开展社会治理的功能；另一方面，担心其发展失控，会影响社会的稳定，因而更多地与其他团体进行共治，模糊组织边界。这两个因素交织在一起，在政策变化中以各自的形式影响政策的制定，造成该政策在许多重点维度上都暗含着具有张力的政策信号。①国家制度和政策实践之间的分裂，本质上是价值与规则、规则与事实之间张力的体现，由于妇联组织参与社会治理的实践与规则有效性的两大因素——制度规则的科学性和政策实施的社会环境密切相关，因此我们需要从妇联组织参与社会治理实践中探寻妇联是如何协同其他主体以实现自我的革新和发展的。

2. G 省妇联组织参与社会治理的实践

（1）加强干部队伍建设，巩固社会治理的基础

在社会转型的背景下，改革后的社会结构分化影响了高度同质化的社会，出现了大量不同的利益集团。由于职业、收入、地位等因素，人们的需求是多样化的。在新形势下，妇联干部作为代表女性群体利益、满足群众需求的“代理人”，需要增强自身参与社会管理的素质和水平，这样才能够发挥好自身的职能，维护好妇女群众的利益，满足不同阶层妇女的心愿，更好地解决妇女的烦恼。同时，提高我国女干部素质是妇女工作的迫切要求，也是妇女事业腾飞的组织保证；是进一步增强群众的政治先进性，解决妇女群众问题的迫切需要；是更好地服务大局，为服务妇女提供强有力的组织保障。② 因此，

---

① 黄晓春：《当代中国社会组织的制度环境与发展》，《中国社会科学》2015 年第 9 期。

② 沈跃跃：《大力加强妇联干部队伍建设 为更好地服务大局服务妇女提供坚强的组织保障》，《中国妇运》2016 年第 9 期。

G省妇联在加强干部队伍建设时，主要采取“从群众中来”的干部选拔策略，以党建与妇建携手共建的方式参与社会治理。

1）选拔“接地气”的妇联干部

妇女干部必须代表妇女群众，在协商、制定和实施公共政策的过程中表达妇女的实际需要，在公共服务中弥补政府职能的不足，要使妇女有参与民主实践管理的合理途径和表达渠道。G省妇联以各种方式不断提高妇女自身的能力，增强妇女参与政治生活的积极性。首先，通过各种形式的讲座，宣传民主政治知识，提高政治意识和责任感。在妇联的带领下，以妇女为主要对象，在社区、乡村和社区举办论坛，传授各种实用的生活知识。其次，要充分利用大众传媒和新媒体，承担向社会宣传妇女参政议政文化的责任。在妇联网站、微信平台开设妇女专栏。通过专题讨论和网上参与，激发女性参与、讨论政治的意识。第三，通过开展多种政治、社会活动，鼓励和动员妇女参与政治社会治理。例如，G省J市妇联以村级组织换届为契机，开展基层“妇代会”改革妇联工作，通过妇女代表大会，从基层、各个领域积极推选辖区内工作能力强、群众认可度高、公信力强的企事业单位、非公经济和社会组织妇委会、妇工委负责人，以及女能人、女带头人、女经合组织负责人等各行业女性骨干担任乡镇（街道）妇联副主席或执委，组建基层妇联领导班子。根据“基层妇联干部选举方式”“吸纳优秀女性担任兼职干部比例”“执委的职业分布及所占比例”的数据可以得知，G省妇联基层组织中92%的妇联干部是由妇女代表大会选举出来的，90%的妇联吸纳优秀女性代表到妇联组织担任兼职副主席或执委。在执委的组成人员中，基层干部占比最多，为27.5%；农民占比最少，为3.3%；其中企业和个体经营者、文体骨干、优秀大学生、自由职业者分别占16.6%、16.2%、12.2%、9.6%。以上数据表明，妇联的宣传起到了一定的效果，妇女参与社会治理的热情高涨，妇联干部的选拔更有透明度和公信力，妇联干部是由女性群体民主选举产生的优秀妇女，更能代表女性群体的心声；应吸纳更多的优秀大学生进入基层发挥作用，同时扩大企业中妇联人员的力量，组建“妇女在的地方就有妇联工作人员”队伍。

通过选拔代表妇女利益的领导班子，最终形成在乡镇（街道）妇联设主席 1 人、专职副主席 1 人，兼职副主席 2—3 人，执委 30 人左右；在村（社区）妇联中设 1 位主席、2—4 位副主席、15 位执委，形成了以专职为骨干力量的“专、兼、挂”队伍格局。

在我们村 3 月第一次召开的妇女代表大会中，通过投票从群众中先选了 40 名优秀妇女，然后从中选了 15 名执委，再从执委中选出了 1 名主席和 4 名副主席。

之前村上是妇代会，只有一个人，也不好发挥作用，妇女工作开展得不是很好，感觉不被重视。会改联以后，现在一般村上的执委都有 15 名以上，分散在各个社，带动作用就比较好，参与的人明显感觉比以前多。改革之前就是乡上有个妇代会主任，一般不怎么发挥作用，也没有兼职人员，现在妇联的队伍庞大了，执委都是选的女能人或者是能负责工作的这些人，乡上吸引的都是医院的或者是学校的，都是各个领域的优秀人员。（MQ 乡妇联副主席访谈，2017/11/6）

2）妇联人员进党政班子

妇联基层干部队伍的组建以“党领导妇建”为根本方向，把“妇女工作服务于党建”作为干部建设的根本要求，将村妇女联合会主席纳入村（社区）“两委”，乡党政领导班子的女领导担任乡镇妇联的主席。以财政预算方式给予主席工资补贴，不低于每人每月 300 元的标准发放，建立村妇联主席待遇与村干部同步增长机制，使得妇联干部中党员比例提高到 32.3%，弘扬党员的表率模范作用。G 省妇联把帮扶工作作为一项重要的政治任务，把思想和行动统一到省委的部署要求上来，召开驻村干部帮扶工作推进会，促使机关干部深入基层调研，组织“乡镇行、村村通”宣讲会，举办“下基层、访妇情、办实事”座谈会，大力开展“力争成为廖俊波这样的妇联干部，努力为党旗增添光彩”活动，采取邀请专家讲课、举办妇联干部专题培训班、组织外出学习考察、上挂下派等方式，加大对妇联干部的教育培训和实践锻炼力度，培养高素质的女工作人员，让党放心，让妇女团体信任。不断挖掘优秀的妇女代表，向各部门和人事组织介绍，配合人才的选拔、使用和流动，使妇联成为培养和选送优秀干部的储备库。

> 上次县妇联开会，我得知：县内其余乡（镇）、村两级妇联干部配备也都达到了省上的要求，并且全县所有行政村“两委”中必须有女性，村妇女联合会主席必须进“两委”，乡镇妇女联合会主席必须进乡镇党政领导队伍。（D 市 Y 镇 W 村妇联主席）
>
> 党委班子建立妇联，妇联主席就把所有的妇女干部的信心提上去了，因为以前的时候，党委班子里基本上没有女成员，人家提拔的都是男的，这两年镇子上提拔了不少女同志，“半边天”的作用不断得到发挥，妇女工作起来认真细心，更有同理心，解决了不少问题呢。（M 镇镇长）

G 省党委重视妇联在社会治理中的主体作用，借助妇联平台，发挥党员在脱贫工作中的模范带头作用，妇联则积极协助党和政府方针政策的落实，下基层，深入群众，及时解决、落实妇女群众提出的问题，不断转变妇联组织作风，消除工作中存在的“四化”现象。

（2）创建“互联网＋妇联”模式，拓宽社会治理道路

“妇女之家”是服务妇女、聚集女性力量的重要场所，是强化社会治理、提供社会服务的重要阵地。① 网上妇女工作的建设是新时期做好妇女工作的必然要求，要实现联络网、工作网以及服务网的统一和融合，线上线下同时处理妇女事务，推动形成网上和网下两个阵

① 赖琼琚、席丹丹：《韶关基层“妇女之家”建设模式初探》，《韶关学院学报》2014 年第 11 期。

地、有形和无形两大战线一起落实女性工作的格局。[①] 2015 年以来，G 省妇联将网络及新媒体工作作为妇联创新的重要突破点，推动妇联系统及网上建设，支持妇联网上正面宣传、“女性之声”“两微一端”及其他新媒体阵地建设。探索线上“妇女之家”建设，创新工作方式，搭建“互联网 +”模式统率基层妇女工作，满足不同阶层妇女群众的需求，发挥新媒体在妇女联合会参与社会治理和妇女服务中的作用，使其成为促进网络社会治理的有效载体。[②]

一是创建互联网 + 创业就业平台。创建创业就业网络平台，汇总企事业单位招聘信息，发布就业创业指导视频及远程技能培训教程，定期对妇女职业需求进行网络调查，及时了解不同层次妇女的需求，有针对性地提供创业就业指导。G 省利用农村剩余劳动力就业转移政策，与扶贫办合作，加强对贫困地区和贫困妇女的劳动技能培训，促使农村妇女共享教育和优质资源，从而增强她们的专业技能。联合商务部门带动女性参与电子商务，对她们开展相关的电子商务经营培训服务，通过“互联网 + 农户”“女能人 + 电商”的生产销售模式，从培养女种养殖能手、女脱贫致富人、巧手中挖掘特色农产品、特色旅游文化作品，打造巾帼农特产品品牌。拓宽电商创业就业渠道，落实特色农产品线上线下销售，形成以农业女能人、女电子商务企业家为带头人，拓宽剩余农产品销售途径，助推农村妇女致富的新思路，在乡村振兴战略的实施中凸显“半边天”的力量。G 省 Z 县妇联承办的“中华妇女联合会助力帮扶 Z 县农村贫困妇女电子商务培训班”，旨在通过网络培训，完成贫困农村妇女的电商启蒙，使其掌握电脑的操作，帮助其在网上打造生态农产品和乡村旅游创业与旅游电商等品牌，提高妇女创业创新能力，促进妇女在“互联网 + 农业”中勇于作为，实现摆脱贫困和致富的梦想。Y 县执委“巧姐”小 W 在线上

---

① 宋秀岩：《加快网上妇联建设 努力开创“一呼百应”的工作新局面》，《中国妇运》2017 年第 9 期。

② 王丹：《沈阳市 S 区妇联基层组织建设研究》，学位论文，沈阳师范大学，2016 年。

通过巧手骨干群、电商平台、朋友圈组织妇女姐妹学习手工编织技术和销售技巧，线下在自己的超市建立了“巧姐微家”开展订单编织培训，想方设法拓展销售渠道，不仅带动全乡200多名妇女脱贫致富，而且姐妹之间的距离越来越近，凝聚力不断提高。

> 现在是农闲季节，像以往的话，我们村的妇女们没啥事可做，都围在一起打麻将，家里的事情也不管了，孩子上学的生活费全靠当家的一个人挣，挺紧巴的。现在就很少有打麻将、侃大山的了，妇女都当月嫂挣钱去啦，这多亏了李主席给我们搞的这个家政服务平台，点开我们村的这个公众号，就能看到M市哪里需要月嫂、保洁人员，然后可以预约，很方便的，活也不累，挣的钱也不少呢。
>
> 我们村新来的大学生村干部帮着开这个农村淘宝店，既不影响种地，还能顾及家庭，我玩手机就能把农产品给卖出去，第一次知道还有这么好的事。（D市Z县Y乡Z村一个村民）

二是互联网+工作宣传平台。新媒体平台为妇联开展群众宣传工作提供了多种方式和路径。妇联通过互联网开展工作可以增强网络舆论的正向引导作用，这是妇联组织参与现代社会治理的重要途径。[①] 通过QQ工作组和微信群，乡镇妇联主席、妇儿工委会主任、村妇联主席、妇女、妇联执委有效地联系在一起，方便交流工作心得，探讨妇女儿童的热点问题，掌握最新妇女工作方针。2017年11月以来，G省妇联以“妇女心联党，建设新时代”作为主题，在全省17386个城乡“线上线下妇女之家”，组织实施了“新时代，新气象，新作为”“妇女面对面”“百千万巾帼大宣讲”和庆祝改革开放40周年群众性宣传教育工作，号召全省各妇联基层将党的十八大以来开展的工作及成果以小视频的形式发送到省妇联，省妇联对视频进行筛选并在微信公众平台上开展投票

① 唐珏瑾：《妇联组织参与社会治理问题研究》，学位论文，东华大学，2016年。

活动，评选出100个优秀视频并利用新媒体矩阵全网推送，扩大优秀工作经验的传播，增强群体的思想素质，加强组织的领导力。G省J市S区妇联在开展妇联改革工作时，利用微信平台，不断优化网上妇女之家，及时发布妇联政策、基层动态等与妇女群众息息相关的信息。H村妇联专门申请工作公众号，并安排了一名领导班子成员进行专门管理，在发布政策信息、工作现状的同时，也对村“两委”班子的重大决策进行公示，在解决以往“墙上”公示措施的局限性、公示不到位等问题上作用明显，还补充了村务公开工作。

村上建立微信公众号比较好，把全乡的妇女都拉了进来，消息散发得比较快，再就是有些妇女当面不能说的问题，或者自身的一些困难，就通过微信这个平台，反映到各村、各镇妇联的领导那里，（使领导）更深层次地了解妇女群众所存在的各种问题。现在通过大面积的宣传，各个农村的群众在了解信息以后，有各种特长的（人）就积极参加各种比赛，比如跳舞、唱歌。有些人通过平台知道了这些活动，就主动报名参加。这就比以前好多了，以前有些人想参加但不知道有这些活动，它通知不到、宣传不到那么深层次，现在这一点就非常好。公众号啊这些平台就比较好。

网上妇联宣传力度很好。我们自己有公众号，还有“妇联通”，打开手机都可以看到，我们要组织活动，就可以发布，他们都可以看到。互联网的方式挺好的。

“互联网+妇联”的新格局不仅是妇联改革创新的重要举措，也是有效服务各界妇女实际需要的手段，信息的互通互联，使妇女群众可以及时反映难处，打破地域、时间和资源的限制，拓展了服务路径，逐步提高了社会治理的效率和准确性。

（3）丰富妇联工作内容，拓宽社会治理领域

1）贯彻党政理念，协助乡村文明建设

习近平总书记指出：群团组织的核心是政治性。群团组织要始终

置于党的领导之下，始终与党中央保持高度一致的思想政治行动，自觉维护党中央的权威。坚决贯彻党的意志和意见，严格遵守政治纪律和政治规则，经受住各种考验，引导群众听党话，关心党的政治任务，把自己和群众紧密地与党团结在一起。①

G省各级妇女联合会密切关注党和政府的工作，在新时期深入贯彻中国特色社会主义思想，结合党的群团工作的明确要求，协助乡村振兴、精准扶贫等党政业务的开展，主动承揽一些部门不想做的艰苦工作，并创造性地推进“妇女面对面·母亲讲堂乡镇行”“美丽庭院”“最美家庭”“巾帼心向党·建功新时代”活动，这些活动将会加强社会美德、职业道德、和谐家庭建设，继承优良传统、促进家庭美德的宣传。倡导性别平等，尊敬老人，互助等文明新风，形成良好的乡村风气与和谐的家风。G省妇联开展了省委、省政府关于帮扶留守儿童和贫困妇女工作事务。自2008年以来，一直坚持做好由中国青少年基金会和恒源祥集团联合举办的“恒爱行动”项目，关爱孤残、贫困儿童；“爱心妈妈关爱农村留守儿童”暨关爱困难妇女项目已为14个市州的4万多名儿童编织捐赠了爱心毛衣；已举办12期“春蕾计划·护蕾行动”培训班，发放了近568万元“春蕾计划”补助金，扶持了近4100名女童；争取到600万元的“母亲邮包”，使4万多名妇女受益；举办了45场“两癌”贫困女性创业技能和康复技巧培训班，以加强对“两癌”工作的推广和救援。帮助2700名贫困女性，下发共计2784万元“贫困母亲大病救济特别基金”。

> 现在不都是提乡村卫生整治嘛，上面的政府领导很重视这个农村垃圾处理，上面也派了很多人来考察，环保局说要配置垃圾管理员，负责全村的垃圾收集工作。政府说村里还是很脏，需要调整方案。我们跟着上边走，但是上边各部门意见也不一致，垃

---

① 徐中振：《社会治理新格局下妇联改革发展新战略》，《中国妇女报》2017年4月5日。

圾问题还是得不到解决。后来我们村的妇联说，咱们妇女在家也没啥事，反正要搞卫生的，把家门口的也顺便打扫打扫，也不费什么事，全村的环境好了，我们自己也感到舒服。（D 市 Z 县 F 村的一个村民）

我们县妇联平常组织妇女学习党政文件，听取政府下达的命令，政府让我们干什么，我们就干什么。比如说，前段时间和政府的领导一起学习党的十九大精神，组织召开以“乡村振兴，巾帼有责”为主题的推进会，开展美丽庭院、最美家庭、三好媳妇、家风宣讲、结对扶贫等活动。（Q 市 Q 县妇联主席）

之前在妇联里就只忙活计划生育的事，因为除了计划生育之外也没别的事情可做。到现在实行扶贫攻坚，妇女们积极参与到创业致富中，我们村就是采取大规模种植百合来创收的。还有对党员要求也高了，我们党员结合起来，搞个结对帮扶，也发挥了“半边天”的作用。（D 市 Z 县 B 镇妇联副主席）

2）丰富公共服务内容，保障妇女权益

妇联要强化作为群团组织的“群众性”特征，工作的开展和安排要以妇女群众为重点，确立妇女群众的主体地位。树立公共服务的理念是妇联自身职能的必然要求，服务的首要目标是维护妇女权益，以提高妇女参与为主要任务。根据不同妇女群体的需求，创新工作载体，为其提供专项服务，成为合理表达利益诉求和自身需求的主渠道。根据群众问卷“妇联组织主要开展什么工作”的统计结果，可以得知，妇联主要开展了妇女维权、调解家庭关系、关爱妇女儿童生活、提升妇女整体素质、帮助妇女拓宽就业渠道和宣传党的路线与方针政策等方面的工作。

具体来说，首先，在提升妇女素质方面，创办“母亲学堂”，为农村妇女搭建了学知识、提素质、参与社会活动的广阔平台，开展深化“诚信”“友善”“节俭”等主题活动，全方位、多层次、多形式地加强家庭文化教育，破除传统观念的制约。在帮助妇女拓宽就业渠道上，妇联通过广泛收集、发布创业信息并定期组织培训，为有创业想法的妇女提供创业支持；建立创业服务机构，帮助解决启动资金的融资问题；建立健全结对帮扶制度，推动女企业家联系结对妇女创业者，提供帮带指引，为妇女创业致富提供实实在在的支持。其次，在妇女维权方面，当妇女群众遇到权益受到侵害、困难帮扶、子女教育、法律、就业创业等问题时，会主动寻找妇联的帮助。G省妇联创新维护权益渠道，只要侵犯了妇女的合法权益，就主动出击。积极推动维护妇女儿童权益的法规政策体系的健全、完善和落实，同时加强与司法和民政部门的合作，为权利受到侵犯的妇女提供法律援助，依法保护妇女儿童的权利。

关于“妇女群众对妇联举办活动参与情况”的调查数据表明，有82.5%的妇女参加过妇联活动，其中有95.1%的妇女觉得妇联举办的活动有意义。对于妇女群众参加妇联组织活动的原因，有31.8%的妇女群众是受活动组织者的号召；有26.9%的妇女群众是因为活动内容吸引人；有24.3%的妇女群众认为活动有意义；有13%的妇女群众是熟人引荐才参加活动的。这表明妇联的组织动员能力比较强，通过一定的机制和程序调动组织内外的人力资源、物质资源及信息资源，在不同妇女群体中开展主题鲜明、内涵丰富、影响广泛的活动，比如，手工编织、文体活动、技能培训、知识讲座等，组织动员妇女参与社会活动，进一步增强妇联组织对广大妇女的吸引力和凝聚力，扩大妇联的社会影响力。关于妇联举办的这些活动对妇女群众的具体生活和自身综合素质的影响与改变的调查显示，有17.7%的妇女群众认为，妇联举办的活动提高了她们的健康意识；有17.0%的妇女群众认为，参加妇联活动促进了家庭的和谐；有15.2%和14.7%的妇女群众认为，妇联的活动分别提高了个人技能，改善了邻里关系。

在开展活动中，我们通过发传单的形式进行讲解，开办了母亲讲堂活动，组织农技人员开展了种、养殖培训工作，我们的目的是加强对女性的认识，提高女性的地位，让她们知道怎样做一个好母亲，怎样做一个好儿媳，怎样做一个好妻子。（L 市 C 镇妇联主席）

妇联对我们进行培训时告诉我们，妇女有困难就找妇联，可以开导妇女思想，提供法律帮助，在“三权一证”上，以前户主不都是写男性的名字吗，现在就让女人加上自己的名字，领导讲得可好啦，假如说离婚了，可以用法律武器保护自己的权利。（Q 市 M 乡 L 村村民）

（4）调动社会力量，强化社会治理实效

在为妇女服务方面，妇女联合会一直是社会治理的核心，并根据党的要求和妇女联合会的性质发挥关键作用。

第一，在“两新组织”、党组织中建立妇女联合会。依托工会女职工委员会实现对妇女群众的联系，为妇女群众搭建交流的平台，将一群对妇女工作充满热情的女性社会组织带头人吸纳到基层妇女联合会中来。在对妇联干部的调查中发现，在妇联干部所在辖区内除了妇联组织外，还存在着 404 个民间秧歌队、368 个种养殖协会、135 个手工艺品协会、91 个女企业家协会以及 52 个女子专业合作社、41 个农业女经纪人协会、22 个民主党派妇委会。这些因地制宜、形式多样的妇女组织，努力构建更密实、更牢固的妇女组织网络，有效地提高了基层妇女联合会的吸引力，延伸了妇女工作的触角。

第二，基层妇联与其他妇女组织的合作。大多数女性社会组织广泛联系、直接服务于妇女群众，最先了解、掌握不同阶层妇女群体的思想状况和利益诉求。各级妇联组织通过扶持各类经济类女性社会组织，为促进妇女发展搭建了服务平台，有效提升了农村妇女创业发展能力和参与市场经济组织化程度。G 省妇联领导妇女积极参与“大众创业、万众创新”，参与供给侧结构改革，并为妇女的创业和就业创造了一个社会化平台。利用“姐妹”家政培训资金 5600 万元，创建和完善了现代农业科技示范基地、姐妹家政示范基地及省外家政输出示范基地，已解决6.8万名妇女的就业问题，人均年收入3万元以上；推动形成“协会+基地+经纪人+妇女”的生产经营模式，围绕打造“一带一路”倡议重要节点，加强与沿线国家、省区的女性友好组织的沟通与互助。

第三，建立巾帼志愿服务基地。全面立足基层，以城乡社区为主阵地，联合妇联等相关部门，以基地带动妇女发展的帮扶机制，发挥巾帼志愿服务。通过帮扶困难家庭，关爱留守流动妇女儿童、贫困单亲母亲、空巢孤寡老人，开展法律宣传咨询、家庭关系调适、社区环境美化、群众文化健身等志愿服务活动，促进中华民族优秀文化传统的宣传，提高妇女和家庭的思想道德素质与文明水平，促进社会主义精神文明建设。

（三）妇联组织参与社会治理实践存在的问题及原因分析

1. 妇联组织参与社会治理实践存在的问题

（1）妇联参与社会治理缺乏独立性

妇女联合会是中国妇女组织的一种独特形式，这种独特的组织形式赋予妇女联合会强烈的政治倾向和政府主导色彩。一些地方政府仍然习惯于采取上传下达的工作方式，利用政治权力管理社会组织，忽视社会组织和公众在社会治理中的主要作用和民众对公共服务的需求，导致妇联组织依赖性强、社会协同性低。① 妇联内部衍生出以下几点问题：第一，妇联在资源配置上过度依赖党和政府。特别是妇联的经费和成员的工资待遇全部从政府财政中划拨，部分妇联干部缺乏主动性和积极性，一味地“等、靠、要”，经费的限制使得妇联开展工作受到阻碍，无法保障妇女群众的需要，因而除了“三八”妇女节能够见到妇女参与妇联活动的身影外，其他时候是只听其名，不见其影，根据“妇联面临的最主要的管理问题”的数据得知，高达

---

① 周红云：《社会治理》，中央编译出版社2015年版，第6页。

76%的被访者认为，妇联面临的最主要的管理问题是没有经费。第二，政府负责任命或者提拔妇联的主要领导者，强力控制着妇联干部的任命权。妇联组织只有推荐权，这导致一些了解当地妇女实际情况的优秀女性被忽略，新上任的妇女干部对本地的风土民情缺乏认知，群众的满意度低，不利于进展妇女工作。第三，妇联提供的服务主要体现在对党和政府命令的服从和执行上，导致各级妇女联合会缺乏双向工作反馈。妇联干部对妇联本职工作和党政工作分不清主次，主要以完成党政工作为主，甚至一味应付党政部门的检查，搁置妇联工作；当上级妇联来考察时，把事先准备好的政策文件、活动展板、工作记录摆放出来以凸显对妇联工作的重视，大搞形式主义。“妇联干部对妇联定位”的统计数据表明，仍旧有15%的妇联干部认为，妇联是党政机关，然而妇联应是党领导下的联系妇女群众的群团组织。

> 我们的老百姓尤其是妇女特别热心妇联举办的活动，她们就是需要点经费，如果能多给点经费，就可以为村上的妇女买个表演的服装，组织个表演。我们这次搞活动，请了周边的人，给一个团队800块钱，让人家吃个饭买个东西，这个钱还是村委会出的。（D市Z镇副主席）
>
> 来妇联两个月了，我还是没有适应妇联工作，有些地方有心但是不知道怎么干。之前在志愿者服务那边待的时间比较长，也知道自己该干什么，但是被委派到妇联，我还真不知道怎么做，妇联这一块儿基本上不怎么懂，再加上我老家是外地的，群众说的方言我还听不太懂，我现在正努力适应和调整（J市H镇妇联主席）

访谈中发现，有的村妇联主席对妇联的工作毫不知情，只是单纯地充当着妇联干部，以完成上级妇联下达的基层组织机构的改革任务，应付妇联领导实地督查工作。一个组织设置了很多的规章制度但并不实施，这可能是因为这些规章制度只是应付制度环境需要的，是故意给其他人看的。[1] 当妇联缩减行政编制后，没有了工资保障，仅凭政治待遇的兼职职位是否能够调动妇联干部的积极性，妇联工作的开展能否顺利进行，还有待进一步观测。

> 我们县妇联做的工作，我就把这个总结为：两个“不敢”，中间挡着一个“玻璃板”。两个“不敢”就是妇联不敢用，妇女不敢干。不敢用是妇联怕执委因没有报酬而无法真正为妇联工作或为群众服务，还因为妇女群众平时比较忙，怕应付不了妇联的工作。不敢干是由于她们思想上的保守，文化水平不高，没有自信。我们妇联与妇女干部之间存在着一个玻璃板，而我们的工作就是要打破玻璃板，使彼此融合。让妇女们也有一个平台，为妇联干一些事，让妇联也为村上分忧解难。（D 市 Z 县妇联主席）

（2）妇联干部参与社会治理缺乏创新性与专业性

妇联干部队伍结构的合理配置，为工作的开展提供了系统的配套设置，同时对妇联干部队伍的整体素质提出了更高的要求。一是妇联干部的专业性低，年龄大。社会变革导致妇女内部结构和利益的分化，因此妇女多样化的需求与妇女联合会的服务之间存在矛盾。由于妇联基层干部缺乏专业知识和村庄根深蒂固的风俗习惯，乡镇妇联很难满足妇女的需求，在维护妇女权益方面发表建设性意见，只能给予精神上的安慰和支持，无法帮助解决实质问题，没有专业知识，很难更好地维护她们的利益。据调查，有 80.6% 的妇联干部拥有高中及以下学历，而本科及以上学历的妇联干部仅占 19.5%；大部分有知识、有文化、有领导能力的女性选择外出工作或经商，没有足够的精力和热情参与到农村基层建设中来。有的村（社区）妇联干部的年龄偏大，知识储备更新速度较慢，这直接导致妇联干部队伍的社会工作专业化水平较低，缺乏系统的专业知识，工作能力不强。

---

① 周雪光：《组织社会学十讲》，社会科学文献出版社 2003 年版，第 126 页。

二是一些妇女干部无法在工作中自主创新。有15.5%的妇联干部表示自己不可以自主地开展工作；有19.9%的妇联干部在工作中不会主动出击找事做。互联网在农村妇女生活中的普及与应用，使得妇联干部应熟练掌握信息技术技能，而妇联干部在面对互联网思维冲击时，反应时间较长，思考模式和工作方式受到传统行政化管理模式的限制，活动的规划和阵地的建设往往局限于行政工作模式，并且被置于“就事论事”的封闭框架内，工作方式和方法相对简单，开展创新工作的能力低，缺少灵活和创新的工作思路，它影响了妇女联合会的有效性，并限制了社会治理的功能。[①] 妇女联合会吸收了许多受过高等教育的年轻人才，但是，由于缺乏社会工作经验，遇到复杂问题和特殊情况时难以把握大局，容易顾此失彼、束手束脚。

> 县妇联让我们按照改革的要求把这些职位和人员都配置上，但是我们不知道该如何发挥自身的主观能动性，年纪大了，也没什么想法，不知道怎么对工作进行创新，只能是上级要求我们做什么就做什么。就拿这个举办活动来说吧，我们村妇联的人缺乏技能和想法，开展的最多的活动就是跳广场舞了。（L市K镇D村妇联主席）
>
> 现在各村的妇联主席基本上可以说是初中毕业文化程度，在个人的业务素质、网络技能这方面的工作能力上肯定有欠缺，上级妇联把执委派出去学习的效果也不是很好，因为执委的知识水平不高，学习领会的能力有限，带动妇女的效果不是很好。（J市H镇妇联副主席）

三是基层妇女干部兼职从事妇女工作。乡镇妇联组织虽已建立健全，但妇联主席都身兼数职，由于精力、时间有限，不能履行好妇联

---

① 杨帅：《妇联组织参与社会治理存在的问题及其对策》，学位论文，湘潭大学，2017年。

主席的职责，结果是基层组织仍然缺乏工作人员，工作更加边缘化。社区妇联主席通常由同级女性专职书记和副书记担任，由于工作任务庞杂、人手不够，哪项工作紧急，就临时调动人员去落实任务，真正的妇女工作只能依靠加班去完成，因此，基层妇女工作无法落实、做到扎实、达到优秀。例如，在对Q县妇联主席专兼职工作的调查中发现，乡镇妇联主席本身就要兼任好几样工作，而所谓的专职副主席实质上也是兼职，被其他工作牵绊着，精力有限，乡镇工作本就琐碎冗杂，因此在辅佐和配合主席开展工作时不可避免地会觉得力不从心，支持力度被严重削弱。M镇妇联主席L在访谈时特别指出了这一点："希望专职副主席能够真正专下来配合工作。"又如，在D县调研时，H镇的妇联主席、副主席都表示自己是兼职并非专职，缺乏妇女工作经验，对妇联工作是什么，如何做等问题尚不明确。他们的主要工作在于扶贫、支农方面，妇女工作这块儿还是处于被弱化的状态。没有专职的人负责这块工作，妇联改革的效果就很难发挥，乡镇是连接农村的纽带，乡镇一级都没有完全专职的人领导工作，妇联改革还是很难真正地实现其作用和功能。乡镇干部本身的任务就很重，有些干部是身兼多职，在这种情况下，妇联干部兼职和挂职难以发挥广大妇女的力量。

> 我们县上妇联的工作人员就三个人有编制，平常政府下个文件我们要组织开会，上级妇联传达精神要组织开会，妇女问题也要去解决，妇联人员要缩减编制，可我们就这些人手，虽然引进兼职人员，但是人家也有自己的本职工作要去完成，来妇联完全是志愿的，来妇联的次数也是有限的，没有给人家工资，也没法强迫人家按点来上班。(L市Y县妇联主席)
>
> 我自己感觉如果说妇联的这个工作能够专职的话就好多了，因为专职以后，咱们的精力就能够投入这里了，就不会随便被调动了，因为在镇那边的话大家都是兼职，别的工作特别烦琐，也没有太多的精力来筹划妇联工作。因为这边精准扶贫是第一工

程，都被派到下面去了，然后就特别忙，顾不上，知道你们今天要来，我专门请了一天的假。（D市Z县H镇妇联主席）

我没有去妇联上班，也没有参加过妇联的活动，我就在自己的公司办公，做我自己的事。我被选为妇联副主席是因为我是女同志，办了企业，能起点模范带头作用。对于干部应该下基层，我只能尽力抽一部分时间，现在刚到妇联，也没有人培训如何开展妇联工作。（Q市Z镇妇联副主席、X草业公司总经理）

以前就是妇女小组长或者计生宣传员，但现在就是妇联干部。就是明确她们成了执委，名正言顺了，就是带了一个官帽。（J市H镇Z村副主席）

（3）缺乏参与社会治理的长效工作机制

目前，妇联通常采取职能工作的形式，因此许多工作都是临时和突击完成的。例如，妇联利用部门关系，组织女法官和女检察官到农村宣传法律；组织女医生和女护士义务为群众检查身体；招募大学生为留守儿童补习功课等，社会志愿服务工作确实帮助了弱势群体，但她们得到的是不持久的短期服务，尚未形成长期有效的工作机制，弱势群体的困难不能得到持续有效的解决。另一个例子是妇女联合会呼吁政治动员，以解决农村妇女在农闲季节重新就业的问题。在全国范围内建立女性就业服务机构，当然，这在一定时期内有一定的效果，但经过一段时间后，大多数机构只是一个“空壳”。妇联举办的社会活动大多放在三八妇女节、中秋节等节庆日，节日一过，各项活动便停滞不前。总的来说，妇女联合会确实在全国各地开展了许多社会工作，但大多数社会治理缺乏连续性。同时需要认清妇联的工作方式只是为了应对检查，走形式，习惯于做系统内的事，圈内的精耕细作并不能真正帮助弱势群体，团结群众。

妇联工作缺乏有效的发展机制和激励机制。具体表现为：在工作方式方法上，习惯于行政管理模式的思维，对于社会资源的开发、市场机制和社会化手段的运用，思路不开阔，办法不多；习惯于封闭运行、内部循环的传统观念和工作方式，不会主动探索有效的工作机制，拓宽平台；习惯于以活动推动工作，但长期坚持下去的自觉性不高，力度不大。在新形势下，妇联特别是妇联的基层组织，承担着越来越繁重的任务，再加上只是给予妇联副主席以及执委以政治身份，没有物质保障，因此削弱了妇联工作人员的主动性，加大了工作的难度。妇联组织需要一个健全的机制来确保她们参与社会治理的过程，使妇联组织在参与社会管理和创新时有理论指导，有参与能力以及有评估和监督的基础。

2. 妇联组织参与社会治理实践存在问题的原因分析

（1）固有的官民双重性矛盾

妇联在中国拥有坚实的群众基础，健全的组织体系以及凝聚力很强的妇女组织。在社会管理和服务中，它起着将党、政府与人民联系起来的枢纽作用。妇联作为党政机关职能延伸的社会组织，是党在妇女工作中最有效的助手，是维持国家政权稳定的重要社会支持力量。长期以来，妇联与党形成了稳定的依赖、领导与被领导的联盟关系，而妇联也把自己看作政府或政府的代言人，因而容易被贴上“政府组织中的 NGO 或政府”的标签。

妇女联合会作为社会组织拥有着双重角色。由于中国政治制度和行政体制的影响，妇女联合会具有特殊的政治色彩，不仅与国际公认的非政府组织不同，也不同于中国民政部门注册的民间团体。也就是说，妇女联合会是兼具行政性和社会性的。作为国家和社会的双重代表，一方面党和国家赋予妇联一定的权力，是党和妇女之间的桥梁和纽带，另一方面，妇联也是一个群团组织。“在管理国家和社会事务中工会、共青团、妇联等人民团体，必须发挥民主参与、民主监督的作用。”[①] 特别是选举妇代会成员反映了它的群众性和自治性。妇女

① 转引自张睿丽《利益观视角下妇联组织的角色及其职能定位》，《新疆大学学报》（哲学人文社会科学版）2011 年第 5 期。

联合会是隶属于党群的，建立了从全国到省、市、县、乡、村的分层纵向结构，其内部又组建了形式上的分层结构。但是，这种组织结构并不是严格意义上的等级结构，因为每一级的组织都直接接受上级党组织的领导和财政分配，党的组织部门决定人事任命和解雇。① 此外，妇女联合会参照公务员法管理，各级领导都有相应的职位级别，工作方式也习惯于纵向管控，缺乏横向联合的工作意识。妇联的官僚化倾向使其难以真正成为妇女权利的代言人，导致其与公众的关系松散，无法满足妇女和党政部门的期望。此外，对党政部门资源上的依赖，使得妇女工作的对象由女性群体变成了政府。② 基层妇联组织社会化改革的本质是凸显其社团功能，去行政化和机关化，加强妇联对妇女群众的动员力和影响力，削弱它的政治倾向，增强社会属性，在参与社会治理方面，发挥代表妇女权益和反映妇女需求的作用。

（2）妇联干部队伍“质”和“量”不协调

妇联组织是一种层级关系很强的科层制组织，妇联队伍的改革，采取就地取“才”的策略，吸纳本土群众进入妇联队伍，壮大干部力量，集聚人力资源，使妇联组织从直线职能式结构向扁平化组织结构转变，解决“上边人才密布，下面形单影只”的问题，建构起强大的妇联队伍网络。妇联组织广泛吸纳各行业妇女群众进入妇联干部队伍的举措带来妇联工作力量增大的同时，也加大了妇联组织管理庞大、冗杂的干部队伍的难度和日常工作量。干部兼职化现象严重，很少有具备专业技能的领导者。此外，妇联成员的选拔具有普遍性和广泛性，这使得妇联干部的整体文化素质不高，所以在处理妇联的日常工作中，干部就不能得心应手，彼此之间容易互相扯皮、推卸责任、工作意见不一，导致办事效率低下，人际关系紧张，人力资源的优势难以得到发挥。妇联兼职副主席和执委尚未纳入基层妇女联合会的工

---

① 黄粹：《我国官办社团的制度创新走向——以妇联为例》，《社会科学论坛》2008年第10期。

② 陆阳：《双重合法性困境中的社团组织适应机制研究》，学位论文，上海大学，2009年。

资保障制度里。兼职副主席和执委的身份对个人来讲，仅是一种政治荣誉，既没有规定其责任、权利和义务，也没有明确的激励和惩罚措施，在任职期间也没有对她们的工作表现进行评估。这种不完全的激励和硬性规定减弱了干部的主动性和责任感，加上她们文化水平低，还要顾及专职工作及家庭，导致她们仅在每年召开的妇女代表大会上、在上级检查和监督工作中，行使选举权、配合检查，其他时间便与妇联不再有任何实质性的关系，只是保留资格和头衔。因此，在妇联力量扩大后，如何真正发挥妇联干部的作用，建立评估、激励等制度值得进一步探讨。

（3）合作共治能力不足，缺乏长效工作机制

妇联组织的社会化，意味着妇联放弃了自己在妇女利益代表方面的垄断地位，需要和其他非政府妇女组织建立平等的合作关系。[①] 缺乏健全有效的工作机制是制约妇女联合会参与社会治理的制约因素。由于妇联的定位不准确，在参与社会治理的过程中采取了行政性、形式化的工作方式，过于依赖党和政府的领导，开展工作缺乏创新性、持久性，习惯于根据上级下达的指令和任务推动工作，照搬工作模式和活动方案，忽视与群众的民主协商，妇女工作政策的制定和实施缺乏公平性、真实性，无法从根源上影响社会政策，此外，为努力争取政府的扶持，妇联不考虑自身的能力和实际工作能力，承揽了很多繁重、复杂的任务，使得工作人员力不从心，做事浮于表面。调研数据显示，有76.8%的妇女群众不愿意参加妇女工作会议，究其原因，妇女工作会议多是传达上级的硬性要求，更多的是约束和管制，而不是切实解决妇女的问题。虽然G省妇联组织开始探索采取项目化的运作方式来参与社会治理，但在和社会组织的联系方面，妇联组织过于强调妇联自身的政治角色，把自己看作政府的代言人，在实践中，妇联采用行政命令的方式组织动员妇女，缺乏横向联合的凝聚力。在选择合作伙伴时，通常优先考虑主管单位挂靠在妇联的社会组织，或者

---

① 尚晓援：《冲击与变革》，社会科学文献出版社2007年版，第188页。

是和妇联本身就有联系的妇女组织，而与其他社会组织的接触不多，注意力不足，缺乏相互理解。此外，妇联组织在通过第三方来进行业绩评估上存在着严重缺陷，为了应付上级领导的督查和年度妇联总结大会，安排第三方对其工作进行调查，调研工作流于形式，重在突出业绩，淡化不足。妇联组织对其他各类社会组织和妇女群众不能进行彼此间的坦诚沟通和有机整合，制约着妇联参与社会治理的真实性和有效性。

（四）妇联组织参与社会治理实践行为逻辑的解释

通过对G省妇女联合会参与社会治理实践过程的分析，发现妇联组织在应对社会治理实践中所存在的缺乏独立性、人员队伍专业性不强以及缺少长效工作机制等问题时，采取的是基于枢纽型主体定位的，在对组织实施自我创新的进程中，以平等协同身份对制度环境进行动态响应的社会治理策略。

1. 对制度环境的能动性回应

理查德·霍尔认为，组织越依赖环境，它就越容易受环境影响，并对环境做出反应。[①] 新的制度环境对妇联组织提出了新的合法性要求。如果组织成功适应了所处的制度环境，那么该组织将获得生存所需的合法性和资源。[②] 妇联不是一个政府组织，也不是严格意义上的非政府组织，不具备国家的强制功能以及专业性组织的规范功能。因而，妇联组织只能以满足党政组织和社会的双重期望，回避争论和冲突，以及从更大范围的外部环境中获得支持，作为其适应环境的运作

① 理查德·霍尔：《组织：结构、过程及结果》，上海财经大学出版社2003年版，第241页。

② 张永宏：《组织社会学的新制度主义学派》，上海人民出版社2007年版，第13页。

模式。为了使妇联组织获得生存所需的合法性和资源，需要遵循两种路径：一是要适应党、政府和妇女群众对妇联组织的新要求，以维护组织本身的生存和稳定；二是策略性地抵制组织变革，寻求群团组织板块的联动，谋求政治发展空间。

妇联组织是由党政部门发起的，党是妇联参加社会治理的核心。一方面表现在作为治理主体的妇联行政人员的调动升迁由党委、政府部门决定，工作上直接对党政部门负责，积极协助党政机关传达指令、落实政策；另一方面妇联组织自身不能维系其日常工作、活动经费的支出，需要完全依靠政府财政的支撑。在群团改革前，作为党群桥梁的妇联组织在运作模式中体现了较强的半官办性，即在党的统一领导下，以机关化、行政化的科层制组织特点嵌入总体的社会治理格局中。在党召开的第一次群团事务会议上，习总书记提出妇联必须以创新意识为主导，工作中要保持政治性、先进性、群众性（即“强三性”）。与此同时，必须克服机关化、行政化、贵族化和娱乐化（即“去四化”），增强妇联的社会性，摆脱其官僚化。面对党和政府在新时期对群团组织的新要求，妇联组织于 2015 年开始在全国范围内开展改革运动，调整优化省级妇联机关部门的设置及职能，精简编制，将人员补充到基层妇联队伍中，吸纳各行业女能人进妇联，增加非在编人员的力量，打造专职、兼职、挂职相结合的干部队伍，扩大妇联组织的社会性职能。妇联积极适应党赋予妇联的制度环境，与上级部门协同参与社会治理，同时，为扩大妇联的力量，采取加强社会职能的行动，主动寻找自主的发展空间。在 G 省妇联实践中，妇联既要服从上级又要服务社会，以往的妇联工作一直把服从和配合党的工作放在首位，现在应把满足妇女群众的需求放在首位，处理好行政性和社会性的关系。一方面，妇联所具有的官办性提高了妇联的权威性地位，推动着党和国家政策的落实，并解决了作为非营利组织资源不足的问题。另一方面，妇联作为一个官办社团所存在的过度依赖政府资源、缺乏干部任免权、应付改革的形式主义等问题，需要妇联发挥其联系妇女群众及其他社会组织的社会性优势，主动创新组织结构，改进工作内容和方式，利用好社会资源。因此，妇联应合理利用好其半官半民的双重性，既要注重妇联组织与党政合作的优势，还要将民间社会组织的运作模式与妇联组织既有的体系进行对接，整合好社会资源，加强组织的群众性、社会性、创新性建设，发挥妇联组织的权威功能和社会优势。

但妇联组织在改革的过程中以其特有的方式选择性地理解和执行既有制度，固守妇联作为行政部门的官办性质，保持与党政机关和政府部门的密切关系。通过积极捕捉一些牵扯较多的部门、难以处理且相关部门选择规避的问题，重塑妇联组织的主体形象，获得社会公众的认同。抵制或减弱外部不利于维持妇联既有地位的一些改革。在对J市妇联主席的访谈中，她表示：妇联组织本身就缺乏工作人员，还要精简编制，然后再引进人才，而引进来的多是临时工，没有编制保障，留不住人才，我们已经向党政部门申请暂缓调整编制的要求了，毕竟总体上还是要加大工作力量的。为谋求自身发展的政治空间，妇联寻求与其他群团组织进行板块联动，各组织之间因组织性质存在一致性，改革的方案大同小异，但为了生存考虑，群团组织之间相互讨论并共同抵制损害组织利益的改革。

作为一种制度安排，妇女联合会必须具有适应这种制度的土壤，这是个系统的制度工程，受制于国家建构的宏伟战略。一是为了维持这种政治性和社会性，必须努力确保两个方向的张力是均衡的，政治性与社会性之间存在一定程度的排斥，需要避开这些排斥的力量来寻求它们力量相长之处。二是妇联的组织结构已经发生了变化，它的功能必然要发生变化，结构决定着功能的履行情况。这就要求妇联组织功能做出相应调整。[①] 所以，妇联组织只有真正参与社会治理工作，才能使广大妇女儿童的利益得到真正保护，才能使其在社会发展中的作用得以体现。在新的社会治理过程中，妇联组织可以利用自身在社

① 陈琼：《形塑与变革：现代国家建构进程中的妇联组织研究》，学位论文，华中师范大学，2009年。

会治理方面的优势，在制度性环境中寻找平衡点。

2. 与多元治理主体进行共治

2014年底，中共中央政治局会议审议通过的《中共中央关于加强和改进党组织工作的意见》指出，创新社会治理的核心是吸收各种社会力量以及党委和政府参与社会治理。2019年十九届中央委员会第四次全体会议再次强调“坚持和完善共建共治共享的社会治理制度，发挥群团组织作用，实现政府治理和社会调节、居民自治良性互动，夯实基层社会治理基础”。妇联组织在参与妇女儿童的公共服务、化解家庭矛盾、参与民主管理、引导妇女参与经济建设等社会治理实践中要亲力亲为，仅靠单一力量难以做到尽善尽美。生存是妇女联合会的首要任务，妇联组织生存和发展的关键是从外界获取资源。妇联对党和政府有着较强的资源依赖，在政府职能转变的进程中，基于保障和争取政府合理的资源配置，以及相应的权责，基本上是在第一时间就敏感地做出了意识和行动反应。妇联外部限制和内部的权力构造构成了组织行为的条件，并产生组织为了摆脱对党和政府的依赖，积极开发自体性资源或寻求体制外资源，维持组织自治度的行为，力图解决长期困扰妇联的活动经费问题。①

这就要求妇联组织在做好本职工作的基础上，一方面，利用其国家属性加强与国家机构的联系，主动对接相关党委、政府部门，建立国家经由群团与公众的对话交流机制，提升社会主体主动参与社会治理的意愿，与党委、政府部门协商建立合理的购买服务机制，致力于成为党委、政府信得过、靠得住的得力助手，以获取政治、经济资源；另一方面，在组织管理中确立协作网络观念，重点是与非政府妇女组织建立伙伴关系和互补伙伴关系，并利用其社会属性将更多的社会主体和市场实体纳入社会治理中。扩大组织生存与发展的空间，平

① 陆阳：《双重合法性困境中的社团组织适应机制研究》，学位论文，上海大学，2009年。

等互利、共享资源，减少组织间的竞争和运营成本，共同推动服务，使妇女受益，共同实现为妇女服务的目标。发挥好妇联组织协调资源、服务监管的枢纽型角色作用，吸纳和培育专业型的社会组织，引进专业性人才，充分利用互联网媒介，拓宽妇联工作领域，为妇女提供表达意愿的渠道和工作人员开展工作的平台，形成联动国家、妇联、社会力量的网络体系，汇集有服务能力的市场主体和社会主体，开辟多元化的外部性筹资渠道，引导企业和基金会发起更多服务妇女儿童的项目，减少妇联资金短缺的困难，进而实现需求规模化和服务主体规模化，逐步形成“党政支持、社会协同、公众参与”的妇联工作社会化模式。妇女联合会在与社会力量合作的同时，通常直接强调在群众工作中的不可替代性。为了加强这种不可替代性，妇女联合会将在其行动战略中注意与其他社会组织和慈善机构的区别。[①]

在G省妇联组织的实践中，G省妇联还处于政策文件的落实和起步阶段，并没有进入真正的项目化运作阶段。妇联组织虽然吸纳当地优秀女经济带头人，让妇联组织的功能扩大到服务当地的经济发展层面，使得社会资源进入妇联，但是并没有着力开拓社会组织属性的业务，没有太多采取社会组织项目制的运作方式，组织资源仍旧主要来自政府，行政化的层层推进工作的文件制度依然是主要的工作形式，暴露出社会化不足的问题。因此，G省妇联亟待建立政府、企业、社会组织等多元联动的互帮互助机制，与企业搭建创业平台，帮助妇女拓宽就业渠道，为有创业想法的妇女提供创业支持，做好创业服务；建立健全结对帮扶制度，推动女企业家联系结对妇女创业者，提供帮带指引，为妇女创业致富提供实实在在的支撑等。开辟多元化的外部性筹资渠道，引导企业和基金会发起更多服务妇女儿童的项目，减少妇联资金短缺的困难；与社会公益组织对接，开展更多的公益项目。在促使自身转向社会属性、发挥社会性功能的同时，逐步呈现出一种

① 毛丹、陈佳俊：《制度、行动者与行动选择——L市妇联改革观察》，《社会学研究》2017年第5期。

“强社会、弱行政”的新型特征，真正实现“党政所需、妇女所急、妇联所能”三者的有机结合。①

3. **自我革新的应然性**

妇联参与社会治理能否发挥有效作用，不仅与对制度环境的能动性回应有关系，与参与治理过程的行动逻辑紧密相关，而且与妇联组织自身的建设和完善也有很大的关联。

在社会协同治理体系中，妇联组织在政府、社会和妇女之间发挥着“中间人”的作用，妇联参与社会治理的主要职责是为党做好妇女群众工作。所以，在参与社会治理过程中，妇联的组织活力具体表现为服务妇女儿童的能力，特别是通过基层妇联组织的社会治理实践得以展现和提高。人力、资金、阵地等各种资源的拥有和配置方式直接影响着妇联的组织活力，只有加强人才、资金的引进，才能更好地提高妇联基层的服务能力和水平。妇联组织作为全国范围内最有影响力的妇女组织，可以调配丰富的资源，依托“互联网＋”的各类新媒体平台、软件，广泛、系统地开发视听类培训内容，回应基层妇联干部的学习需要，将“网上建妇联”不仅建于群众之中，也让“互联网＋”的学习便利性能为基层干部所用。开展基层妇联干部规模化线上培训，重视和加强对女干部的选拔和培养，增加更多的晋升机会，提供更多合适的岗位进行能力锻炼。妇联组织既拥有由自身组织结构决定的、其他组织所不具备的内部资源，又凭其改革后开放的组织边界和扁平的组织结构而实现与外部资源的有效对接。需要妇联主动创新组织结构，改进工作内容和方式，发挥其联系妇女群众及其他社会组织的社会性优势，注意协调组织各部门之间、成员之间的分工合作、协调一致，避免出现对组织目标不了解、组织内各自为政、资源耗散和组织信息沟通不畅等问题，提高组织的共识性、组织资源的

① 高丽、徐选国、徐永祥：《迈向社会本位：群团改革语境下地方妇联的实践机制探索——以S市A区妇联为例》，《妇女研究论丛》2019年第1期。

整合性和组织效益，利用好社会资源，由活动型向服务型、务实型转变，提高妇联的凝聚力，发挥组织作用，努力将妇联的组织和工作优势转化为服务大局，为妇女服务，为基层服务的实际成果。

G省妇联在参与社会治理实践过程中，紧跟中央群团改革的号召和执行全国妇联改革的行动纲领，一是加强乡镇（街道）妇联组织建设。要求各乡镇（街道）妇联组织积极把触角伸向村民小组、居民网格等妇女生活的最小单元，把组织覆盖拓展到辖区内党政机关、企事业单位、两新组织、功能园区、专业市场，拓展到各种女性社会组织、行业协会、联谊组织。村（社区）妇女组织要在巩固已有妇联组织构架的基础上，创新基层组织设置，将所有村（社区）“妇代会”改建为“妇联”。二是加强乡镇（街道）妇联执委会建设。执委会组成人员总数不少于辖区妇女代表总数的15%。其中，乡镇（街道）行政事业单位在编人员执委不超过30%，每个村（社区）至少有1名执委。同时，要积极推选辖区内工作能力强、群众认可度高、公信力强的企事业单位、非公经济和社会组织妇委会、妇工委负责人，以及女能人、女带头人、女经合组织负责人等各行业女性骨干担任乡镇（街道）妇联副主席或执委。三是网上妇联建设，各乡镇（街道）、村（社区）妇联组织要切实建好“网上妇女之家”和“网上妇联”。四是村妇联主席工作报酬得到落实。G省由县财政统一以每月300元以上的标准解决村妇联主席岗位工资报酬问题。在国家关于中央群团组织和妇联关于基层组织改革政策的推动下，地方的改革实践会立即铺开。

参考文献

巴登昆·万马多吉:《甘南藏族部落概述(甘南文史资料第十一辑)》,甘南报社印刷厂,1994 年。

巴登尼玛:《文明的困惑——藏族教育之路》,四川人民出版社 2000 年版。

白尚祯:《时代背景下的美国学校公民教育中的性教育管窥》,《中国性科学》2010 年第 11 期。

白一男:《当代大学生性教育——一个不容忽视的话题》,《中国性科学》2008 年第 6 期。

伯恩斯:《新情绪疗法》,科学技术文献出版社 2014 年版。

曹红梅:《大学生性健康教育的概念、内涵和相关问题》,《中国性科学》2008 年第 6 期。

曹晓鸥、古淑青:《医务社会工作案例评析》,中国社会出版社 2017 年版。

陈涛:《残疾人婚姻家庭研究和发展现状分析》,《人口与发展》2008 年第 4 期。

陈向明:《旅居者和“外国人”——留美中国学生跨文化人际交往研究》,湖南教育出版社 1998 年版。

陈向明:《质的研究方法与社会科学研究》,教育科学出版社 2000 年版。

程琦:《残疾人爱情心理》,上海中医学院出版社 1993 年版。

啜大鹏:《女性学》,中国文联出版社 2001 年版。

崔秀荣:《论农民工劳动权益司法救济的路径选择》,《软科学》2009年第4期。
戴裔煊:《西方民族学史》,社会科学文献出版社2001年版。
丹曲:《安多地区藏族文化艺术》,甘肃民族出版社1997年版。
丁娟、曲雯、黄桂霞:《关于我国现阶段妇联组织能力建设的思考》,《妇女研究论丛》2005年第6期。
丁振明:《社会工作介入精神病院康复模式的探索》,《福建医科大学学报》(社会科学版)2011年第2期。
方刚:《性权与性别平等:学校性教育的新理念与新方法》,东方出版社2012年版。
风笑天:《农村外出打工青年的婚姻与家庭:一个值得重视的研究领域》,《人口研究》2006年第1期。
冯正直:《抑郁症实质与治疗》,人民日报出版社2009年版。
甘肃省夏河县志编纂委员会:《夏河县志》,甘肃文化出版社1999年版。
格桑本·尕藏才旦:《青藏高原游牧文化》,甘肃民族出版社2000年版。
郭永华:《日本教育界对性自由现象的认识和有关性教育的建议》,《外国中小学教育》2010年第2期。
国务院研究室课题组:《中国农民工调研报告》,中国言实出版社2006年版。
过保录:《以学校为基础的青少年性与生殖健康教育解读》,《中国性科学》2012年第8期。
哈经雄、腾星:《民族教育学通论》,教育科学出版社2000年版。
胡佩诚:《瑞典性教育的经验与启迪》,《青年研究》2001年第8期。
黄进才:《中国农民工权利保护的法律考察》,人民出版社2011年版。
黄圣惠:《青少年社会工作在性教育领域的新视角——根植于青年少年的性价值观新现象》,《黑河学刊》2011年第10期。
黄淑娉、龚佩华:《文化人类学理论方法研究》,广东高等教育出版社 1998 年版。
黄希庭、郑涌：《当代中国大学生心理特点与教育》，上海教育出版社 2002 年版。
黄育馥：《西方性教育》，社会科学文献出版社 1989 年版。
简新华、黄琨：《中国工业化和城市化过程中的农民工问题研究》，人民出版社 2008 年版。
江汉声、晏涵文：《性教育》，中国青年出版社 2004 年版。
江立华等：《中国农民工权益保障研究》，中国社会科学出版社 2008 年版。
解韬：《我国成年残疾人口的婚姻状况及其影响因素研究》，《人口学刊》2014 年第 1 期。
金一虹：《妇联组织：挑战与未来》，《妇女研究论丛》2000 年第 2 期。
R. G. Sands：《精神健康临床社会工作实践》，何雪松、花菊香译，华东理工大学出版社 2003 年版。
R. G. Sands：《精神健康社会工作》，余潇、许俊杰译，华东理工大学出版社 2015 年版。
克利福德·格尔茨：《文化的解释》，韩丽译，译林出版社 1999 年版。
Thomas L. Good，Jere E. Brophy：《课堂研究》，吴文中译，台北：五南图书出版有限公司 1997 年版。
李安宅：《藏族宗教史之实地研究》，中国藏学出版社 1989 年版。
李滨：《医务社会工作介入大学生性生殖健康教育的思考》，《中国医院管理》2012 年第 3 期。
李秉德：《教育科学研究方法》，人民教育出版社 1986 年版。
李景毅：《家庭婚姻暴力现象探因》，《妇女研究论丛》1996 年第 3 期。
李培林、李炜：《农民工在中国转型中的经济地位和社会态度》，《社会学研究》2007 年第 3 期。

李晓凤：《学校社会工作》，中国社会出版社2010年版。
李银河：《近年来国外对妇女受暴力侵害状况研究综述》，《国外社会科学》1995年第9期。
Susan A. Basow：《两性关系——性别刻板化角色》，刘秀娟、林明宽译，（台湾）扬智文化事业股份有限公司1998年版。
林万仪：《当代社会工作理论与方法》，台北：五南图书出版有限公司2006年版。
林万亿：《团体工作》，台北：三民书局1996年版。
刘继同、孔灵芝、严俊：《心理学与社会工作的本质区别及其对构建中国精神健康社会工作实务模式的启示》，《社会科学研究》2010年第3期。
刘继同、严俊、孔灵芝：《生物医学模式的战略升级与精神健康社会工作的战略地位》，《福建论坛》（人文社会科学版）2010年第3期。
刘梦：《个人、家庭、社会：多元的视角——国外虐妻研究综述》，《浙江学刊》2001年第5期。
刘萍萍、刘倩、苏世海：《农民工权益保护机制研究》，《劳动保障世界》2009年第12期。
刘文利：《1988—2007：我国青少年性教育研究综述》，《中国青年研究》2008年第3期。
刘文利：《我国中学性教育的历史和发展》，《生物学通报》1991年第5期。
刘鑫财、李艳：《流动因素对农村已婚妇女家庭地位的影响——基于“第三期中国妇女社会地位调查”陕西省数据的分析》，《妇女研究论丛》2013年第5期。
刘衍玲、廖方新、郑凯、黄俊锋、郭成：《家庭暴力代际传递：类型、理论和影响因素》，《重庆大学学报》（社会科学版）2016年第6期。
芦兰花：《〈格萨尔〉中的藏族妇女地位浅析》，《青海民族研究》2000年第3期。
陆春萍、邓伟志：《民间组织研究的多维理论视角析评》，《南京社会科学》2007 年第 7 期。
陆春萍：《妇联组织在社会治理中横向合作网络建构》，《甘肃社会科学》2014 年第 3 期。
陆春萍：《1980—2010 年中国少数民族教育研究范式综述》，《西北民族研究》2013 年第 3 期。
陆春萍、王嘉毅：《教育行动研究的效度问题》，《教育研究与实验》2001 年第 1 期。
陆春萍：《西北地区社会组织发展现状及其管理研究》，中国社会科学出版社 2013 年版。
［美］露丝·本尼迪克：《文化的模式》，何锡章、黄欢译，北京京华出版社 2000 年版。
吕红平等：《中国西中东部残疾人生存与发展研究》，华夏出版社 2008 年版。
罗萍：《中国家庭暴力的现状、原因及法律措施浅议》，《新疆大学学报》（哲学社会科学版）1997 年第 4 期。
罗忠勇：《农民工劳动权益的性别差异研究——基于珠三角 3000 多位农民工的调查》，《中国软科学》2010 年第 2 期。
马春华：《性别、权力、资源和夫妻间暴力——丈夫受虐和妻子受虐的影响因素分析比较》，《学术研究》2013 年第 9 期。
［美］马尔科姆·派恩：《现代社会工作理论》，冯亚丽、叶鹏飞译，中国人民大学出版社 2008 年版。
马晖：《社会工作介入流动青少年的实践研究——以玉溪市红塔区 Z 农民工子弟学校实践为例》，《中国培训》2016 年第 16 期。
马丽华：《走过西藏》，作家出版社 1994 年版。
马戎：《民族与社会发展》，民族出版社 2001 年版。
毛小平：《内地与香港残疾人社会支持比较》，《中南大学学报》（社会科学版）2010 年第 2 期。
［瑞士］米歇尔—泰勒：《发现西藏》，中国藏学出版社 1999 年版。
苗方朔、崔建良、苏庆国：《农民工合法权益保护机制的完善探索》，

《农业经济》2011 年第 5 期。
欧阳洁:《女性与社会权力系统》, 辽宁画报社 2000 年版。
潘乃谷、马戎:《中国西部边区发展模式研究》, 民族出版社 2000 年版。
强海燕:《性别差异与教育》, 陕西人民教育出版社 2000 年版。
荣维毅、黄列:《家庭暴力对策研究与干预》, 中国社会科学出版社 2005 年版。
Charles D. Garvin:《社会团体工作》, 曾华源译, 台湾洪叶文化事业有限公司 2000 年版。
沈荣华、鹿斌:《制度建构: 枢纽型社会组织的行动逻辑》,《中国行政管理》2014 第 10 期。
石晓天:《农民工权益维护的路径分析及其出路》,《唯实》2010 年第 12 期。
史泰安:《西藏的文明》, 中国藏学出版社 1999 年版。
苏雪萍:《解析残疾青年婚姻缺乏成因》,《青年探索》2005 年第 4 期。
孙长青:《农民工问题的制度因素及制度创新》,《郑州大学学报》(哲学社会科学版) 2005 年第 5 期。
孙大雄等:《农民工权益的法律保障研究》, 知识产权出版社 2011 年版。
孙文胜、柳涛:《论农民工权益的保护》,《社会科学论坛》2005 年第 8 期。
孙晓梅:《中国家庭暴力的起因与防治》,《中华女子学院学报》1996 年第 4 期。
孙跃:《我国高等院校社会工作介入模式研究》, 学位论文, 南开大学, 2009 年。
腾星:《文化变迁与双语教育——梁山彝族社区教育人类学的田野工作与文本撰述》, 教育科学出版社 2000 年版。
铁军:《俄罗斯举办青少年“性”练营》,《中国青年研究》2000 年第6期。
佟新：《不平等性别关系的生产与再生产——对中国家庭暴力的分析》，《社会学研究》2000年第1期。
佟新、曲雯：《学人热谈：家庭暴力》，《妇女研究论丛》1994年第3期。
童敏：《精神病人社区康复过程中社会工作介入的可能性和方法探索》，《北京科技大学学报》（社会科学版）2005年第2期。
童敏：《社会工作的机遇与挑战：精神病人社区康复过程中的社会服务介入》，《北京科技大学学报》（社会科学版）2006年第3期。
童敏：《生理—心理—社会的结合还是整合——精神病医院社会工作服务模式探索》，《华东理工大学学报》（社会科学版）2012年第2期。
万江红：《小组工作》，中国人民大学出版社2015年版。
万明钢：《文化视野中的人类行为》，甘肃文化出版社1996年版。
汪超：《"一型四化"视角下妇联基层组织建设的治理现代化——以湖北省为表述对象》，《湖北社会科学》2015年第5期。
王凤仙：《反抗与妥协——家庭暴力受害者个案研究》，《妇女研究论丛》2001年第5期。
王辅贤：《残疾人社会工作》，北京大学出版社2008年版。
王嘉毅：《教学研究方法论》，甘肃文化出版社1997年版。
王铭铭：《想象的异邦——社会与文化人类学散论》，上海人民出版社1998年版。
王天夫：《城市夫妻间的婚内暴力冲突及其对健康的影响》，《社会》2006年第1期。
王锡岭：《中华风情大观》（第三集），中国民间文艺出版社1998年版。
王献蜜、刘梦：《我国残疾人婚姻家庭现状及主要需求研究》，《中华女子学院学报》2008年第3期。
王政、杜芳琴：《社会性别文化选择》，生活·读书·新知三联书店

1998 年版。
王祖惕、孙琳：《抑郁症的整体干预》，华东师范大学出版社 2008 年版。
魏国英：《女性学概论》，北京大学出版社 2000 年版。
文军：《西方社会工作理论》，高等教育出版社 2013 年版。
吴维屏：《国外学校性教育研究和实践综述》，《外国中小学教育》2011 年第 11 期。
西藏社会历史调查资料丛刊编辑组：《藏族社会历史调查》（三），西藏人民出版社 1988 年版。
夏吟兰：《我国残疾人婚姻家庭权益保障问题研究》，《商法研究》2006 年第 6 期。
向华丽：《女性农民工的社会融入现状及其影响因素分析——基于湖北 3 市的调查》，《中国人口·资源与环境》2013 年第 1 期。
肖洁、风笑天：《中国家庭的婚姻暴力及其影响因素——基于家庭系统的考察》，《社会科学》2014 年第 11 期。
肖扬：《对妇联组织变革动因及其途径的探讨》，《妇女研究论丛》2004 年第 4 期。
谢怀建、朱学荣：《维护农民工权益重在构建社会资本》，《重庆社会科学》2011 年第 1 期。
谢建社等：《中国农民工权利保障》，社会科学文献出版社 2009 年版。
谢佐、何波：《藏族古代教育史略》，青海人民出版社 1994 年版。
徐安琪：《婚姻暴力的概念和现状》，《社会》2001 年第 2 期。
徐明、王红枫：《大学生性与生殖健康教育教程》，阳光出版社 2012 年版。
晏涵文：《性、两性关系与性教育》，心理出版社 2004 年版。
杨超、方书臣：《“以品格”为基础的性教育——美国青少年性教育模式的启示》，《当代青年研究》2003 年第 2 期。
杨聪敏：《农民工权利平等与社会融合》，浙江工商大学出版社 2010

年版。
杨功焕：《中国人群死亡及其危险因素流行水平、趋势和发布》，协和医科大学出版社 2005 年版。
杨青松、邓克平：《家庭暴力的现状与防治——以广州地区为例》，《法学评论》2002 年第 1 期。
杨团：《社会政策研究范式的演化及其启示》，《中国社会科学》2002 年第 4 期。
Dennis Saleebey：《优势视角：社会工作实践新模式》，杜立婕、袁园译，华东理工大学出版社 2015 年版。
于式玉：《于式玉藏区考察文集》，中国藏学出版社 1990 年版。
于玉东、刘聪颖、崔文秀、王新、梁帆：《河北省残疾人婚姻状况的调查研究》，《邯郸学院学报》2012 年第 2 期。
余道清、邓敬雄：《残疾人婚姻家庭的现状及对策研究》，《中国残疾人》2008 年第 1 期。
岳经纶、屈恒：《非政府组织与农民工权益的维护——以番禺打工族文书处理服务部为个案》，《中山大学学报》（社会科学版）2007 年第 3 期。
张德伟、饶从满：《日本中小学的性教育》，《外国教育研究》2000 年第 6 期。
张凤华、曾一帆：《社会性别理论视野中的女农民工劳动权益侵害及其应对——以武汉市为例》，《社会主义研究》2007 年第 5 期。
张璇、周玉婷、张永红：《小组社会工作在残疾人心理干预中的运用》，《法制与社会》2010 年第 9 期。
张岩冰：《女权主义文论》，山东教育出版社 1998 年版。
赵芳：《小组社会工作：理论与技术》，华东理工大学出版社 2015 年版。
赵怀娟、宋宇宏、杨正霞：《医务社会工作》，北京大学医学出版社 2015 年版。
赵延东、何光喜、朱依娜：《预防与抑制：社会资本在婚姻暴力中的影响机制初探》,《社会》2011 年第 1 期。
赵竹良:《现代化进程中的中国残疾人问题》,《社会科学》1994 年第 1 期。
郑长忠:《构建面向未来的妇联组织——国家治理现代化与妇联组织发展研究》,《妇女研究论丛》2018 年第 1 期。
郑友富、俞国良:《国外儿童性教育对我国学校教育的启示》,《教育科学研究》2002 年第 7 期。
中国婚姻家庭研究会:《帮助家庭暴力受害妇女工作手册》,法律出版社 2017 年版。
中国人民政治协商会议甘南藏族自治州委员会:《甘南文史资料》(第 4 辑和第 8 辑),甘南报社印刷厂,1994 年。
《中国性科学百科全书》编辑委员会:《中国性科学百科全书》,中国大百科全书出版社 1998 年版。
中央民族学院《藏族文学史》编写组:《藏族文学史》,四川人民出版社 1985 年版。
周柏春、孔凡:《保障农民工权益的路径选择》,《中国劳动关系学院学报》2010 年第 3 期。
周林刚:《社会排斥理论与残疾人问题研究》,《青年研究》2003 年第 5 期。
周苗:《我国人口流动背景下的婚姻暴力现象探究》,《人口与社会》2015 年第 3 期。
周秋琴:《法学视野下的农民工权益保障问题研究》,江苏大学出版社 2011 年版。
周卫、张铁道:《中国西部女童教育行动研究》,宁夏回族人民教育出版社 1995 年版。
周勇:《美国精神健康领域社会工作及其对中国的启示》,《四川大学学报》(哲学社会科学版)2010 年第 3 期。
朱解琳:《藏族近现代教育史略》,青海人民出版社 1990 年版。
朱明:《青春期教育》,教育科学出版社 1999 年版。

朱雪明等：“残疾人口与发展研究丛书”《中国西中东部残疾人生存与发展研究》，华夏出版社 2008 年版。

卓彩琴：《残疾人社会工作》，华南理工大学出版社 2008 年版。

邹农俭：《江苏农民工调查报告》，社会科学文献出版社 2009 年版。

邹晓美、高泉：《农民工权利研究》，中国经济出版社 2010 年版。

Anne Carolyn Klein. *Meeting the Great Bliss Queen: Buddhists, Feminists, and the Art of the Self.* Beacon Press, Boston, 1995.

Dianed D. Horgan. *Achieving Gender Equity: Strategies for the Classroom.* Allyn and Bacon, A Division of Paramount Publishing. 1995.

George D. Spindler (1982). Doing the Ethnography of Schooling: Educational Anthropology in Action. Waveland Pressing.

Gerard A. Postiglione. *China's National Minority Education: Culture, Schooling, and Development.* Falmer Press, a Member of the Taylor & Francis Group, 1999.

James A. Banks and Cherry A. McGee Banks. *Multicultural Education: Issues and Perspective.* A Division of Simon & Schuster, Inc., in USA, 1993.

Lawrence E. Harrison and Samuel P. Huntington. *Culture Matters: How Values Shape Human Progress.* Published by Basic books, a Member of Perseus Books Group, 1998.

Thomas J. La Belle and Christopher R. Ward. *Ethnic Studies and Multiculturalism.* State University of New York Press, 1996.

J. H. Turner, *The Structure of Sociological Theory.* Wadsworth Publishing Company, a Division of Thomson Learning, 1998.

后　记

立足“知行合一”的教学观，采取理论联系实践的方式，从教育学和社会学视角关注妇女中的弱势群体，通过丰富的实证调研资料和切实的行动践行对世界的改变，提高弱势群体的生命质量，促进社会发展。

本书主编陆春萍是一名跨界教师，受过教育学、社会学的双重学科训练，在18年的教学生涯中，主讲课程涉及教育学、社会学、社会工作和公共管理等核心课程。在讲授的所有课程中，有一门课程《社会服务方案设计与评估》与当下社会实际联系最为紧密，创新性地让学生涉足社会服务机构，做方案策划，寻找服务人群，并用实践知识服务弱势人群，进而用行动改变世界。因此本书是这门课程理论与社会实践相结合所获得的丰硕成果，研究者用他们微小的行动，关注被幸运和现实忽略的女性弱势群体，研究者所做的行动哪怕是微小的，但滴水总会汇集成大海，他们的行动会让这个世界变得越来越美好！越来越有温情！

本书由陆春萍负责总体设计、策划、审阅、修改、统稿和定稿。感谢梁舟等所做的悉心校对工作。调研团队经过几年对女性教育和社会问题的研究后，成员已经奔赴新的工作岗位和学术研究领域，希望此书成为他们学术历程中的重要一章，也希望团队的成员今后仍然能够关注妇女教育与社会发展问题。

最后要特别感谢深圳大学师范学院（教育学部）对出版本书的资助。

主编　陆春萍

2019 年 8 月 8 日